Stefan Fourier
Drei Oscars für den Chef

Stefan Fourier

Drei Oscars für den Chef

Drehbuch für
erfolgreiche Führungskräfte

Econ

Econ ist ein Verlag der Ullstein Buchverlage GmbH

ISBN-13: 978-3-430-20003-5
ISBN-10: 3-430-20003-2

Gesetzt aus der Sabon und Gothic 821
bei LVD GmbH, Berlin
Druck und Bindung: Druckerei Pustet, Regensburg
Printed in Germany

Inhalt

Vorspann: Endlich im Film!

In diesem Buch lernen Sie einen Filmregisseur kennen. Noch dazu einen, der offenbar alles richtig macht. Nennen wir ihn Gatsby Fitzgerald. Vielleicht erinnern Sie sich: »Der große Gatsby« – ein Klassiker der Weltliteratur von F. Scott Fitzgerald aus der wilden Zeit des heißen Jazz und eisgekühlten Champagners. Die oscarprämierte Verfilmung mit Robert Redford als Jay Gatsby ging in die Geschichte des Kinos ein. Kein Geringerer als Francis Ford Coppola schrieb das Drehbuch. Eine hervorragende Film-Crew und große Literatur wurden hier also zu einem exzellenten Ergebnis zusammengeführt. Deshalb soll der Regisseur, dem wir in diesem Buch über die Schulter schauen, Gatsby Fitzgerald heißen.

Sie können ihn bei der Inszenierung seines neuesten Films beobachten. Irgendwie scheint er am Set immer alles im Griff zu haben, auch wenn es von außen wie ein Riesendurcheinander aussieht. Das ganze Team arbeitet mit Begeisterung bis tief in die Nacht, jeder holt das Letzte aus sich heraus und erzählt hinterher, dass die Dreharbeiten eine fantastische Zeit gewesen seien. So ein Filmregisseur hat es gut!

Wie schafft dieser Gatsby Fitzgerald das bloß?

Er inszeniert eben. Das heißt, er sorgt für die richtigen Bedingungen, unter denen ein Film entstehen kann, statt jedes Detail vorher festzulegen und alles zwanghaft zu kontrollieren. Ein guter Regisseur hält seine Mitarbeiter nicht für Deppen, die unfähig sind, seine Vision umzusetzen. Im Gegenteil: Er verlässt sich voll und ganz auf seine Crew und lässt sie einfach ihren Job machen. *Seine* Aufgabe besteht darin, den Überblick zu behalten und systematisch die einzelnen Arbeitsschritte zueinanderzuführen, die am Ende den kompletten und großartigen Film ergeben sollen. Und wie läuft das bei Ihnen und in Ihrem Unternehmen?

Mal Hand aufs Herz: Haben Sie als Führungskraft wirklich das Gefühl, alles im Griff zu haben? Gehen Sie als Chef abends mit der Gewissheit nach Hause, genau das erreicht zu haben, was Sie sich für den Tag vorgenommen hatten? Und können Sie sich als Manager tatsächlich darauf verlassen, dass Ihre Mitarbeiter begeistert bei der Sache sind und an einem Strang ziehen? Wenn Sie jetzt dreimal genickt haben, dann kann ich Sie nur beglückwünschen. Legen Sie dieses Buch weg, gehen Sie ins Kino und machen Sie sich einen netten Abend.

Wenn Sie aber weiterlesen, dann erleben Sie in den elf Kapiteln dieses Buchs, wie Sie die wichtigsten Managementaufgaben ähnlich souverän bewältigen können wie Gatsby Fitzgerald. Letztlich steckt dahinter ein systemischer Lösungsansatz, der viel mehr mit meiner Erfahrung als Führungskraft und Managementberater zu tun hat als mit Hollywood. Aber anhand eines Filmbeispiels lässt sich dieser Ansatz wunderbar veranschaulichen. Ein wenig zur Theorie erfahren Sie in Klappe 6. Tipps in Form von »Regieanweisungen« sowie Zusammenfassungen, die hier »Zeitraffer« genannt werden, stehen jeweils am Ende eines jeden Kapitels und erleichtern Ihnen die praktische Umsetzung.

Damit die Lektüre so richtig Spaß macht, beginnt jede Klappe mit einer kleinen Geschichte rund um Gatsby Fitzgerald und sein Team. Daran anknüpfend geht es in die Businesswelt. Ich präsentiere Ihnen viele anschauliche Beispiele aus meiner langjährigen Tätigkeit in verschiedenen Unternehmen. Allen Menschen, die mir Einblicke in ihren Berufsalltag, in ihre Sorgen, Nöte und Freuden erlaubt haben, bin ich dankbar, denn ich konnte vieles von Ihnen lernen. Da sie jedoch in einem mal mehr, mal weniger glanzvollen Licht erscheinen, habe ich mich entschlossen, sämtliche Namen von Personen und Unternehmen zu anonymisieren.

Danken möchte ich auch meinen Mitarbeitern und Freunden von Humanagement für die schöpferische Gemeinsamkeit in den zurückliegenden Jahren. Ohne sie wären die Grundlagen dieses Buches nie entstanden. Ein besonderer Dank gilt Jörg Achim Zoll, der mich beim Manuskript auf wunderbare Weise unterstützt hat. Für mich lehrreich und für das Buch hilfreich waren die Aktivitäten meines Agenten Oliver Gorus sowie der Einsatz von Silvie Horch und Katrin Mackowiak vom Econ Verlag. Die Krone gebührt allerdings meiner Frau, die als Unternehmerin immer ihre eigenen und für mich bereichernden Impulse setzt.

Ich wünsche dem Buch Leser, die offen für Neues sind und Lust am Ausprobieren haben. Mir selbst wünsche ich einen Berg von Zuschriften mit Fragen, Meinungen und Erfahrungen.

Hannover, im Sommer 2006
Dr. Stefan Fourier

Die Story – Was zieht die Leute ins Kino?

Starregisseur Gatsby Fitzgerald hat schlechte Laune. Mit einer matten Handbewegung setzt er sich eine schwarze Sonnenbrille auf – gegen die südfranzösische Sonne auf der Hotelterrasse, aber ebenso gegen die bohrenden Blicke seines Gesprächspartners auf der anderen Seite des Frühstückstisches. Seit einiger Zeit beginnt jedes Interview so ähnlich wie dieses: »Ihr letzter Film liegt ja nun über zwei Jahre zurück, Mister Fitzgerald …« Der Reporter eines Branchenmagazins sieht den Regisseur vielsagend an.

Schon lange hat Fitzgerald keine Lust mehr, auf solche Bemerkungen einzugehen. Warum ist er überhaupt nach Cannes geflogen? Für den reinen Masochismus hält er das jetzt. Die Kollegen geben Pressekonferenzen, und die wenigen Journalisten, die sich für ihn interessieren, fragen alle nur nach dem Grund für seine Schaffenspause. So kann das nicht weitergehen. Ein neuer Film muss her, und zwar schnell.

Leichter gesagt als getan. Bis jetzt gibt es nicht einmal eine Story. Und was er von Drehbuchautoren in den letzten Monaten gelesen hat, war einfach nicht der Rede wert. Dabei hat Fitzgerald einen Ruf als Filmemacher, der weiß, was die Leute umtreibt. Als einer, der meisterhafte Thriller über die Ängste der Menschen dreht. Bisher wusste er jedenfalls noch immer, wovor die Kinobesucher sich fürchten und wovon sie sich packen lassen.

Nach dem Frühstück, als der Journalist endlich weg ist, gibt sich Fitzgerald einen Ruck. Erst kauft er einen halben Kiosk leer. Stapelweise internationale Presse. Er spricht auch mit dem Besitzer, will wissen, was so hängen geblieben ist von den

Schlagzeilen der letzten Zeit. Dann geht er in eine Kaffeebar und klinkt sich ein in Gespräche über Gott und die Welt. Es folgt schließlich ein Telefonmarathon vom Hotelzimmer aus. Alle möglichen Freunde und Bekannten in Europa und den USA kommen zu Wort.

Ohne Angst scheint ja gerade keiner zu leben, der viel unterwegs ist. Fitzgerald nimmt sich noch einmal die Zeitungen vor: Terror, Bomben, Schurkenstaaten, Wirtschaftskrise, Atomwaffensperrvertrag, Klimakatastrophe, Vogelgrippe ... und dann ein kleiner Artikel im Ressort »Wissenschaft«: *Yellowstone-Park droht zu explodieren. – Der Druck in der riesigen Magmakammer unter dem Nationalpark steigt. Höchstens acht Kilometer trennen die Menschheit von der Apokalypse. Das geschmolzene Gestein unter der Erdkruste wölbt sich in einer 80 Kilometer großen Blase nach oben und schmilzt den Untergrund auf. Ein gigantischer Ausbruch scheint möglich, der Millionen Menschen den Tod bringen könnte und das Klima auf der gesamten Erde dramatisch abkühlen würde ...*

Das ist es! Die Angst vor der globalen Katastrophe, der wir machtlos ausgeliefert sind. Kombiniert mit dem Kampf des Guten gegen das Böse. Das könnte die Geschichte werden. Fitzgeralds Gedanken beginnen zu rattern: Die USA sind erpressbar. Eine gezielte Detonation mit einer beträchtlichen Menge konventionellen Sprengstoffs an genau der richtigen Stelle könnte den größten Vulkanausbruch in der Geschichte der Menschheit auslösen – mit verheerenden Folgen auf der ganzen Welt, ganz abgesehen von ein paar Millionen toten Amerikanern in den westlichen Bundesstaaten.

Ein Gruppe von Terroristen will die führende Vulkanologin kidnappen, um an die entscheidenden Informationen zu kommen: wie die Verwerfungslinien im Untergrund des Yellowstone-Parks exakt verlaufen und wo genau die Magmakammer ihren höchsten Punkt hat. Die Frau ist knapp 50 und sensationell attraktiv.

Fitzgerald weiß auch schon genau, welche Schauspielerin dafür in Frage kommt. Diese Rolle ist wie geschaffen für Catherine Brentwood. Die kluge Schöne soll also entführt werden, doch ein Mann, ein zufälliger Zeuge, kann die Entführung verhindern. Er verliebt sich in die Geologin und wird ihr Verbündeter im Kampf gegen die Terroristen …

Im Kopf des Regisseurs rumort es nur so vor Ideen.

Jede Veränderung braucht eine Geschichte

Ohne Story gibt es keinen Film. Und ohne Geschichte gibt es auch keine Führung im Sinn einer Inszenierung von Veränderung im Unternehmen. Warum ist das so? Zunächst einmal, weil Menschen sich nur ändern, wenn sie es wirklich müssen. Wer sich bewegen soll, braucht handfesten Veränderungsdruck – und zwar von außen. Die Leute stellen sich nun einmal nicht aus kluger Voraussicht auf neue Marktbedingungen ein oder krempeln die Ärmel hoch, weil ihnen die Notwendigkeit, Prozessketten zu beschleunigen oder Organisationen zu dezentralisieren, bewusst ist. Der Einzelne schafft es zwar hin und wieder, sein Verhalten und seine Überzeugungen aus rationalen Erwägungen zu verändern. Gruppen sind jedoch träge, und je größer sie sind, desto mehr.

Menschen in Organisationen besitzen ein natürliches Beharrungsvermögen. Sie wünschen sich in der Regel, dass alles so bleibt, wie es ist. Und das oft gegen rationale Einsichten. Fragen Sie einmal die Arbeiter und Angestellten bei VW – zumindest hinter vorgehaltener Hand werden Sie hören: »Ja klar, wir verdienen eigentlich zu viel. Dadurch werden unsere Autos zu teuer und ewig kann das bestimmt nicht gutgehen.« Aber Veränderungsbereitschaft erwächst aus diesem Wissen längst noch nicht, weder bei den Werkern noch im Management. Alle folgen einem uralten Instinkt und rühren sich nicht vom Fleck. Vielleicht geht die Gefahr ja vorbei, vielleicht bewegt sich ein anderer zuerst und wird so zur Beute für den Säbelzahntiger. Dann ist das Raubtier erst mal satt und wir können in Ruhe weiterziehen. Wie schön lebt es sich doch in der Herde.

Auch unser Regisseur Gatsby Fitzgerald weiß, dass irgendwann einmal ein neuer Film fällig ist, wenn er seinen Status bei der Kritik und beim Publikum behalten will. Aber zunächst lebt es sich ganz gut mit den Lorbeeren der Vergangenheit, als Ehrengast auf Festivals und gefragter Interviewpartner. Er muss erst an den Punkt kommen, an dem ihm der Stillstand unangenehm wird.

Als Führungskraft sollten Sie nicht erwarten, dass Ihre Mitarbeiter nur so übersprühen vor Innovations- und Veränderungsbereitschaft. Wenn der eine oder andere sich mal traut, mit einer guten Idee zu Ihnen zu kommen, ist das schon eine ganze Menge. Doch wenn Sie genauer hinschauen, merken Sie, dass sich da in den allerseltensten Fällen jemand an die eigene Nase fasst. Meistens sollen Dinge, Vorgänge oder einfach »die anderen« sich ändern.

Die Mehrheit Ihrer Mitarbeiter wird Ihnen, alles in allem, immer träge und bequem vorkommen. Nehmen Sie das den Leuten bitte nicht übel und fangen Sie schon gar nicht an zu moralisieren. Die Trägheit des Menschen ist völlig normal und überall auf der Welt gleich. Mit dem vermeintlichen oder tatsächlichen Niedergang eines Wirtschaftsstandorts hat das nichts zu tun. Sie selbst sind übrigens auch nicht besser ... und ich schon gar nicht! Denn dieses Verhalten hat tiefere Gründe.

Der erste Grund ist, dass die meisten Mitarbeiter den Gesamtzusammenhang, den sie sehen müssten, um die Lage ihres Unternehmens realistisch einzuschätzen, gar nicht erkennen können. Auch wenn alle Informationen frei zugänglich sind, betrachtet jeder nur den ihn ganz unmittelbar und emotional betreffenden Ausschnitt und filtert die tägliche Informationsflut entsprechend.

Der zweite Grund hängt mit dem ersten eng zusammen. Ihre Mitarbeiter denken nicht nur anders als Sie, sondern stehen auch in einer anderen Erlebniswelt. Familie und Freunde, Hobbys und Interessen, die kleinen alltäglichen Reibereien in der Arbeitsgruppe oder Abteilung, der 50. Geburtstag des Kollegen – alles das bewegt Ihre Mitarbeiter. Hingegen ist Ihr Verantwortungsbereich als Führungskraft in den Augen Ihrer Mitarbeiter bestenfalls eine abstrakte Größe.

Die Sorge um das große Ganze oder die Steuerung einer komplexen Einheit ist etwas, was im Alltag Ihrer Mitarbeiter nicht vorkommt und für diese deshalb auch nicht erlebbar wird. Viele Topmanager haben das umgekehrte Problem, dass ihnen das Menschliche im Alltag aus dem Blick gerät. So merken sie zum Beispiel oft nicht, wenn sie dringend in ihrer Familie etwas verändern müssten, weil sich ihre Erlebniswelt zu stark auf das Unternehmen konzentriert und die Wahrnehmung weiterer Lebensbereiche eingeschränkt ist.

Die Schlussfolgerung ist ganz einfach: Wenn Sie Veränderung wollen, dann muss der Wandlungsprozess Teil der Erlebniswelt Ihrer Mitarbeiter werden. Dazu brauchen Sie eine Story. Ich meine damit etwas, was die Menschen emotional wirklich berührt, was sie seit längerem stört, ängstigt oder umtreibt. Wenn Sie Veränderung inszenieren wollen, müssen Sie dort ansetzen, wo der Schuh drückt, und dann die Situation aufdecken, verstärken und zuspitzen, damit der nötige Veränderungsdruck entsteht. Wie solche Geschichten aussehen und mit welchen Methoden Sie das passgenaue Drehbuch für Ihren Veränderungsprozess finden, davon handelt dieses Kapitel.

Sie könnten jetzt einwenden: Wozu die ganze Mühe? In meinem Unternehmen sage ich, wo es langgeht – und meine Mitarbeiter setzen das dann um. Natürlich können Sie auch »von oben« etwas verändern, allerdings nur vordergründig. Komplexe Wandlungsprozesse erfordern immer verändertes Denken, Verhalten und Handeln aller Mitarbeiter. Und das geht nur auf freiwilliger Basis. Erst recht, wenn generell die Flexibilität von Menschen, Teams oder ganzen Unternehmen das Ziel ist, um in einem immer schärferen Wettbewerb und unter sich immer rascher verändernden Bedingungen zu bestehen.

Veränderungsbereitschaft lässt sich schlicht und einfach nicht diktieren. Fragen Sie sich nur einmal: Warum brechen alle politischen Diktaturen irgendwann zusammen? Weil die Menschen nur äußerlich Folge leisten und sich innerlich mit ihren Ansichten, Wünschen und Hoffnungen vom äußeren Geschehen entfernen. Bis die Schere irgendwann so groß wird, dass der Mangel an innerer Beteiligung alles zum Einsturz bringt. Gerade wir Deutschen wissen, wie das geht. Mehr dazu in Klappe 6.

Selbst mit der allseits beliebten »Überzeugungsarbeit« kommen Sie nicht wirklich weiter. Denn Ihre Mitarbeiter werden auch Ihren eindrucksvollen Power-Point-Vortrag als Machtausübung empfinden, solange sie das Anliegen des Managements nicht auch als das eigene begreifen können und davon emotional berührt sind.

Regieanweisung

Warten Sie nicht auf Impulse von anderen, sondern nehmen Sie sich vor, Ihre Mitarbeiter emotional zu erreichen. Machen Sie sich auf die Suche nach »Ihrer« Geschichte, bevor Sie Teil einer anderen Geschichte werden.

Der Antrieb für Veränderung

So ging es nicht weiter. Die Bemerkung des Journalisten über die lange Schaffenspause machte Regisseur Gatsby Fitzgerald schlagartig klar, dass er seinen nächsten Film jetzt endlich angehen musste.

Die Einsicht, dass eine Veränderung notwendig ist, entsteht auch im Business durchaus rational. Aus dem Berichtswesen, aus Prognosen, den berühmten Zahlen, Daten und Fakten, aber auch aus eigener aufmerksamer Beobachtung entsteht ein Bild der Lage. Diese Erkenntnis ist ein erster Schritt. Doch sie ist noch längst nicht ausreichend, damit auch tatsächlich etwas geschieht.

Die Löcher im deutschen Bundeshaushalt, die kopfstehende Alterspyramide in den meisten Industriestaaten, die globale Klimakatastrophe oder auch das dürftige Preis-Leistungs-Verhältnis bei den Modellen von Volkswagen – all das ist seit Jahren bekannt. Wenn aber ein Veränderungsprozess wirklich in Gang kommen soll, muss erst auf der Erlebnisebene etwas hinzukommen – ein Gefühl der Unausweichlichkeit, das in Unruhe versetzt und zum Handeln drängt. Diese emotionale Betroffenheit stellt sich bei Unternehmern, Führungskräften und Mitarbeitern unterschiedlich stark und zu verschiedenen Zeitpunkten ein.

Die größte Sensibilität besitzen Unternehmer. Es ist schließlich ihr eigenes Geld, das in der Firma steckt. Mehr noch, sie sehen die Firma nicht selten als ihr Lebenswerk. Deshalb reagiert ein Unternehmer auf Signale wie eine Verschlechterung der Umsatz- und Ertragssituation, einen zurückgehenden Auftragsbestand oder eine unerwartet schlechte Liquiditätsvorschau unmittelbar und emotional. Er denkt sofort über Gegenmaßnahmen nach, und die Sache wird ihn auch abends und an den Wochenenden beschäftigen. So lange, bis er einen Ausweg gefunden hat.

Angestellte Führungskräfte brauchen schon einige Zeit länger, bis negative Nachrichten sie in Unruhe versetzen, und sie reagieren auch zunächst verhaltener. Marktanalysen, die vor einer Verschlechterung der Wettbewerbsposition warnen, oder Umsatzeinbrüche treffen sie nicht gleich auf der Gefühlsebene. Das liegt einerseits an der weniger engen Bindung an das Unternehmen – wenn alles schief geht, findet man auch anderswo einen Job. Ein anderer Grund ist die zunehmende Überforderung der Führungskräfte durch das ausufernde Tagesgeschäft.

Deutsche Unternehmen haben im vergangenen Jahrzehnt rund 10 000 Führungskräfte entlassen. Die Arbeit ist dadurch nicht weniger geworden, sie muss nur von weniger Managern geleistet werden. Diese rackern dann ununterbrochen wie der Hamster im Rad und haben keinen Blick mehr für die größeren Zusammenhänge. Selbst Top-Leute verlieren den Blick für das Wesentliche, wenn sie auf allen Ebenen überlastet und in Reporting, Verwaltung und Statistik verstrickt sind. Natürlich sind ihnen die Probleme in ihren Unternehmen bekannt. Und wer nachfragt, bekommt zu hören: Ja, wir kümmern uns darum. Tatsächlich geschieht oft aber lange nichts, weil alle dem Tagesgeschäft ausgeliefert sind und die Gedanken und Gefühle davon eingenommen werden.

Am längsten dauert es, bis ein Gefühl der Unausweichlichkeit von Veränderungen sämtliche Mitarbeiter in einem Unternehmen erfasst hat. Oft geschieht das erst, wenn schon Entlassungen beschlossen und Sozialpläne aufgestellt sind oder wenn die Schließung ganzer Produktionsstätten diskutiert wird.

Als General Motors im Jahr 2005 laut darüber nachdachte, die Produktion von Fahrzeugen in Deutschland komplett einzustellen, ging bei Opel ein Ruck durch die Belegschaft. Neben Protestaktionen gab es bald konkrete Angebote von Arbeitnehmerseite, um den Standort zu retten. Dabei waren die Probleme schon vorher bekannt gewesen. Aber ohne Druck hatte sich niemand bewegen wollen.

Ähnliches geschah beim Wettbewerber Volkswagen in Wolfsburg. Noch im Jahr 2001, als es um die Produktion des »Touran« in Deutschland ging, kam es mit Zustimmung des Betriebsrats zur Ausgründung der Auto 5000 GmbH, in der ausschließlich vormalige Arbeitslose für »nur« 5000 D-Mark Monatsgehalt, deutlich weniger als der VW-Haustarif, den Minivan zusammenschrauben sollten. Eine halbherzige Lösung, die den anderen Arbeitern ihre hohen Löhne sicherte. Im Jahr 2005 verkündete der damals neue VW-Markenchef Wolfgang Bernhard dann, die geplante Produktion eines Geländewagens auf Basis des »Golf« komme am Standort Deutschland wegen der zu hohen Arbeitskosten grundsätzlich nicht in Frage. Erst dadurch war die Belegschaft aufgeschreckt. Der Golf-Geländewagen wird nach langen Verhandlungen nun doch in Wolfsburg gebaut – ob zu wettbewerbsfähigen Bedingungen wird sich zeigen.

Wolfgang Bernhard spitzte ein seit langem bekanntes Problem zu. Er fand einen Ansatzpunkt, nämlich die Angst der Arbeitnehmer vor einer schrittweisen Verlagerung ihrer Arbeitsplätze ins Ausland, aus dem er eine Story für einen Veränderungsprozess entwickeln konnte. Nach Jahren der Unbeweglichkeit wird es bei VW nun langsam möglich, über leistungsgerechte und marktkonforme Arbeitszeit- und Entlohnungsmodelle zu diskutieren. Bernhard hat es genauso gemacht wie Regisseur Fitzgerald, der die Massen wieder in die Kinos locken will.

Ein aufschlussreiches Beispiel dafür, wie eine Führungskraft eine Veränderungsstory als Erstes emotional erlebt und dann sukzessive bei anderen im Unternehmen dieselbe Betroffenheit erzeugt, habe ich einmal in der chemischen Industrie erlebt. Mitte der 1990er Jahre fusionierten ein schwedisches und ein französisches Chemieunternehmen, die beide jeweils ein Werk in Deutschland besaßen. Ein Deutscher mit viel Branchenerfahrung, lassen Sie mich ihn hier Michael Norden nennen, wurde kurz nach dem Zusammenschluss von der Unternehmenszentrale in Stockholm zum neuen Landeschef ernannt. Da die beiden Werke mit ähnlichen Technologien vergleichbare Produkte herstellten, war Nordens Auftrag schnell klar: Er sollte die auf zwei Standorte verteilte Produktion in Deutschland zu einem effizienten und profitablen Ganzen machen. Dabei stand er spürbar unter Druck, denn er musste rasch Ergebnisse vorweisen können. Norden machte sich also sofort an die Arbeit und entwickelte erste Ideen.

Bald stellte der neue Deutschlandchef jedoch entsetzt fest, dass alle seine Vorschläge zur Verbesserung der Zusammenarbeit der zwei Werke vom örtlichen Management abgeschmettert wurden. Beim näheren Hinsehen zeigte sich, dass es nirgendwo die geringste Veränderungsbereitschaft gab. Jede Führungsmannschaft vor Ort wollte ihr Werk genau so erhalten, wie es war. Und während man auf den eigenen Standort nichts kommen ließ, erhob man schwere Vorwürfe gegen den jeweils anderen: Deren Technologie sei veraltet, die hätten ineffiziente Prozesse, dort zahle man zu hohe Löhne und so weiter.

Michael Norden schaute sich die Sache genauer an und merkte bald, dass es eine unterschwellige Angst war, die die Mitarbeiter so handeln ließ. Angst vor Stellenabbau oder gar Schließung im Zuge der Fusion. Es wurde gemauert und mit dem Finger auf die anderen gezeigt, weil das Übel *sie* treffen sollte. Da waren Emotionen im Spiel, die gegen Nordens Ziele gerichtet waren. Es ging also darum, diese abzuschwächen und statt ihrer eine einigende Grundemotion zu erzeugen. In diesem Fall taugte die vorhandene Story »1 plus 1 ist mehr als 2« nicht, denn sie war von Misstrauen geprägt. Es musste ein stärker wirkender Auslöser her, der den Veränderungsprozess in Gang brachte. Irgendwie mussten die Leute aus beiden Werken in ein Boot gebracht werden.

In dieser Situation gab ich Michael Norden damals den Rat, eine Art Stunde der Wahrheit zu inszenieren. Er führte daraufhin zunächst ausführliche, aber gesonderte Gespräche mit den Managern und Fachexperten beider Standorte und trug die Resultate zusammen. Diese Ergebnisse präsentierte er dann in einem gemeinsamen Meeting dem Management beider Werke. Und da kam es dann zu einer ziemlich unangenehmen Situation. Als Norden nämlich die Aussagen beider Standorte gegenüberstellte, zeigte sich, dass jeder beim anderen exakt und wörtlich die gleichen Fehler anprangerte. So wurde schlagartig deutlich, dass es sich nur um Ablenkungsmanöver handelte und jedes Werk dem jeweils anderen den Schwarzen Peter zuschieben wollte. Das tiefe Misstrauen und die Angst voreinander wurden öffentlich sichtbar. Die Peinlichkeit war greifbar.

Nun waren alle gemeinsam emotional betroffen. In diesem Moment saß das gesamte Management mit seinen Gefühlen im selben Boot. Und interessanterweise richteten sich jetzt plötzlich die Hoffnungen darauf, dass Norden sie aus der unangenehmen Lage führen könnte. Er bot ihnen deshalb sein Konzept gemeinsamen Handelns an, und sie folgten ihm. Nach einem halben Jahr gab es zwischen den Werken optimierte Prozesse. Produkte wurden ausgetauscht und dort hergestellt, wo es für das Ganze effektiver war. Und es war sogar ein gemeinsames Managementteam entstanden.

Regieanweisung

Finden Sie eine Story, die Sie in der Erlebniswelt aller Mitarbeiter verankern können. Nur wenn etwas erlebbar ist, kann es auch Veränderung erzeugen.

Nur was real ist, kann begeistern

Im Filmgeschäft gibt es Stoffe, die gelten als unverfilmbar. Und es gibt Storys, die so weit hergeholt sind, dass das Publikum nur noch gähnt. An beidem kann ein Film scheitern. Ein unverfilmbarer Stoff ist etwa ein Roman, der auf 800 Seiten nur von den Gedanken und Gefühlen eines Erzählers handelt, ohne dass es eine nennenswerte äußere Handlung gibt. Oder: Haben Sie schon einmal von dem Film »Heaven's Gate« gehört? Nein? Kein Wunder. Der Western von 1980 kostete die damals astronomische Summe von 50 Millionen Dollar und gilt als einer der größten Flops der Filmgeschichte. Regisseur Michael Cimino wollte mit einer verwirrenden Story um die Johnson-County-Viehkriege von 1881 die Besiedlung des amerikanischen Westens kritisch aufarbeiten – zu viel für einen einzigen Film. Der vierstündige Streifen interessierte trotz Starbesetzung niemanden und riss das Filmstudio United Artists in die Pleite.

Die unverfilmbaren Stoffe in Unternehmen sind Veränderungsprozesse, die zwar von vielen gewünscht werden, sich aber beim besten Willen nicht inszenieren lassen, weil sie illusorisch sind. Dazu zählt etwa die Vorstellung, durch den Abbau von Überstunden zu Neueinstellungen zu kommen. Das ist einfach weltfremd. Arbeit wird überall immer spezialisierter, und die fachlichen Anforderungen an Arbeitnehmer steigen ständig. Da ist es kaum noch möglich, einzelne Aufgaben oder Arbeitspakete kurzfristig zu übertragen. Es ist ja auch kein Zufall, dass dort die meisten Überstunden geleistet werden, wo die Tätigkeiten am höchsten spezialisiert sind.

Ebenso illusorisch ist die Idee, Entlassungen vermeiden zu wollen, indem man die Arbeit breiter verteilt. Auch das funktioniert nicht, weil Effektivitätssteigerung für Unternehmen überlebenswichtig ist. Arbeit auf mehr Leute verteilen heißt immer Produktivität verlieren. Entlassungen können Sie nur vermeiden, indem Sie freiwerdende Kapazitäten einsetzen, um Ihre Performance zu steigern und Ihren Markt auszuweiten.

Wie viel Wunschdenken hier im Spiel sein kann, zeigte im Jahr 2000 die so genannte Green-Card-Debatte. Da wurden Unternehmen von Gewerkschaften und einigen politischen Kreisen gedrängt, statt ausländischer Programmierer deutsche Arbeitslose zu beschäftigen. Man könne diese ja qualifizieren. Dabei hatte man völlig übersehen, dass längst alle Deutschen, die Talent für IT-Berufe hatten, auch in solchen beschäftigt waren.

Ein letztes Beispiel: Aus einem Industriebetrieb, der technisch veraltet ist, können Sie niemals allein durch Aktivierung der Mitarbeiter eine überlebensfähige Einheit machen. Hier ist Kapitaleinsatz nötig, nicht Arbeitseinsatz, und daran führt kein Weg vorbei. Notwendige Investitionen können nicht durch schöne Worte ersetzt werden, Motivationstraining ist keine Alternative zum Einsatz der neuesten Technologie.

Der unverfilmbare Stoff ist die eine Falle, in die der Regisseur bereits ganz am Anfang nicht hineingeraten darf. Die andere Gefahr besteht darin, dass eine an sich gute Idee einfach nicht zündet, weil die Story zu wenig Dramatik bietet. Eine Geschichte, die sich langatmig und öde dahinschleppt, zieht die Leute nicht ins Kino.

In Unternehmen gibt es sie zuhauf, die gut gemeinten Veränderungsvorhaben, die nichts bewirkt haben, wo am Ende alles so war wie vorher und die man sich deshalb auch hätte sparen können. Dabei wird oft durchaus erkannt, wo der Schuh drückt und was sich ändern müsste. Aber es wird eben keine Geschichte daraus, die die Leute emotional bewegt. Es entsteht kein starkes Echo, und so bleibt es bei viel Lärm um nichts.

Ein Beispiel, das ich einmal bei einem internationalen Reifenhersteller erlebt habe, kennen sicher viele in ähnlicher Form. Im Konzernvorstand war die Erkenntnis angekommen, dass eine positive Unternehmenskultur die Produktivität steigert. Deshalb sollte eine spezielle Arbeitsgruppe unter Leitung des Personalvorstands Unternehmensleitlinien und einen Verhaltenskodex ausarbeiten. Am Anfang stand eine Mitarbeiterbefragung via Intranet. Die Ergebnisse wurden von der Arbeitsgruppe ausgewertet und die Schlussfolgerungen in die Leitlinien einbezogen. Es entstand ein anspruchsvoller Text in gediegener Aufmachung, der nun allen Mitarbeitern des Konzerns nahegebracht wurde.

Die Leitsätze stießen auf breite Zustimmung – wer sollte auch etwas dagegen haben, wenn das Prinzip gegenseitiger Wertschätzung aufgeschrieben wird? Aber sie waren auch flach, allgemein und unverbindlich. Sie bewirkten nicht die geringste Verhaltensänderung bei den Mitarbeitern. Zumal sich im Verhalten des Managements ja auch nichts änderte. Nach einem Jahr wurden die Mitarbeiter erneut befragt und die Ergebnisse wurden wieder im Unternehmen publiziert. Doch auch das blieb folgenlos. Der Rest war Schweigen.

Vom Vorstand formulierte Leitlinien können ein Unternehmen nicht voranbringen. Im besten Fall geschieht gar nichts, im schlechtesten entsteht eine Doppelmoral, bei der schöne Worte in auffälligem Kontrast zum tatsächlichen Verhalten stehen. Und mit Fragebögen hat noch niemand herausgefunden, wie Angestellte wirklich denken und fühlen. Hier zeigt sich wieder, dass Veränderungen nicht von oben diktiert werden können. Mitarbeiter empfinden Leitsätze als belanglose Gemeinplätze, weil sie die Machtausübung dahinter erkennen und sich wehren, indem sie auf stur schalten. Ich kenne kein größeres Unternehmen, das sich getraut hätte, Leitlinien einmal konsequent »von unten« zu entwickeln und die Mitarbeiter offen zu fragen, welche Unternehmenskultur sie sich wünschen. Aber nur so könnte eine Veränderungsgeschichte daraus werden. Ein anderes Beispiel: In einem Team gab es immer wieder Streit zwischen einzelnen Personen. Als die Situation zu eskalieren drohte, buchte der verantwortliche Manager einen Workshop zur Teambildung bei einer bekannten Konfliktmediatorin. Diese veranstaltete mit der Gruppe eine ausgiebige Wanderung mit gelegentlichen kleinen Herausforderungen. Abends saß man in geselliger Runde beisammen und bekundete gegenseitige Wertschätzung nach dem Motto: »Jetzt kann ich Sie viel besser verstehen.«

Darüber hinaus gab es sogar einige konkrete Vereinbarungen über zukünftig besseres Kommunikationsverhalten, etwa mittels regelmäßiger Feedbackrunden. Trotzdem änderte sich anschließend im Prinzip nichts. Nach wenigen Wochen herrschte wieder Streit, nicht minder heftig, nur diesmal verdeckter und damit psychisch noch belastender.

Auch hier waren bei den Beteiligten überhaupt keine Resonanz, keine emotionale Betroffenheit und kein Veränderungsdruck entstanden. Die Mediation setzte vor allem nicht bei den Bedingungen an, unter denen sich die Teammitglieder stritten. Die Wanderung war ein netter Kurzurlaub, hatte mit ihrer täglichen Lebensrealität jedoch überhaupt nichts zu tun.

Regieanweisung

Verabschieden Sie sich frühzeitig von Wunschvorstellungen und verlockenden Utopien. Nur realistische Geschichten lassen sich inszenieren.

Jede Veränderung braucht nicht nur eine Geschichte, sie muss auch realistisch sein. Sie müssen die bereits existierenden Geschichten finden und dürfen sich nicht einfach eine ausdenken. Sie brauchen solche, die das Leben schreibt oder schreiben könnte. So wie jeder erfolgreiche Film fest in der Realität verwurzelt ist. Für Fantasy-Abenteuer oder Science-Fiction-Filme mag das nicht unbedingt zutreffen, aber die Ängste, Wünsche und Sehnsüchte des Publikums, die hier angesprochen werden, sind absolut real. Sonst würden diese Filme niemanden interessieren.

Mindestens der Anfang Ihrer Geschichte muss stimmen – und der Rest sollte wahrscheinlich sein. Niemand glaubt wirklich an den guten Investor, der eine miese Fabrik kauft, viel Geld hineinsteckt und sich weiterhin mit mittelmäßiger Performance zufriedengibt. Wenn ein Unternehmensverkauf oder eine Übernahme in Betracht kommt, so ist das ein guter Geschichtenanfang, den Sie weiterführen können. Was würden Sie erwarten, wenn Sie Ihr eigenes Geld in eine Firma stecken sollten? Wie könnten Sie Ihre Firma so wertvoll machen, dass sich die Investoren darum reißen und Sie sich den besten Investor aussuchen können? Für solche Geschichten gibt es Beispiele, so dass die Menschen an die Geschichte glauben und diese sie aktiviert.

Die häufigsten »Geschichtenanfänge«, also realistische Anlässe für erfolgreiche Veränderungen, sind diese:

- Wettbewerbssituationen zwischen Standorten innerhalb eines Konzerns
- bedrohliche Vergleiche mit Wettbewerbern im Markt
- schlechte Performance
- zu hohe Kosten
- eine zu geringe Innovationsrate
- Firmenübernahmen und -verkäufe
- Unternehmenszusammenschlüsse und Fusionen
- neue Chefs

Vergleiche mit Wettbewerbern wirken vor allem dann aktivierend, wenn deren Produkt- oder Kostenvorteile den gemeinsamen Kunden nützen. Ich erinnere mich noch gut an meine Tätigkeit als Angestellter im Produktionsbereich eines Autozulieferers, bei dem die Verantwortlichen der Entwicklungsabteilung und der Produktion permanent mit Wettbewerbsmustern konfrontiert wurden. Das war fast schon eine Manie des Vorstands und hat uns damals alle fürchterlich genervt, gleichzeitig aber aufs Äußerste angespornt, die Konkurrenz zu übertreffen.

Die drohende Übernahme der eigenen Firma durch den Wettbewerb ist hervorragend dazu geeignet, Mitarbeiter wachzurütteln. Es lässt sich relativ leicht vermitteln, dass man seine Haut so teuer wie möglich verkaufen will und den neuen Chefs seine Leistungsfähigkeit zeigen muss. Selbst wenn die Übernahme dann überhaupt nicht zustande kommt, tragen die Anstrengungen Früchte und kommen der Performance zugute. In ähnlicher Weise wirkt es, mit Outsourcing und Produktionsverlagerung zu drohen, wie das Beispiel Volkswagen recht gut belegt.

Ein schlechtes Betriebsklima, niedrige Motivation oder zu geringe Mitarbeiterzufriedenheit werden zwar häufig angeführt, wenn ich mich in Unternehmen umhöre, taugen aber in der Regel nicht als alleinige Aufhänger für tiefgehende Wandlungsprozesse. Sie können höchstens zu kosmetischen Änderungen führen, sofern die Firma sich das leisten will oder kann. Ist aber erst einmal ein realistischer Anlass für Veränderung gegeben, stehen Betriebsklima, Motivation und Zufriedenheit immer mit auf der Agenda.

Alle Geschichten haben eines gemeinsam: Es sind fast ausnahmslos Leidensgeschichten. Oder kennen Sie einen erfolgreichen Film, in dem die Helden kein bisschen zu erdulden haben, wo es für sie keinerlei Konflikte zu lösen und nicht eine einzige Prüfung zu bestehen gibt? Schon in Zeichentrickfilmen für Kinder geraten die Figuren in Bedrängnis, erleben Strapazen, Rückschläge und schließlich die siegreiche Erleichterung. Es ist nun einmal ganz wesentlich Leidensdruck, der Dynamik erzeugt und Menschen sich bewegen lässt.

Natürlich kann ein Unternehmen auch von einer Vision gepackt werden, statt auf Druck zu reagieren. Aber solche Fälle sind doch eher selten. Und wenn Sie etwa an die New Economy zurückdenken, dann war der Zukunftsglaube schnell aufgebraucht. Der Missstand ist nun einmal immer näher als das ferne Ziel. Wenn die Visionen dann auch noch von leuchtender Kühnheit sind, macht dies im Alltag verwurzelte Menschen schnell misstrauisch. Sie empfinden es häufig als Blendwerk, Spinnerei oder als Versuch, ihnen etwas zu verkaufen. Wenn Sie Wandel inszenieren wollen, fragen Sie sich besser gleich: Wo sitzt der Schmerz? Suchen Sie nach einer Leidensgeschichte, in der Sie, wenn möglich, diesen Schmerz noch verstärken können, damit sich die Wahrnehmung schärft und sich Energie aufbaut. Die Vision bringen Sie erst später ins Spiel: Sie ist der Ausweg, der positive Pfad der Veränderung.

Eine Leidensgeschichte muss also her. Diese kann zum Beispiel so aussehen, dass die Zusammenarbeit zwischen zwei Abteilungen nicht oder nur schlecht funktioniert und sich mit der Zeit sogar persönliche Feindschaften entwickelt haben, die das Klima zusätzlich belasten. Irgendwann hat jeder jedem etwas heimzuzahlen. Darunter leiden die Beteiligten und sorgen sich schließlich sogar um ihre Arbeitsplätze, weil die Umstände zu mangelhaften Leistungen führen. Die Leidensgeschichte ist also die gegenwärtige Situation und die daraus entstehende Bedrohung, den Job zu verlieren. Führen Sie dies den Beteiligten drastisch genug vor Augen, dann erzeugen Sie Veränderungsdruck, bereiten einen Bewusstseinswandel vor und leiten so Ihr Vorhaben ein.

Oder: Ein globaler Konzern beabsichtigt, an einem seiner zahlreichen Standorte ein Werk zu schließen. Es ist nur noch nicht klar, an welchem. Also soll im Verlauf des nächsten Jahres ein hartes Benchmarking durchgeführt werden. Das ist die Geschichte. Wenn Sie diese breit genug kommunizieren, ergeben sich bei den Mitarbeitern Resonanzen und Bilder, Vermutungen und Ängste, weil jeder solche Vorgänge vom Hörensagen kennt.

Bei der Inszenierung eines Prozesses zur Gefahrenabwehr kombinieren Sie diese Geschichte dann mit Erzählungen, wie derartige Situationen überwunden werden können. Berichten Sie, wie Sie eine solche Gefahr schon einmal gemeistert haben, oder schlagen Sie einen Erfahrungsaustausch mit einem Unternehmen oder Ex-Managern eines Unternehmens vor, in dem es schon einmal eine ähnliche Situation gegeben hat.

Nah am Geschehen werden Sie fündig

Wie gehen Sie nun konkret vor, um »Ihre« Story zu finden? Ganz einfach: Indem Sie Ihren goldenen Käfig verlassen und versuchen, so nah wie möglich an die Prozesse und die Menschen heranzukommen. Starregisseur Fitzgerald hat es richtig gemacht. Er hat sich bequemt, sein Fünf-Sterne-Hotel zu verlassen und dem Volk aufs Maul zu schauen. Er hat mit Bekannten und Fremden gleichermaßen intensiv kommuniziert und schließlich noch Medienberichte herangezogen, um ein differenziertes Stimmungsbild zu bekommen. Dann hatte er eine gute Idee.

Mich erstaunt immer wieder, wie Führungskräfte sich völlig in ihrer eigenen Erlebniswelt einmauern können und den wichtigen Kontakt nach außen irgendwann verlieren. Wenn die Realität sie dann schlagartig wieder einholt, ist es im Extremfall schon zu spät.

Mitte der 1980er Jahre habe ich das bei einem kleinen deutschen Lederwarenhersteller besonders drastisch erlebt. Als dessen Chef sich im Frühjahr 1986 entschloss, persönlich die Fachmesse »Semaine de Cuir« in Paris zu besuchen, war er schockiert: Indische, pakistanische und türkische Unternehmen produzierten inzwischen Lederwaren in einer mit seinen Produkten absolut vergleichbaren Qualität – bloß zu viel niedrigeren Preisen. Diese Entwicklung war überhaupt nicht bei ihm angekommen. Kein Wunder, dass seine Kunden, die Einkäufer des Handels, sich umorientierten.

Die notwendige Reaktion konnte jetzt nur noch radikaler Abbau heißen. Am Ende stand die Schließung des Unternehmens, sämtliche Arbeitsplätze in einer strukturschwachen Region fielen weg. Wer war daran schuld? Die »Globalisierung« oder das Management? Die Fakten waren lange klar, aber sie wurden nicht wahrgenommen, weil der Chef sein Schneckenhaus nicht verlassen hatte. In seiner kleinen Welt hatte er zwar Zugang zu allen Informationen – und hätte es heute dank Internet und Kennzahlsystemen mehr denn je – sah aber den Wald vor lauter Bäumen nicht. Erst die direkte Konfrontation mit der Konkurrenz machte die Lage für ihn spürbar. Aber da war es schon zu spät.

Die Überflutung mit Fakten und die allgemeine Arbeitsüberlastung hindert, viele Führungskräfte daran, nahe genug an eine Sache heranzugehen, sich auf dem Markt umzuschauen und ein Gefühl für die Dinge zu bekommen, über die sie entscheiden. Dabei ist genau das unverzichtbar. Entscheidungen werden nur zu maximal 30 Prozent rational getroffen. Dagegen werden 70 Prozent emotional, »aus dem Bauch heraus«, entschieden.

Um Ihre Geschichte zu finden, ist es also nötig, nahe genug am Geschehen zu sein. Beschäftigen Sie sich nicht nur mit Zahlen, Daten und Fakten, sondern nehmen Sie sich Zeit, zum Beispiel um mit Außendienstlern zu sprechen. Oder besser noch:

Besuchen Sie persönlich Ihre Kunden. Gehen Sie einmal auf eine Fachmesse, nicht um einen Termin nach dem anderen zu bewältigen, sondern um die Produkte, mit denen Sie zu tun haben, zu beobachten, anzufassen und auf sich wirken zu lassen.

Und dann fangen Sie an, mit Ihren Mitarbeitern intensiv zu kommunizieren, um herauszufinden, was die Leidensgeschichte ist. Verschieben Sie ruhig einmal Verwaltungsaufgaben oder versuchen Sie, Routinetätigkeiten zu delegieren, denn für diese Kommunikation brauchen Sie ein wenig Zeit. Ans Ziel kommen Sie nämlich nur indirekt.

Menschen schreiben ihre Ängste oder das, was sie bewegt, nicht an die Wandzeitung. Sie müssen aber herausfinden, was Ihre Mitarbeiter umtreibt. Also müssen Sie Fragen stellen. Wenn Sie das zu direkt tun, werden Sie keine Antworten bekommen, weil das nötige Vertrauen fehlt. Auch hegen Mitarbeiter – wie bereits beschrieben – Skepsis gegenüber Fragebögen. Papier, Stift und Kreuzchen lassen zudem kaum Zwischentöne erkennen und blenden alle Signale der Körpersprache aus. Um an die Geschichte heranzukommen, müssen Sie komplex kommunizieren, mit den Leuten über ihre Alltagssituation reden, darüber, was sie freut und ärgert, wie sie mit ihrer Umgebung auskommen und welche Tätigkeit sie gerade konkret verrichten. Alles das erfahren Sie nur in informellen Gesprächen.

Dabei sollten Sie akzeptieren, dass die meisten Leute Dinge nicht direkt sagen. Es gibt trotzdem Wege, an die tieferen Schichten heranzukommen. Erinnern Sie sich an die Krimiserie »Columbo« mit Peter Falk in der Titelrolle? Der verknautschte Inspector verwickelte seine Verdächtigen in scheinbar belanglosen Smalltalk, achtete dabei aber auf die Zwischentöne, bildete Hypothesen, suchte nach deren Bestätigung und fand so schließlich die Spur zum Täter.

Die beste Art, mit Mitarbeitern ins Gespräch zu kommen und von ihnen Informationen zu erhalten, ist, ihnen erst einmal selbst etwas zu erzählen. Kommunikation darf keine Einbahnstraße sein. Ich erfahre immer sehr viel, wenn ich zunächst davon berichte, was ich in einem anderen Unternehmen oder in einer anderen Abteilung, früher oder in anderen Zusammenhängen, selbst erlebt habe. Je lockerer und beiläufiger, desto besser.

Sie können natürlich auch über die neuesten Zahlen sprechen – eigentlich über alles Mögliche, bei dem Sie einen Wissensvorsprung besitzen. Dabei achten Sie auf Resonanzen, auf sprachliche und körpersprachliche Signale, die Ihnen zeigen, dass Ihr Gesprächspartner von einem Thema emotional betroffen ist. So finden Sie irgendwann die richtige Spur. Angenehmer Nebeneffekt: Durch diese Art der Kommunikation bauen Sie persönliches Vertrauen auf, das Sie während des gesamten Veränderungsprozesses brauchen werden. Vor allem, wenn es einmal schwierig wird. Und das wird es garantiert.

An dieser Stelle möchte ich Ihnen noch einen besonderen Tipp zum Auffinden der richtigen Geschichte ans Herz legen: Reden Sie mit dem Betriebsrat. Manche Manager irritiert im ersten Moment, dass ich mich mit Betriebsräten und Gewerkschaftern unterhalte. Ich tue das aber nicht, um mich mit deren Zielen solidarisch zu erklären, sondern weil der Betriebsrat im Unternehmen eine Nachrichtenbörse von unschätzbarem Wert ist.

Beim Betriebsrat wird sich ausgeheult, hier weiß man, was an der Basis wirklich Sache ist. Und die meisten Gewerkschafter sind so positiv überrascht, wenn jemand aus dem Management oder ein von der Unternehmensleitung beauftragter Berater sich für sie und ihre Arbeit interessiert, dass sie mit der Wahrheit nicht lange hinter dem Berg halten.

Regieanweisung

Bauen Sie Distanz ab. Suchen Sie Nähe zu den Menschen und pflegen Sie das informelle Gespräch. So gewinnen Sie oft mehr Erkenntnisse als mit den aufwändigsten Analysetools.

Haben Sie Ihre Story gefunden? Dann bitten Sie andere um ihre Meinung. Sie sollten dabei immer betonen, dass Sie selbst noch nachdenken und sich noch nicht für ein Vorhaben entschieden haben. Die Wahrscheinlichkeit, die richtige Geschichte gefunden zu haben, erhöht sich, wenn Sie diese erzählen. Erhalten Sie von vielen unterschiedlichen Interessengruppen – Management, Mitarbeitern verschiedener Abteilungen, Betriebsrat usw. – positive Resonanz, können Sie Ihrer Sache ziemlich sicher sein.

Es gibt Fälle, in denen man in einem Veränderungsprozess mehrere Geschichten braucht. Um das zu erkennen, bleiben Sie einfach immer im Kommunikationskontakt. Dann bekommen Sie mit, wenn Geschichten schwächer werden, und können Sie durch stärker wirkende ersetzen.

Parallel zur Geschichtensuche entwickeln Sie immer schon Ideen für die Umsetzung, spielen erste Szenarien durch, was Sie aus Ihrer Geschichte machen wollen. Die Geschichte und ihre mögliche Inszenierung werden sich in Ihren Gedanken immer wieder überschneiden. Daher ist es ein fließender Übergang, wenn Sie irgendwann beginnen, Ziele zu definieren und über Prozesse nachzudenken. Bildlich gesprochen: Sie beginnen, das Drehbuch für Ihr Veränderungsvorhaben zu schreiben. Davon handelt die nächste Klappe.

Zeitraffer

- Jeder Veränderungsprozess braucht eine Geschichte, die Sie finden und allen Mitarbeitern verdeutlichen müssen, um sie für den Wandel zu gewinnen.
- Geschichten müssen realistisch und in der Erlebniswelt der Mitarbeiter verankert sein. Die Inszenierung von Wandel wird unmöglich, wenn sie weltfremden Wunschvorstellungen dienen soll.
- Die Geschichte ist fast immer eine Leidensgeschichte. Aus dem Leidensdruck erwächst die für Veränderungen notwendige Energie.
- Einen Ansatz für eine Veränderungsgeschichte finden Sie, wenn Sie nah an den Menschen sind und das zwanglose Gespräch suchen.
- Sie haben die richtige Story für Ihr Veränderungsvorhaben gefunden, wenn Sie bei möglichst vielen von dem anstehenden Prozess Betroffenen starke Resonanz auf die Geschichte wahrnehmen.

Das Drehbuch – Bei der ersten Szene schon das Ganze im Blick haben

Die Kurierfahrerin war diesmal besonders nett – und ausgesprochen attraktiv. Gatsby Fitzgeralds Augen strahlen von dem kurzen, aber filmreifen Flirt. Lässig schlendert er über den Marmorboden seines Wohnzimmers, umkurvt die wie zufällig im Raum verteilten Ledersessel und steuert dann auf die Glasfront zu, hinter der ein kalifornischer Himmel in makellosem Azur leuchtet. In der rechten Hand hält er ein Glas Milchkaffee mit zerstoßenem Eis und Karamell, in der linken einen dicken braunen Umschlag.

Einige Monate hatte sich hier in Los Angeles nichts getan, trotz der viel versprechenden Story, die ihm in Cannes eingefallen war. Erst einmal wieder nur Interviews, Fernsehauftritte, Lizenzgeschäfte, der übliche Kleinkram. Dann lernte er auf einer Party den jungen Toby Striver kennen, der gerade mit, wie er sagte, Drehbüchern für ein halbes Dutzend Blockbuster in die Stadt gekommen war. Nach dem fünften Caipirinha erzählte Fitzgerald ihm seine neue Idee und forderte ihn heraus, ein Drehbuch für diese Story zu schreiben. Am besten erst einmal ein kurzes Treatment. Irgendwie komme er selbst gerade zu nichts. Und nun tatsächlich der große Umschlag.

Gatsby schlängelt sich durch den schmalen Spalt der Schiebetür und sucht sich einen schattigen Platz am Pool. Sein Blick schweift kurz über das glitzernde Wasser, hinüber zu den steil abfallenden, grünbraunen Hollywood Hills, aus denen hier und da die Villa eines Kollegen hervorlugt, weiter bis zu den im Smog flirrenden Bürotürmen von Downtown L. A.

Er öffnet das Päckchen – und legt die Stirn in Falten. Ganze 650 Seiten dicht bedrucktes Papier. Das soll ein Drehbuch sein?

Er blättert in der Schwarte und beginnt irgendwo zu lesen. Da sind ja Dialoge, in denen die Vulkanologin anderthalb Seiten Text hat! Glaubt Toby, wir sind hier im Theater und wollen Shakespeare inszenieren? Und dann erst diese Regieanweisungen: *Von der sich öffnenden Fahrstuhltür der Tiefgarage sind es dreißig Fuß schräg links zu ihrem beigemetallicfarbenen BMW 330i Cabrio. Sie kommt zwei Schritte aus dem Fahrstuhl, bleibt kurz stehen, schaut zunächst nach rechts, dann nach links. Sie geht fünf Schritte weiter vor, nimmt dann die Fernbedienung aus der schwarz glänzenden Prada-Handtasche, hält sie etwas oberhalb der Hüfte mit leicht nach vorn gestrecktem Arm und öffnet dann mit kurzem Knopfdruck …*

So etwas wird jedem Schauspieler Leib und Seele einklemmen. Gatsby Fitzgerald blättert immer hektischer hin und her. Dann klappt er das Machwerk zu und wirft es wie eine Frisbee-Scheibe im hohen Bogen in den Pool. Bullshit!

Am nächsten Morgen stehen zwei leere Flaschen Rotwein neben Fitzgeralds Computer, dahinter ein Gebirge aus Styroporverpackungen seines Lieblingschinesen. Immerhin 34 Seiten – das reicht erst mal. Der Rest wird sich später schon ergeben, findet der Regisseur.

Er tappt in die lichtdurchflutete Küche, hievt sich schwer auf den Barhocker und ruft seine künftige Hauptdarstellerin an, die unterwegs zum Sportstudio ist. »Catherine, ich hab was geschrieben. Das müsst ihr alle mal lesen.« Fitzgerald blinzelt in das stechende Vormittagslicht. »Was? Nein, ich habe keine Minute geschlafen heute Nacht. Woher weißt du das?«

Erst mal die Prozesse angehen – der Rest ergibt sich

Gatsby Fitzgerald fand es einfach nur *bullshit,* dass da jemand glaubte, am grünen Tisch schon alle Details des künftigen Films festlegen zu können. Ein Planungsfanatiker war da am Werk, der nur leider keinen blassen Schimmer hatte, wie eine Inszenierung funktioniert. Natürlich braucht ein Regisseur ein Drehbuch. Aber das soll doch eher den Plot vorgeben und ein paar brauchbare Dialoge liefern, statt schon bis ins letzte Detail festlegen zu wollen, wie jede einzelne Szene abläuft. Denn vieles ergibt sich mehr oder weniger spontan bei den Dreharbeiten. Vor allem aber: Eine Inszenierung ist ein Gemeinschaftswerk. Der Regisseur will und muss die Schauspieler und sein Team mit einbeziehen.

In Unternehmen hat sich mir immer wieder ein ganz ähnliches Bild geboten wie Gatsby Fitzgerald, als er den braunen Umschlag öffnete. Da meinen Manager, den genauen Lösungsansatz für anstehende Projekte schon in allen Details zu kennen und den Beteiligten diktieren zu können. Sie schaffen es einfach nicht, sich erst einmal darauf zu konzentrieren, was eigentlich verändert werden muss und wie der Prozess der Veränderung gestaltet werden sollte.

Bei einem norddeutschen Getränkehersteller habe ich einmal erlebt, wie eine Managementaufgabe an zu eifrigen Vorgaben beinahe gescheitert wäre, dann aber doch noch gelöst werden konnte, als die nötige Offenheit wiederhergestellt war. Die Saftfabrik war Teil eines verzweigten Getränkekonzerns, und der Anlass, die Performance zu verbessern, war wie so oft ein Benchmarking. In diesem Fall waren sowohl Konzernstandorte als auch Wettbewerber einbezogen worden und es waren für die Fabrik in jeder Hinsicht miese Ergebnisse herausgekommen. Bei den Durchlaufzeiten und den Stückkosten stand man so schlecht da, dass der Vorstand sogar die Schließung des Werks in Erwägung zog. Es musste dringend etwas geschehen. Entsprechend nervös war man im Management und in der Belegschaft.

Die Marschrichtung war für die Standortleitung schnell klar. Die Mitarbeiter sollten stärker in die Prozesse eingebunden werden und zu deren Optimierung beitragen können. Man wollte mehr Engagement ermöglichen, um Kosten zu senken und Zeit zu sparen. Außerdem sollten Mitarbeiter freigesetzt werden, um mit ihnen eine neue Anlage für eine weitere Produktlinie aufzubauen. Ich bekam den Auftrag, das Projekt zu begleiten. So weit, so gut.

Nun hatte aber der für die Produktion verantwortliche Geschäftsführer, nennen wir ihn Markus Neumann, bereits eine klare Vorstellung entwickelt, was im Einzelnen geschehen sollte. Neumann war in irgendeinem Wirtschaftsmagazin ein Bericht über Gruppenarbeit bei Opel in Eisenach aufgefallen. Daraufhin war er nach Thüringen gefahren, um sich die ganze Sache anzusehen. Völlig aus dem Häuschen war er dann von der Werksführung zurückgekommen. Gruppenarbeit kam ihm nun auch für seine Produktion wie das Ei des Kolumbus vor.

Womit Neumann nicht gerechnet hatte, war, dass ihm massiver Widerstand entgegenschlug, als er die Idee der Gruppenarbeit verkündete. Das Thema war nämlich bei der Belegschaft des Getränkeherstellers nur negativ besetzt. Die meisten stellten sich darunter vor, dass die Fleißigen die Faulen mit durchziehen müssen, und dass jeder alles können soll. In Wirklichkeit gibt es natürlich bei guter Gruppenarbeit auch eine Aufgabenteilung, aber das wusste keiner.

Doch nicht nur das schlechte Image dieser Art von Arbeitsorganisation war ein Problem. Ich hatte von Anfang an Zweifel, ob sich eine Lösung aus der Automobilindustrie erfolgreich auf eine Produktionshalle mit Abfüllanlagen übertragen ließ. Ein komplexes Produkt wie einen Opel Astra in jeweils einer von Tausenden möglichen Varianten zusammenzuschrauben ist etwas völlig anderes als ein Massenprozess, bei dem es nur darauf ankommt, möglichst viele Flaschen so schnell wie möglich mit Saft zu füllen. Gruppenarbeit würde hier allenfalls die Fehlerquote, aber nicht die Produktivität erhöhen. Das war übrigens auch den Mitarbeitern klar. Wer täglich mit einer Aufgabe befasst ist, weiß intuitiv ziemlich genau, was geht und was nicht.

Schließlich konnte ich die Unternehmensleitung davon überzeugen, ergebnisoffen in das Projekt hineinzugehen, statt sich gleich auf Neumanns Lösung festzulegen. Danach fragten meine Mitarbeiter und ich zuerst einmal die Arbeiter in der Produktion, wie man Abläufe und Planungsprozesse optimieren könnte. So kamen die besten Vorschläge zusammen. Es sollte zum Beispiel das Produktionspersonal einfache Wartungsarbeiten an den Anlagen selbst übernehmen und damit die Techniker entlasten, damit diese sich darauf konzentrieren könnten, die Anlagen zwischen verschiedenen Produktionsaufträgen möglichst schnell umzurüsten.

Am Ende des Projekts hatten wir tatsächlich eine neue Organisation, nämlich eine konsequent prozessorientierte Fertigung, ausgerichtet an den Produktionsdurchläufen. Es gab keine organisatorischen Schnittstellen innerhalb der Fertigungsketten mehr, und alle erforderlichen Funktionen, wie Maschinenbedienung, Planung, Logistik, technische Einrichtung und Instandhaltung, waren in die einzelnen neu geschaffenen Verantwortungsbereiche optimal eingebunden.

Unser Drehbuch hatte verlangt: Prozesse integrieren, Kosten senken, Zeit sparen und Mitarbeiter für andere Aufgaben freisetzen. Während des Projekts wurde das Skript mit Leben gefüllt und weitergeschrieben. Alle Ziele konnten erreicht werden und von Gruppenarbeit sprach schließlich niemand mehr, auch Markus Neumann nicht. Sein Lösungsansatz war ein Schnellschuss gewesen und hatte in einem guten Drehbuch nichts verloren.

Regieanweisung

Setzen Sie immer auf der Ebene der Prozesse an. Dort legen Sie fest, was sich ändern muss und wie die zukünftigen Abläufe aussehen sollen. Die konkreten Lösungen dazu ergeben sich auf dem Weg.

Meine Warnung vor zu vielen Details und vorschnellen Lösungen im Drehbuch soll Sie nun aber nicht dazu verleiten, es nicht ernst genug zu nehmen. Sonst geht es Ihnen wie Gatsby Fitzgerald, der zwar eine gute Story im Kopf hatte, es jedoch monatelang vor sich herschob, das Ganze auch in eine Form zu gießen. Dann wollte er die Sache übers Knie brechen und ging den aussichtslosen Weg, einen unerfahrenen Schaumschläger mit dem Drehbuch zu beauftragen. Erst danach hat er sich wieder auf sein Handwerk besonnen und die Sache in die Hand genommen.

In Klappe 1 war von den »unverfilmbaren Stoffen« die Rede, die einfach nicht funktionieren können, weil sie unrealistisch sind. Aber auch aus der glaubwürdigsten Story wird kein Film, wenn sich niemand ans Drehbuch macht oder es einfach zu schlecht ist. Auch hierzu ein Beispiel, diesmal aus der Pharmaindustrie.

Ein deutsches Unternehmen wollte zu neuen Horizonten aufbrechen. Die Produktionsprozesse sollten künftig schlank sein und nach definierten Produktlinien ausgerichtet werden, die Mitarbeiter sollten sich stärker engagieren und die Unternehmenskultur sollte hin zu mehr Kooperation verändert werden. Alles gut und schön. Im kleinen Kreis wurde eine neue Organisationsstruktur ausgearbeitet. Drei Manager wurden freigestellt und auf Schulungen geschickt, um alles über den Kontinuierlichen Verbesserungsprozess (KVP) zu lernen. Danach wurde die Belegschaft darüber informiert, wie die neue Struktur aussehen sollte und wie das mit dem KVP so funktioniert. Es wurden KVP-Teams gebildet und ihnen Rationalisierungsziele – sprich: Personalabbau – vorgegeben. Das Management verpflichtete alle Verantwortungsträger auf das Projekt, Widerstände wurden beseitigt und mahnende Stimmen zum Schweigen gebracht.

Nach zwei Jahren wurde das Projekt beerdigt. Es hatte durch rigorosen Personalabbau Qualitätsprobleme erzeugt und die Atmosphäre im Unternehmen deutlich verschlechtert. Es gab weder eine gute Story – Personalabbau ist immer eine schlechte Geschichte – noch ein konkretes und vor allem richtiges Drehbuch, welches die Mitarbeiter genügend berücksichtigt hätte. Es wurde kaum auf die Leute gehört und Dinge wurden nicht gemeinsam entwickelt, sondern vorgegeben. Schlechte Story, schlechtes Drehbuch, schlechter Film.

Regieanweisung

Unterschätzen Sie das Drehbuch auf keinen Fall. Ohne Vorstellung vom Ganzen kann der erste Schritt schon in die falsche Richtung führen.

Wie detailliert Ihre Zielvorgaben auf der Prozessebene sein müssen und wie viel sich dann spontan ergibt, sobald Sie Ihre Mitarbeiter mit einbeziehen, hängt immer auch von dem konkreten Veränderungsprojekt ab. Als Richtschnur kann ich Ihnen nur empfehlen, so viel Offenheit wie möglich anzustreben.

Ein zugegebenermaßen extremes Beispiel, mit wie wenigen Vorgaben im Drehbuch man einen Film machen kann, ist der Streifen »Keine Lieder über Liebe« des Regisseurs Lars Kraume. Ich war fasziniert, als ich Ende 2005 in einem Magazin den Bericht des Hauptdarstellers Jürgen Vogel über die Dreharbeiten las. Das Drehbuch hatte nämlich nur den ganz groben Rahmen für den Film vorgegeben. Eine Band sollte drei Wochen in Norddeutschland auf Tour sein, und dabei sollte es zu einer unglücklichen Konstellation zwischen zwei Männern und einer Frau kommen. Festgelegt waren neben dem Eifersuchtskonflikt nur noch die Biografien der drei Hauptfiguren, das heißt ihre Herkunft, ihr Erfahrungshintergrund und ihre aktuelle Lebenssituation. Das war alles. Weder die Dialoge standen im Drehbuch noch der konkrete Handlungsverlauf. Das wurde zwischen Regisseur und Schauspielern jeweils ganz spontan entwickelt. Die Dreharbeiten liefen so ab, dass die Schauspieler einfach drei Wochen lang in der Haut ihrer Figuren lebten und dabei 20 Stunden am Tag gefilmt wurden. Nichts wurde unterbrochen und keine Szene wiederholt. Der Schauspieler Jürgen Vogel sagt über das Filmemachen im Allgemeinen und die ungewöhnliche Freiheit, die er bei dieser Rolle hatte, im Besonderen: »Es gibt keine verbindlichen Regeln, sondern nur Projekte, die nach unterschiedlichen Formen verlangen.«

Anders hätte ich es an dieser Stelle auch nicht ausdrücken wollen, um zu zeigen, worauf es für Sie als Führungskraft beim Drehbuch – sprich: der Prozessvorschrift für Ihr Veränderungsvorhaben – ankommt. Die Ziele müssen klar sein, der Prozess der Lösungsfindung und Umsetzung in seinen wesentlichen Schritten ebenfalls, aber die Lösungen selbst dürfen nicht vorgegeben werden.

Warum gibt es dann nicht mehr Filme, die maßgeblich von den Schauspielern entwickelt werden? Jürgen Vogel sagt, die Eitelkeit und die Machtbedürfnisse der Regisseure stünden dem leider oft im Weg: »Die meisten Regisseure wollen lieber vermeiden, dass etwas geschieht, was sie nicht geplant haben.« Auch das deckt sich genau mit meiner Diagnose der Schwierigkeiten, die Führungskräfte in Unternehmen damit haben, Veränderungen »von unten« wachsen zu lassen. In diesem Buch möchte ich Sie deshalb immer wieder ermutigen, es anders zu machen und keine Angst vor einem gewissen Maß an Eskalation und Kontrollverlust zu haben. Dadurch werden innovative Prozesse oft erst in Gang gesetzt.

Ein wesentlicher Schlüssel dazu ist der Prozess der Veränderung. Diese Ebene ist es, die Sie als Führungskraft überblicken und steuern müssen. Hier kann Ihnen nicht jeder Mitarbeiter folgen und will es auch gar nicht. Hier dürfen und sollen Sie führen – Vorgaben machen, ein »Drehbuch« schreiben. Sie sollten bloß der Versuchung widerstehen, die Prozessebene zu verlassen und mehr Details festzulegen als nötig. Denn dann werden Sie ganz schnell von der Führungskraft zum Störfaktor, wie ich Ihnen an einem weiteren Beispiel zeigen kann.

Im Verpackungsbereich eines Pharmaunternehmens sollte ein Wartungsplan für sämtliche Maschinen und Anlagen erstellt werden. So etwas ist eine ziemlich knifflige Geschichte, weil alle immer gleichzeitig die Anlagen für sich haben wollen. Das Projektteam bestand aus Mitarbeitern der Produktion und des Engineering. Durch die Bank waren das ganz hervorragende Fachleute. Geleitet wurde das Team von einem externen Experten, der selbst Ingenieur war und bereits mehrfach an solchen Aufgaben gearbeitet hatte.

In der ersten Sitzung moderierte er das Team an und beschränkte sich darauf, die Beteiligten beim Sammeln der Probleme zu unterstützen. In der zweiten Sitzung sollte es dann um Lösungsansätze gehen. Die Teilnehmer machten aber keine Vorschläge, sondern diskutierten einfach weiter über die Schwierigkeiten. Nach einer halben Stunde verlor der Moderator die Geduld und machte selbst Vorschläge. Die Teilnehmer widersprachen nicht, ja sie wurden im Gegenteil immer passiver. Schließlich saß da ja eine ausgewiesene Autorität. Und ehe man sich mit der anlegte, ließ man die Dinge lieber laufen. Das stachelte den Moderator nun an, munter immer mehr eigene

Vorschläge zu machen. Am Ende war er zufrieden, denn er hatte ein schickes Protokoll mit vielen ganz konkreten Punkten.

Was der Moderator in seinem Eifer nicht bemerkt hatte, waren die vielsagenden Blicke zwischen einigen Teilnehmern, immer wieder aufkommendes Gemurmel im Raum und der Umstand, dass nach dem Meeting alle sofort den Raum verließen. Dies alles sind Zeichen, dass irgendetwas in der Führung des Arbeitsprozesses der Gruppe nicht gut läuft.

Wie sich später herausstellte, waren die festgelegten Lösungsansätze überhaupt nicht geeignet, einen brauchbaren Wartungsplan aufzustellen. Es waren nämlich in der ersten Sitzung einfach nicht alle Probleme auf den Tisch gekommen. Zum Beispiel herrschten zwischen bestimmten Kollegen so starke Spannungen, dass man sie nicht in gemeinsame Wartungsteams stecken konnte. Auch gab es zu bestimmten technischen Anforderungen eklatante Qualifikationslücken beim Engineering, die in der ersten Sitzung von den Teilnehmern begreiflicherweise noch nicht offengelegt worden waren. Hätte der Moderator sich auf den Prozess des Lösungsfortschritts und auf die Gruppendynamik während des Meetings konzentriert, wären ihm diese Dinge aufgefallen und er hätte erfolgreich steuern können. Durch den Einstieg in die Details hat er aber die Prozessebene verlassen und den Misserfolg herbeigeführt.

Übrigens ist keine Führungskraft gegen die Versuchung immun, sich in die Sacharbeit einzumischen. Ich selbst muss mich gerade beim Heimspiel in meiner Beratungsfirma manchmal schwer zusammenreißen. Klar, dass auch ich meine eigenen Ideen immer erst mal für die besten halte! Aber ich weiß auch, wann es besser ist, andere nicht zu beeinflussen. So war unser Trainingsbereich einmal in einer schwierigen Situation, weil er seine Umsatzziele nicht erreicht hatte. Der Markt war entsprechend dem wirtschaftlichen Trend in den Jahren 2002 und 2003 schwieriger geworden. Wir setzten uns zusammen und überlegten, was sich machen ließe.

Schnell waren wir uns einig. Unsere Programme waren qualitativ besser als die der Konkurrenz, unser Personal war top und auch die Organisation stimmte. Aber wir waren schwach im Verkaufen. Unsere Botschaften kamen nicht an, drangen nicht durch. Hatten wir überhaupt die richtigen? Alles schaute auf mich, aber ich hatte mich fest entschlossen, keine Vorgaben zu machen und meine Ideen für mich zu behalten. Die Diskussion verlief zunächst zäh, bis zwei Mitarbeiter dann doch die Initiative ergriffen und Vorschläge machten. Nur mit großer Mühe konnte ich verhindern, dass irgendjemand mir ansah, was ich über die Vorschläge dachte. Das hätte die Diskussion sofort in eine bestimmte Richtung gelenkt.

Um gar kein Risiko einzugehen, ging ich unter einem Vorwand nach draußen und bat darum, einfach weiterzumachen. Als ich nach einer knappen Stunde wieder hereinkam, stand eine Menge von Vorschlägen und Lösungsansätzen an der Pinwand. Ich spielte den Überraschten und verkniff mir alle Kommentare und Ergänzungen. Stattdessen schlug ich vor, die Sitzung zu beenden. Ich bat alle, in den nächsten Tagen weitere Vorschläge an die Pinwand zu bringen und diejenigen, zu denen es schon konkretere Vorstellungen gab, weiter zu präzisieren.

Als ich nach drei Tagen von einer Dienstreise zurückkam, setzten wir uns wieder zusammen. Ich regte an, die verschiedenen Ideen so aufzubereiten, dass wir sie an unsere Freelancer, an gute Bekannte und den einen oder anderen Kunden geben konnten mit der Bitte, uns Feedback im Hinblick auf die Erfolgsaussichten zu geben. Das wurde kontrovers diskutiert, ich bestand aber auf diesem Vorgehen. Die ganze Aktion wurde schließlich ein voller Erfolg und der Trainingsbereich konnte sich deutlich steigern. Ich hatte mich einfach aus den Sachthemen rausgehalten, obwohl mir das sehr schwer fiel. Stattdessen hatte ich aber den Prozess in der Hand behalten.

Regieanweisung

Zeigen Sie den Weg zum Ziel, die Chance es zu erreichen und die wichtigsten Etappen des Weges. Holen Sie dann Ihre Leute ins Boot und entwickeln Sie die Schritte gemeinsam.

Klappe 2 Take 2

Drehbuchautoren sollten wissen, wie Drehbücher funktionieren

Warum hat Gatsby Fitzgerald das Drehbuch von Toby Striver in den Pool geworfen? Weil er gesehen hat: Damit kann ich nichts anfangen. So läuft das nicht. Jede Vorgabe muss vielmehr so beschaffen sein, dass sie bei den Dreharbeiten auch umsetzbar ist. Sie muss zielführend und praktikabel sein und darf weder Gestaltungsmöglichkeiten verbauen noch wichtige Fragen unbeantwortet lassen.

Was Fitzgerald dann gar nicht mehr geprüft hat, ist die Stimmigkeit des Drehbuchs, die Dramaturgie. Auch in der Belletristik macht eine Story noch kein Buch. Die großen Erzählungen, bewegenden Dramen und nervenzerfetzenden Krimis sind ja deshalb so spannend, weil die Handlung langsam aufgebaut, dann verdichtet und schließlich auf einen Höhepunkt hingeführt wird. Wenn Sie genau hinsehen, dann erkennen Sie auch in Filmen immer wieder dieses Muster. Das Drehbuch folgt einem bewährten Schema.

Sehr schön kann man das bereits in der Antike besichtigen. Damals hatte jedes Theaterstück fünf Akte. Erst wird eine Ausgangssituation dargestellt. Dann gibt es einen Konflikt, der sich anschließend langsam steigert und verdichtet. Danach folgt der Höhepunkt und zum Abschluss löst sich die Sache irgendwie auf. Auch im Business stricke ich Drehbücher für große Veränderungsprozesse immer wieder nach demselben bewährten Muster. Egal, was die Story ist – das Drama hat auch bei mir immer fünf Akte, der Plot fünf große Abschnitte. In diesen fünf Phasen lässt sich Wandel inszenieren. Wenn ich ein Vorhaben an diesem Muster orientiere, dann weiß ich, dass es funktionieren wird.

Meine Drehbücher beginnen immer mit einer Phase der Orientierung. Ich will mir selbst ein möglichst genaues Bild machen und gleichzeitig die Beteiligten im Unternehmen in die

Story verwickeln. In dieser Vorbereitungsphase führe ich gezielte Interviews mit den Mitarbeitern aller Ebenen, aller Bereiche und aller Interessengruppen. Ich spreche mit Managern, dem Betriebsrat, aber auch mit Leuten, denen ich zufällig auf den Gängen oder in den Werkshallen begegne, und nach Möglichkeit auch mit Kunden des Unternehmens.

Häufig rede ich am Anfang mit mehr als 30 Prozent der Belegschaft in irgendeiner Form. Dazu nehme ich mir bei durchschnittlich anspruchsvollen Veränderungsaufgaben ungefähr vier Wochen Zeit. Meistens läuft das Ganze wenig strukturiert ab, sondern mehr informell, aber immer mit thematischem Fokus. Ich lerne viel über Hintergründe und erkenne schon ziemlich gut, worauf es bei den nächsten Schritten ankommen wird. Im Bild gesprochen: Die ersten Szenen im Drehbuch wirken eher belanglos, nehmen aber schon das Ganze in den Blick und bereiten das Wesentliche vor.

Regieanweisung

Steigen Sie auch in große Vorhaben locker ein und fallen Sie nicht mit der Tür ins Haus. Beginnen Sie, das Feld zu sondieren, und konzipieren Sie darauf aufbauend die nächsten Schritte. Nehmen Sie sich dafür genügend Zeit.

Der eigentliche Take-off findet dann immer in einer Gruppenveranstaltung statt, die ich gern als »Basiskonferenz« bezeichne. In dieser nunmehr zweiten Phase mache ich bereits die gesamte Projektstruktur und die folgenden Schritte des Veränderungsprozesses sichtbar. Im Rahmen der Basiskonferenz, die immer öffentlich stattfindet und an der möglichst viele Mitarbeiter teilnehmen sollten, sorge ich im ersten Schritt dafür, dass sämtliche Vorschläge, Ideen und Kritiken aller Beteiligten aufgenommen und visualisiert werden. Alle sehen alles! Nun geht es darum, für die Arbeit mit den Vorschlägen eine Struktur zu finden. Die Leute sollen Schwerpunkte bilden, die in den nächsten Projektschritten bearbeitet werden. So werden die einzelnen Handlungsstränge des Drehbuchs verfeinert.

Alle Beteiligten werden dann von mir auf diese Schwerpunkte eingestimmt und entscheiden sich, in welcher Weise sie aktiv mitmachen und Teilverantwortung übernehmen wollen. Die Ergebnisse sind Aktionspläne, die ich im Unternehmen breit veröffentlichen lasse. Wenn Sie Bereichsmanager sind, empfehle ich Ihnen bei allen Projektaufgaben genauso vorzugehen: Gemeinsam und öffentlich die Schwerpunkte herausarbeiten und dann Teilverantwortliche einsetzen.

Die dritte Phase nenne ich schlicht die Arbeitsphase. Langsam wird es spannend, denn jetzt entwickeln sich die Ansätze des Neuen. Die verschiedenen Schwerpunkte lasse ich immer dezentral in Projekt- und Initiativgruppen bearbeiten. Dabei geht es um sehr konkrete Themen, wie die Analyse und Optimierung von Arbeitsabläufen, die Verbesserung von Planungsprozessen, die Einführung von SAP oder anderen EDV-Lösungen, die Gestaltung neuer Informationsstrukturen und deren Umsetzung oder um die Beseitigung von Schnittstellen bzw. deren Optimierung.

Diese Periode intensiver Projektarbeit dauert bei mittleren Veränderungsvorhaben vier bis sechs Monate. Wichtig: Die Teilnahme in den Projektgruppen ist freiwillig! Und damit keine Kungelrunden entstehen, wird der Fortschritt immer öffentlich kommuniziert und kontrolliert. Anders käme die Sache auch ins Stocken. Ich sorge also immer dafür, dass Ergebnisse dargestellt, neue Themen aufgegriffen und als weiterer Schwerpunkt hinzugefügt werden. Das Drehbuch stellt damit sicher, dass die Handlung immer mehr in Fahrt kommt und die Spannung steigt.

Bei der Bearbeitung der einzelnen Schwerpunkte wird manches sehr schnell in die Praxis umgesetzt. Es gibt aber immer auch Fälle, bei denen neue Lösungen, etwa bei Arbeitsabläufen oder bei Schnittstellen, mit der im Unternehmen bestehenden Organisationsstruktur kollidieren. Abteilungsgrenzen oder Hierarchieebenen stehen der Einführung des Neuen entgegen. Der Konflikt zwischen Alt und Neu wird deutlich und stellt – für alle sichtbar – die bestehende Organisation zur Disposition.

Deshalb geht es in der vierten Phase um die Organisationsentwicklung. Das Unternehmen muss sich von alten Strukturen verabschieden und sich unumkehrbar für neue Lösungen entscheiden. In einer Gesamtveranstaltung oder Klausur werden alle Ergebnisse aus den einzelnen Schwerpunkten gesichtet. Jetzt entstehen starke Spannungen, die sich mitunter auch emotional entladen. Es ist wie der Moment im Film, in dem das Drehbuch alle Fäden zusammenlaufen lässt und die Handlung ihren Höhepunkt erreicht. Pures Adrenalin!

Dazu ein Beispiel. Ein mittelständisches Unternehmen der Metallindustrie im Bergischen Land produzierte Laden- und Werkstatteinrichtungen und musste wegen des Konkurrenzdrucks dringend effizienter werden. Die Mitarbeiter hatten intelligente neue Arbeitsabläufe entwickelt, die allerdings mit der bestehenden organisatorischen Trennung von Zuschnitt, Schweißabteilung und Montage kollidierten. Es bauten sich Fronten auf zwischen jenen Mitarbeitern, die diese Vorschläge ausgearbeitet hatten, und all denen, die dadurch Nachteile für sich befürchteten. Mitarbeiter gegen Abteilungsleiter – was nun? Dieser Konflikt musste irgendwie gelöst werden.

Während der Klausur schlug nach einer hitzigen Diskussion jemand vor, die Abteilungen zusammenzulegen. Gleichzeitig entwickelten sich Vorschläge, wie die aus Leitungsfunktionen freigesetzten Manager ihre Erfahrungen für den Erfolg des Unternehmens einsetzen konnten. Ich sorgte dafür, dass darüber breit diskutiert werden konnte. Dies geschah mit großer gegenseitiger Wertschätzung und niemand ging dabei über Bord. Als alle einverstanden waren, fasste die Unternehmensleitung den Beschluss. Es gab deshalb so schnell Übereinstimmung über die beste Lösung, weil sämtliche Betroffene eingebunden waren. Außerdem konnte sich niemand mehr der Tatsache verschließen, dass die neuen Prozessabläufe besser als die alten waren und wirklich endlich umgesetzt werden mussten. Das war sozusagen öffentliche Meinung geworden. Das Drehbuch hatte dafür gesorgt, dass die Handlungsstränge zusammenliefen und der Konflikt schließlich gelöst wurde.

Regieanweisung

Legen Sie das Drehbuch so an, dass es die Einbindung der Mitarbeiter vorschreibt und sichert. Denn nur gemeinsam gefundene Resultate werden auch von allen mitgetragen.

Wenn in einem Spielfilm der Konflikt gelöst ist, das Gute über das Böse gesiegt hat und sich die Helden mit Siegerlachen in den Armen liegen, gibt das Drehbuch den meisten Filmen nur noch wenige Minuten. Der Zuschauer kann sich wieder beruhigen und darf das Happy End genießen. Das ist bei meinen Drehbüchern für das Management von Veränderungen – leider – nicht so.

In der fünften und letzten Phase müssen die veränderten Arbeitsprozesse und erforderlichen Umstrukturierungen nämlich Schritt für Schritt umgesetzt werden. Und für diese Implementierungsphase veranschlage ich wieder vier bis sechs Monate. Da gilt es, Details zu klären, Voraussetzungen, bis hin zu Räumen und Stellenbeschreibungen, zu schaffen, Menschen zu qualifizieren oder zu coachen und so weiter. Das können anstrengende und oft zähe Monate sein. Denn obwohl der große Paukenschlag schon vorbei ist, müssen Sie als Führungskraft die Spannung für diesen Teil des Projekts aufrechterhalten. Gelingt Ihnen das nicht, scheitert das Projekt in der Endphase.

So habe ich einmal bei einem Autozulieferer in Niedersachsen angeregt, in der letzten Phase alle beschlossenen Maßnahmen in einem detaillierten Masterplan zusammenzustellen und einem engen Monitoring zu unterziehen. Einmal monatlich fand dann mit jeder Projektgruppe ein Konsultationsgespräch über den aktuellen Stand statt. Gemeinsam bewerteten die Teilnehmer die Ergebnisse und legten die nächsten Schritte fest. Bereits im Fall sich abzeichnender Terminüberschreitungen wurde das Problem nach einem vorher festgelegten Verfahren eskaliert, sodass die entsprechenden Vorgesetzten rechtzeitig unterstützend eingreifen konnten. Im Ergebnis wurden alle Aufgaben im vorgesehenen Zeitrahmen erfüllt. Happy End.

Kein glückliches Ende gab es dagegen bei einem Ingenieurbüro, das Autoteile in enger Kooperation mit dem Hersteller Ford konstruierte. Die Leute hatten in ihrer Klausur umfangreiche organisatorische Veränderungen beschlossen. Als man sich schon daran gemacht hatte, die Verbesserungen umzusetzen, entschied sich der Eigner aus heiterem Himmel, eine Tochterfirma in Detroit aufzubauen. Dadurch wurden die Potenziale des Managements, ja des ganzen Unternehmens so stark zersplittert, dass die Umsetzung der Ergebnisse aus dem Restrukturierungsprojekt in Verzug geriet und am Ende im Sande verlief. Das Drehbuch wurde nicht konsequent bis zum Ende verfolgt, sodass es keinen befriedigenden Schluss gab.

Das Drehbuch an alle kommunizieren

Als Gatsby Fitzgerald nach seiner Nachtschicht den ersten Entwurf für sein Drehbuch fertig hat, hängt er sich sofort ans Telefon. Vor allem die Schauspieler, die für den Film in Frage kommen, sollen das Buch gleich lesen und ihm Feedback geben. Danach wird er das Drehbuch sicher noch einer ganzen Reihe von Freunden und Bekannten zu lesen geben und sie um ihre Meinung bitten. Und wenn er sich nicht gerade wieder einmal hätte scheiden lassen, dann würde er auch seine Frau fragen.

Vielleicht haben Sie sich bei einer Managementaufgabe schon einmal gefragt, inwieweit Sie mit offenen Karten spielen sollen. Droht die Inszenierung zu scheitern, wenn das Drehbuch von allen durchschaut wird? Darauf gibt es eine klare Antwort: Sie haben es nicht mit Zuschauern zu tun, die nicht wissen sollen, wie der Film ausgeht, sondern mit Akteuren, auf deren Intelligenz, Aktivität und Mittun Sie bauen und die deshalb das Drehbuch vorher gelesen haben müssen. Aktive Kommunikation und Transparenz sind unverzichtbar.

Der Witz ist allerdings, dass die Akteure irgendwann so in die einzelnen Szenen vertieft sind, dass ihnen der Gesamtzusammenhang des Drehbuchs ganz aus dem Blick gerät. Etwas ganz ähnliches werden Sie auch im Unternehmen erleben.

Das Muster des Veränderungsprozesses wird von den Menschen, die in diesem Prozess stecken, fast nie durchschaut. Die Inszenierung, deren Gesetzmäßigkeiten ich in Klappe 6 noch genau beschreiben werde, ist ihnen gar nicht bewusst. Sie sitzen sozusagen im blinden Fleck, sind mit den Ereignissen um sich herum beschäftigt und kreisen um ihre eigenen Bedürfnisse. So bemerken sie die Hintergründe und die ablaufenden Muster kaum – und interessieren sich auch nicht wirklich dafür.

Ich erläutere in der Basiskonferenz immer das »Drehbuch«, und zwar völlig offen und ausführlich. Die Erläuterungen spicke ich mit Beispielen vergangener Projekte. Es gibt dazu aber fast nie Fragen, die ja immer ein Gradmesser für Interesse sind. Das ließ mich früher an meinen rhetorischen Fähigkeiten zweifeln. Heute weiß ich, dass die einfachen Mitarbeiter sich überhaupt nicht dafür interessieren, wie Management funktioniert. Die Teilnehmer wollen stattdessen wissen, was als nächstes kommt, wer mit wem in einem Team arbeitet, wie einzelne Lösungen aussehen, auf welche Kostenstelle sie den Aufwand schreiben sollen und ob sie eventuell entstehende Überstunden abfeiern dürfen oder bezahlt bekommen. Das ist auch völlig in Ordnung so. Jeder steckt nun einmal in seiner eigenen Erlebniswelt.

Für einen Veränderungsprozess ist es andererseits wichtig, dass Vertrauen zu den Vorgängen entsteht und sich ein Gefühl von Normalität einstellt. Das schaffen Sie nur durch Transparenz. Es ist Bestandteil einer guten Projektführung, den Fortgang des Projekts nicht nur auf der Ereignisebene, sondern auch bezüglich der Mechanismen zu reflektieren. Das schafft Vertrauen, denn die Beteiligten erkennen die Überlegung und Systematik des Vorgehens und können sich so viel besser auf den Prozess einlassen. Außerdem lernen sie dadurch für die nächsten Projekte.

Meine Erfahrung besagt allerdings, dass trotz völliger Offenheit nur wenige Mitarbeiter erkennen, was gerade abläuft, in welcher Phase sich das Projekt aktuell befindet und so weiter.

Noch weniger Leute sind in der Lage, beim nächsten Projekt selbst die Regie zu übernehmen. Offenbar ist die Verallgemeinerung erlebter Vorgänge ein schwieriger Schritt. Kommunizieren Sie aber trotzdem rückhaltlos, auch wenn Sie wissen, dass nicht alles ankommt und nur ein kleiner Teil verstanden wird.

Denn vor allem die einfachen Mitarbeiter passen ständig auf, ob die Führungskraft das, was sie sagt, auch wirklich tut. Dafür haben Menschen ganz feine Antennen. In dieser permanenten Beobachtung drückt sich aus schlechten Erfahrungen gewachsenes Misstrauen gegenüber Vorgesetzten aus. Bei der kleinsten Abweichung sinkt die Glaubwürdigkeit des Chefs. Wenn Sie führen wollen, sind Sie aber darauf angewiesen, dass die Mitarbeiter Ihnen folgen.

Einmal saßen wir gegen Ende eines Projekts in einem Meeting des Steuerungsteams zusammen. Ich hatte Informationen, dass in einem Bereich Aktivitäten, die für das Gelingen des Projekts wichtig waren, verschleppt wurden. Ziemlich polternd sprach ich diese Missstände an, nannte Ross und Reiter und sparte nicht mit Kritik. Schweigen. Einige schauten sich verstohlen an. Ich konnte geradezu körperlich spüren, dass irgendetwas nicht stimmte und fragte nach. Das Schweigen dehnte sich schier unendlich. Dann machte ein Teilnehmer eine Bemerkung, die mich am Wahrheitsgehalt meiner Informationen zweifeln ließ. Weiteres Nachfragen brachte Gewissheit: Meine Information war falsch.

Ich spürte die starke Versuchung, meinen Informanten, der im Raum anwesend war, zur Rede zu stellen, unterließ es aber ganz bewusst. Stattdessen nahm ich die ganze Verantwortung auf mich, indem ich eine Fehlinterpretation der Informationen durch mich selbst einräumte. Ich nahm alles zurück und entschuldigte mich. So blieben das Team und ich miteinander in Balance. Nach der Sitzung redete ich mit meinem Informanten über die Sache, sprach ihn aber nicht schuldig, sondern bat ihn lediglich, mir zukünftig bei der Interpretation von Informationen behilflich zu sein. Dadurch konnte ich auch zu ihm das Vertrauensverhältnis wahren.

Regieanweisung

Machen Sie Ihr Drehbuch öffentlich! Kommunizieren Sie jederzeit an alle, was Sie vorhaben. Machen Sie sich dabei aber bewusst, dass Sie derjenige sind und bleiben, der die Verantwortung trägt und Fehler auf seine Kappe nehmen muss.

Jedes Drehbuch hat schließlich auch eine äußere Form. Beim Film ist es meistens eine Art Skript, ausgedruckte Seiten, die an die Schauspieler und andere Beteiligte verteilt werden, damit sich diese entsprechend vorbereiten können. Im Business empfiehlt es sich, das Drehbuch bildhaft aufzubereiten. Auf der Grundlage dieser Visualisierung sollten Sie während der einzelnen Phasen des Veränderungsprojekts immer wieder kommunizieren.

Das beginnt bereits während der Interviews in der Orientierungsphase, weil das Vorhaben ja in seinen Grundzügen, als Phasenbeschreibung ohne Details und Termine, schon steht. Dabei genügt eine ganz schlichte Grafik, um die einzelnen Phasen des Wandlungsprozesses darzustellen. Vor allem in der Basiskonferenz und bei den späteren Projektreviews wird das »Drehbuch« immer wieder vorgestellt und herangezogen, um den aktuellen Stand des Projekts zu verdeutlichen.

Auf der Ereignisebene, also beispielsweise bei den Statuskonsultationen, sollten Sie exakt protokollieren. Allerdings geht es auch hier nur um die knappste Protokollform, nämlich darum, die gemeinsam vereinbarten Aktionen festzuhalten. Grundsätzlich gilt: Je weniger geschrieben wird, desto höher ist das Vertrauen. Ergebnisse sollten Sie dagegen selbstverständlich sauber dokumentieren.

Regieanweisung

Visualisieren Sie Ihr »Drehbuch« als Grafik, die Sie immer wieder zeigen und anhand derer Sie den Projektfortschritt darstellen können.

Das Vertrauen der beteiligten Menschen gewinnen Sie jedoch nicht mit bunten Bildern in managementtypischen PowerPoint-Präsentationen, sondern nur im persönlichen Kontakt. Sie müssen allen überzeugend vermitteln, dass Sie selbst an Ihr Vorhaben glauben. An den Weg zum Ziel und an die Chance, die in der Veränderung liegt. Die Schriftform ist dafür völlig ungeeignet. Geschriebenes erinnert in diesem Zusammenhang oft an ein Dekret, distanziert und von oben verordnet. Oder es wird als ein offizielles Statement wahrgenommen, das geschönt ist und manipulativ eingesetzt wird. Die Leute sind daran bestenfalls nicht interessiert, meistens jedoch misstrauisch. Deshalb: Stellen Sie sich vor die Mitarbeiter hin und sagen sie ihnen, was Sie warum, wann und wie vorhaben. Und das bei jeder Gelegenheit, im Plenum, in Gruppen und im persönlichen Gespräch.

Alles nach Drehbuch – so gelingt Management

Auf Ihr »Drehbuch« können Sie sich verlassen. Die einzige Voraussetzung dafür ist, dass Sie am Anfang darauf achten, was wirklich hineingehört. Ich fasse es noch einmal zusammen: Das Drehbuch schreibt keinerlei Details vor, sondern definiert lediglich das Szenario im Sinne der Story. Es beschreibt das große Ziel und hält sich an eine bewährte Struktur, wie dieses Ziel in mehreren Phasen erreicht werden kann. Die Problemschwerpunkte und das Wie der Bearbeitung bleiben dabei zunächst offen. Das wird erst im Laufe des Projekts präzisiert, also bei der praktischen Umsetzung des Drehbuchs. Dadurch haben Sie als Manager überhaupt keine Möglichkeit, zu früh Details festzuschreiben, in die Sie sich verstricken könnten oder bei denen Sie sich revidieren müssten.

Ich habe es nie erlebt, dass ein solches Drehbuch noch einmal hätte umgeschrieben werden müssen. Auch wenn im Projektverlauf Präzisierungen nötig sind, und es vorkommen kann, dass in einzelnen Phasen die Vorgaben nicht erfüllt wurden.

Bei der Entwicklung einer neuen Qualitätskultur in dem deutschen Tochterunternehmen eines US-Pharmakonzerns war es beispielsweise gelungen, in den ersten beiden Projektphasen überzeugende Lösungsansätze zu entwickeln und eine große und breite Initiative der Belegschaft zu wecken. In Phase drei sollten viele Detaillösungen für bessere Arbeitsabläufe und Planungsprozesse sowie mehr fachliche Expertise vor Ort erarbeitet werden. Da kam die Konzernleitung in den USA zu der Auffassung, dass nun schon genug Energie in das Veränderungsprojekt hineingesteckt worden sei und das deutsche Management den Rest irgendwie im Rahmen des Tagesgeschäfts erledigen sollte.

Das Monitoring der Projektgruppen wurde daraufhin grobmaschiger und notwendige Unterstützung wich anderen Prioritäten, die in den USA gesetzt wurden. Es hielt sich also niemand mehr an das Drehbuch, und das Projekt versandete allmählich. Es wurde noch eine Weile schöngeredet, aber die Auswirkungen in den Projektgruppen und bei den Mitarbeitern waren sofort spürbar. Die Stimmung flaute ab. »Es hat ja doch keinen Zweck«, sagten die Leute. »Warum soll ich mich hier eigentlich krumm machen, wenn die Bosse schon wieder in eine andere Richtung wollen?«, fragten sich viele. Das Projekt wurde verspielt, weil man sich nicht ans Drehbuch hielt.

Wenn Sie das Drehbuch schreiben, müssen Sie sich also darüber im Klaren sein, welche Bedeutung es hat. Ist die Sache einmal in Fahrt gekommen, kann es nicht mehr beliebig verändert werden. Und zwar deshalb nicht, weil das Drehbuch die Projektstruktur bestimmt.

Woran erkennen Sie aber, dass es den Realitätstest wirklich bestehen wird? Diese Verlässlichkeit entsteht auf zweierlei Weise. Erstens dadurch, dass Sie die Mechanismen kennen und anwenden, nach denen Veränderungsprozesse sich entwickeln und ablaufen und mit deren Hilfe Sie diese verändern können. Das bezeichne ich als Inszenierung.

Zweitens helfen Ihnen Beispiele früherer Veränderungsprozesse und deren Reflexion. Dabei haben die positiven Beispiele die gleiche vertrauensbildende Wirkung wie jene, bei denen etwas schiefgelaufen ist. Es ist jedoch wichtig, die Ursachen zu kennen und sie plausibel darzustellen. Deshalb habe ich Ihnen auch auf den Seiten dieses Kapitels wieder von einigen Dingen berichtet, die ganz schön daneben gegangen sind. Ich habe daraus gelernt.

Zeitraffer

- Die Inszenierung von Wandel braucht nicht nur eine Story, sondern auch ein Drehbuch. Wichtig ist, dabei nicht schon im Voraus die Details festlegen zu wollen.
- Das Drehbuch setzt auf der Prozessebene an. Es beschreibt Ziele und legt Wegmarken fest. Die konkreten Einzellösungen ergeben sich auf dem Weg.
- Ein gelungenes Drehbuch hält sich an Muster, die sich bewährt haben. Sie sollten Ihr Vorhaben in verschiedenen Phasen planen und das Drehbuch entsprechend strukturieren.
- Es ist sinnvoll, dem Drehbuch die Form einer Präsentation zu geben. So kann es jederzeit an alle kommuniziert werden. Diese völlige Transparenz ist nötig, um breite Unterstützung und Vertrauen sicherzustellen.
- Auf ein gutes Drehbuch können Sie sich verlassen. Es ist weder möglich noch nötig, während eines laufenden Prozesses das Drehbuch noch einmal umzuschreiben.

Klappe 3

Der Produzent – Überzeugen Sie erst mal den, der das Geld hat

Bloß nicht zu spät kommen, denkt sich Gatsby Fitzgerald, als er auf die Uhr im Cockpit seines Porsche schaut. Geradeaus sieht er bereits die spiegelnde Glasfassade des Büroturms, wo ihn David Dexter erwartet. Aber auf dem Hollywood Boulevard geht es wieder einmal nur im Schritttempo voran. Als Fitzgerald vor zwei Wochen den Termin mit dem Produzenten aller seiner bisherigen Filme vereinbart hatte, gab es noch nicht einmal ein Drehbuch für den neuen Streifen. Jetzt hat er selbst eins geschrieben, das aber nur aus wenigen Seiten besteht. Und diesen Umstand wird er Dexter erst einmal erklären müssen.

Eine dreiviertel Stunde später steht David Dexter vom Konferenztisch auf, in dessen Mitte Fitzgeralds Drehbuch liegt, geht zu einem der raumhohen Fenster und betrachtet nachdenklich die Hollywood Hills.

»Den Rest willst du also die Schauspieler improvisieren lassen?«

»Bisher ist noch keiner meiner Filme so geworden, wie ich es am Anfang gedacht hatte«, antwortet Gatsby Fitzgerald. »Warum soll ich daraus nicht endlich mal etwas lernen? Lass uns eine Top-Besetzung verpflichten und das beste Team zusammenstellen, das wir haben können. Wenn wir die Leute dann nicht ausbremsen, sondern sich frei entfalten lassen, garantiere ich dir den besten Film, den du seit langem produziert hast.«

»Ach, tatsächlich?«, hakt Dexter mit skeptisch hochgezogenen Augenbrauen nach

»So hat es letztes Jahr jedenfalls Speelburg gemacht«, sagt Fitzgerald wie beiläufig und nimmt noch einen Schluck Orangensaft. »Du erinnerst dich … fünf Oscars.«

Dexter setzt sich wieder an den Tisch und schaut Gatsby tief in die Augen. Nach fünf endlosen Sekunden geht ein kleiner Ruck durch seinen Körper: »Okay, es ist ein Deal. Wie viel brauchst du?«

»Das Budget lasse ich von Movie Consulting errechnen«, antwortet Fitzgerald. »Die arbeiten ja ohnehin für dich. Sobald ich die Zahlen habe, bekommst du sie auf den Schreibtisch.«

»Wie geht es dann weiter?«, fragt Dexter, die Stirn schon wieder in Falten.

»Während der Dreharbeiten rufe ich dich jeden Abend an und erzähle dir, wie es gelaufen ist«, antwortet Fitzgerald. »Außerdem schlage ich vor, dass wir uns während der ganzen Produktionsphase einmal pro Woche treffen. Und dann fände ich es am besten, wenn die von Movie Consulting sich ganz genau anschauen, wie wir im Plan liegen und dir regelmäßig einen Bericht schicken.«

»In Ordnung«, sagt Dexter schließlich. »Aber was ist jetzt mit Golf? Ich war mir ganz sicher, du würdest bloß hierher kommen, weil du mich wieder ausdriven willst.«

Ihr Geldgeber will wissen, was ihm die Sache bringt

Geldgeber hassen Überraschungen. Um eine verlässliche und kommunikative Beziehung aufzubauen, sollten Sie diejenigen, die Ihre Budgets verwalten oder in irgendeiner Form darüber mitbestimmen, möglichst früh in das Projekt einbinden. Das gilt besonders für größere Managementvorhaben. Dieses Verhältnis gilt es dann stetig zu gestalten. Dabei ist es unerheblich, wer genau es jeweils ist, der beim Thema Geld ein Wörtchen mitzureden hat. Die Grundregeln im Umgang sind immer die gleichen. Egal, ob Sie nun als Mittelständler mit Ihrer Hausbank, als Bereichsmanager mit dem Vorstand oder als Vorstand mit dem Aufsichtsrat darüber sprechen müssen. Alle diese Ansprechpartner bezeichne ich in diesem Kapitel der Einfachheit halber als Geldgeber.

Zu Beginn einer Verhandlung stellen Sie sich am besten die Frage, welche Ziele Ihr Geldgeber eigentlich hat. Das ist enorm wichtig, fällt aber leider oft unter den Tisch, weil Führungskräfte gedanklich schon so tief in ihrem großen Vorhaben stecken, dass sie Schwierigkeiten haben, es aus der Perspektive eines anderen zu betrachten. Dabei ist klar, dass Sie nur dann mit der Unterstützung Ihres Geldgebers rechnen können, wenn Ihre Absichten mit dessen Zielvorstellungen vereinbar sind.

Bei Regisseur Gatsby Fitzgerald und seinem Produzenten David Dexter war die Sache ziemlich klar, sodass Fitzgerald seinen Geldgeber hier nicht erst umständlich bearbeiten musste. Dexter ist für die kaufmännische Seite der Filmproduktion verantwortlich und möchte kommerziell erfolgreiche Filme machen. Die Streifen sollen in der Produktion nicht unnötig viel Geld verbrennen und an der Kinokasse möglichst viel einspielen. Außerdem hätte Dexter gerne gute Kritiken und ein paar Oscars, weil das auch seinem Renommee als Produzent gut zu Gesicht steht.

Was die gemeinsamen Ziele angeht, besteht also weitgehend Einigkeit. Der einzige Interessenkonflikt droht bei der Einschätzung, welcher Aufwand für die Produktion angemessen wäre – hier kollidiert der Ehrgeiz des Regisseurs, der seine Träume auf der Leinwand verewigen will, mit dem nüchternen Blick des Produzenten auf die Kosten. Nicht umsonst fragt Dexter sofort, wie viel Geld der Spaß diesmal kosten solle. Hier verhält sich Regisseur Fitzgerald nun sehr geschickt. Er schlägt vor, Kosten und Nutzen von einer externen Beratungsfirma ermitteln zu lassen, der Dexter vertraut.

In der Anfangsphase sind fast alle größeren Veränderungsvorhaben ähnlich unkonkret wie ein Film, den es noch nicht gibt. Im ersten Gespräch ist dem Geldgeber allenfalls das Problem ungefähr bekannt. So weiß er zum Beispiel, dass ein Unternehmen die Qualität seiner Produkte verbessern muss, eine neue Struktur braucht, um wettbewerbsfähiger zu werden oder seine Entwicklungszeiten verkürzen muss, weil sie im Vergleich mit der Konkurrenz zu lang sind.

Dem Geldgeber ist dementsprechend auch nur grob bewusst, welchen Nutzen ein Managementvorhaben abwerfen soll. Deshalb wird er fast immer eine Nutzenberechnung verlangen. Häufig macht der verantwortliche Manager jetzt den Fehler, diese Berechnung selbst vorzunehmen. Zu allem Überfluss wendet er dabei meist auch noch sehr vereinfachende Berechnungsmethoden an, weil er eben kein Experte für Controlling ist. Dabei wäre es ein leichtes, sich der zuständigen Finanzbereiche des Unternehmens zu bedienen oder externe Berater zu beauftragen. Es dauert zwar manchmal etwas länger und ist besonders für vorwärtsdrängende Macher häufig ziemlich nervig, auf die Rechenergebnisse von Finanzexperten zu warten. Doch das Ergebnis ist eine abgesicherte Aufwands- und Nutzenberechnung. Wenn diese dann nicht nur inhaltlich wasserdicht ist, sondern auch noch formal ansprechend als schicker Businessplan daherkommt, ist sie gegenüber dem Auftraggeber Gold wert.

Doch Vorsicht: Jeder Controller rechnet auf der Grundlage Ihrer Vorgaben. Er hinterfragt in der Regel nicht deren Wahrheitsgehalt und macht sich auch keine Gedanken, mit welcher Wahrscheinlichkeit bestimmte Umstände eintreten. Deshalb steht er am Ende auch nicht dafür gerade. Es ist daher besser, wenn Sie bei Ihren Vorgaben zurückhaltend und nicht übertrieben optimistisch sind. Das macht einerseits die Aufwands- und Nutzenberechnung glaubwürdig und erleichtert es Ihnen andererseits, die definierten Ziele auch tatsächlich zu erreichen.

Regieanweisung

Bedienen Sie sich interner Controller oder externer Finanzexperten, um Ihrem Geldgeber Kosten und Nutzen Ihres Vorhabens zu vermitteln. Seien Sie dabei in Ihren Vorgaben konservativ und demonstrieren Sie das auch dem Geldgeber.

Geldgeber akzeptieren letztlich immer nur budgetwirksame Finanzangaben. Dabei sind prozessbezogene Kennziffern durchaus in Ordnung, wie zum Beispiel Kosten pro Stück, Zeit pro

Auftrag, Bestandssenkung, Ausschusskosten oder Liefertermineinhaltung. Dagegen nehmen Geldgeber Aussagen wie »Die Motivation der Mitarbeiter steigt und das Betriebsklima verbessert sich« zwar gern zur Kenntnis, machen diese aber niemals zu einem Entscheidungskriterium. Wenn Sie derlei angenehme Effekte Ihres Vorhabens ins Feld führen, wird Ihr Geldgeber Sie immer fragen, was ihm das denn bringe. Versuchen Sie deshalb, sich in seine Lage zu versetzen und aus seiner Perspektive, also in Zahlen, zu argumentieren.

Bei der Darstellung Ihres Vorhabens gegenüber dem Geldgeber ist es günstig, die häufig recht umfangreichen Ausarbeitungen der Controller auf wenige Kennzahlen zu verdichten und diese dann grafisch aufzubereiten. Je weiter über Ihnen oder weiter weg von Ihnen ein Geldgeber sitzt, desto weniger Details will er wissen. Er möchte aber die Sicherheit haben, dass eine vertrauenswürdige Instanz, wie beispielsweise eine Wirtschaftsprüfungsgesellschaft, detailliert gerechnet hat. Selbst wenn er das selbst nicht nachprüfen kann, will er die Garantie.

Nicht jeder hat so viel Glück wie Woody Allen, der zwar als Darsteller in seinen Filmen auf die Rolle des notorischen Unglücksraben festgelegt ist, im wirklichen Leben als Regisseur aber einen erfolgreichen Film nach dem anderen hinlegt. Anfang 2006 kam mit »Match Point« ein Film in die deutschen Kinos, in dem Woody Allen die Geschichte eines Tennislehrers erzählt, dessen Aufstieg in die englische Upper Class ihn in buchstäblich mörderische Konflikte stürzt. In einem Zeitungsinterview wurde der Starregisseur gefragt, warum er erstmals einen Film außerhalb seiner Heimat gedreht habe, wo es doch immer heiße, Woody Allen drehe nur in New York.

»Manchmal bin ich eben doch ganz praktisch veranlagt«, antwortete Woody Allen. »Ich habe den Film in London gedreht, weil ich das Geld aus England bekommen habe. Wenn man den Film in den Staaten finanziert, bekommt man dafür sehr viele Fragen. Diejenigen, die den Film finanzieren, wollen das Drehbuch lesen, wissen, wer mitspielt. Ich konnte das Geld in London bekommen, ohne dass mir irgendwelche Fragen gestellt wurden. Sie wollten das Geld nur wegen der Steuervorteile investieren. Das war perfekt für mich.«

Regisseur Woody Allen kannte die Ziele seiner Geldgeber ganz genau und hat davon enorm profitiert. Für die Geldmenschen war nur interessant, ob sich das Investment steuerlich rechnet. Die Sache selbst, der Inhalt des Films, die Schauspieler, das alles war ihnen herzlich egal. Auch wenn Sie kein Weltstar wie Woody Allen sind, gilt die Faustregel: Je weiter entfernt von den Problemen ein Geldgeber sitzt, desto weniger Verständnis hat er für Sachargumente und desto zahlengläubiger ist er.

Banken vertrauen am allerliebsten auf ausführlich berechnete Businesspläne. In der Regel tun sie das, ohne die sachbezogenen Kalkulationsgrundlagen zu prüfen. Sie fragen also beispielsweise nicht, ob die erzielbaren Preise und Mengen überhaupt realistisch sind. Oder ob das Unternehmen ausreichend innovatives Potenzial hat, um das geplante Vorhaben durchzuziehen. Oder ob die dafür erforderlichen Kooperationen zuverlässig genug sind. Ist nur alles sauber gerechnet, kann der Banker ruhig schlafen. Dabei meinte schon der große Mathematiker Carl Friedrich Gauß, nichts beweise mathematischen Unverstand mehr als maßlose Schärfe im Zahlenrechnen.

Höhere Managementebenen, mitunter auch Vorstände, machen sich schon eher ein konkretes Bild von den Bedingungen, die realistischerweise erfüllt sein müssen, damit ein größeres Managementvorhaben erfolgreich umgesetzt werden kann. Oder sie lassen wenigstens entsprechende Analysen anfertigen. Allerdings ist auch hier die Tendenz inzwischen abnehmend. Immer mehr angestellte Geschäftsführer und Vorstände, vor allem der jüngeren Generation, sind Überflieger und verlassen sich auf Zahlen, ohne sich selbst mit einer Praxis zu beschäftigen, die hochfliegenden Visionen oft entgegensteht. Bei inhabergeführten Unternehmen sieht es meist besser aus. Hier weiß der Chef in der Regel noch, was die Leute wirklich den ganzen Tag über machen, was sie antreibt und was sie behindert.

Holen Sie sich das Okay zu Ihrer Vorgehensweise

Gatsby Fitzgerald hat gegenüber seinem Produzenten die Katze gleich aus dem Sack gelassen. Dieser Film soll anders produziert werden als seine bisherigen Streifen. Nämlich mit einem Drehbuch, das nur den groben Handlungsrahmen festlegt, unter Beteiligung der Schauspieler an der Fortentwicklung der Handlung und offen im Hinblick darauf, wie genau dann der fertige Film aussehen wird.

Es ist wichtig, dass Sie bereits ganz zu Beginn eines größeren Vorhabens mit Ihrem Geldgeber darüber sprechen, wie Ihr Herangehen ungefähr aussehen soll. Die Devise lautet auch hier: Keine Überraschungen! Vor allem, wenn Sie entsprechend der Empfehlung dieses Buches nicht vorschnell exakte Lösungen aufschreiben wollen, sondern nur den Weg dahin, ist es nötig, dies dem Geldgeber auch zu vermitteln. Auch über das Partizipationsprinzip, den wichtigsten Erfolgsfaktor für Manager, die zu Regisseuren werden wollen, sollten Sie sprechen. Wenn Sie vorhaben, andere Manager und die Mitarbeiter in alle Prozesse mit einzubeziehen und ihnen ungewohnt viel Verantwortung zu übertragen, sollte der Geldgeber darüber informiert werden. Und bitte vergewissern Sie sich ausdrücklich, dass er damit einverstanden ist. Stimmt er nicht zu, lassen Sie die Sache am besten sein.

Ich spreche hier aus eigener leidvoller Erfahrung, denn einmal habe ich mir so richtig die Finger verbrannt. Mein Geldgeber war damals der Inhaber eines mittelständischen Elektronikunternehmens. Mitten in unserem gemeinsamen Projekt, das schon sehr gut angelaufen war, meinte der Mann plötzlich zu mir: »Mein Gott, wenn Sie andauernd die Leute um ihre Meinung fragen, werden wir ja nie fertig! Kommen Sie endlich mal zur Sache! Die Leute schlucken das dann schon. Und wenn nicht, dann schmeiß' ich eben ein paar raus ...«

Meine Mitstreiter und ich waren völlig verblüfft, dass es Ende der 1990er Jahre noch Mittelständler mit solchen Ansichten gab. Zumal wir in dem Glauben waren, wir hätten im Vorfeld geklärt, dass die Mitarbeiter in alles mit einbezogen werden sollen. Wie naiv! Das hatten wir nun von unserer Gutgläubigkeit. Uns wurde der Auftrag nämlich durch das Rationalisierungskuratorium der deutschen Wirtschaft (RKW) vermittelt, das dafür auch Fördermittel bereitstellte. Wir gingen der Sache nach und siehe da, es war leider nicht klar genug über den Punkt Mitarbeiterbeteiligung geredet worden.

Der Firmenchef, ein zackiger Ferrarifahrer, hatte in den ersten Gesprächen überhaupt nicht zugehört, die Sache aber durchgewinkt, weil er auf die Fördermittel spekulierte. Als sich dann herausstellte, dass er auch eigenes Geld anfassen musste, verlor er die Nerven und machte nur noch Ärger. Wir haben dann das Projekt so schnell es ging beendet. Es war und ist eine Angelegenheit, mit der ich persönlich höchst unzufrieden bin. Ich erinnere mich aber trotzdem so oft wie möglich daran, damit mir solch ein Fehler kein zweites Mal passiert.

Nehmen Sie sich also genügend Zeit, Ihren Geldgeber nicht nur von dem Vorhaben an sich, sondern auch von Ihrer Vorgehensweise zu überzeugen. Produzent David Dexter wollte zwar einen neuen Film von Gatsby Fitzgerald, war aber zunächst skeptisch, was die Arbeitsweise betraf. Erst als Fitzgerald ihm erzählte, mit dieser Methode sei der Film eines Kollegen zu seinen fünf Oscars gekommen, war Dexter mit im Boot.

Am überzeugendsten für Ihre Geldgeber sind immer Beispiele. Diese sollten möglichst aus Ihrer eigenen Branche stammen und so konkret wie möglich sein. Vor allem Topmanager sind nur selten gewillt oder in der Lage, von Beispielen aus anderen Branchen zu abstrahieren oder gar von theoretischen Ansätzen her zu denken und diese dann auf den vorliegenden Fall anzuwenden. Sie fragen stattdessen immer, wo man das schon mal gemacht habe, denn das gibt ihnen Sicherheit. Nur wenige Topmanager trauen sich, etwas völlig Neues und Unkonventionelles auszuprobieren – obwohl sie sich natürlich alle für extrem innovativ halten. Dies scheint einer der Gründe dafür zu sein, dass die Anwendung wirklich neuer Lösungen nur schwer vorankommt.

Etwas leichter fällt es vielen Topmanagern, einer Vorgehensweise zuzustimmen, wenn die angebotenen Wege aus den USA kommen. So wurden die Managementmethoden »Lean Production«, »Business Reengineering« und »Six Sigma« relativ schnell aufgegriffen, zumal sie durch aggressive Vermarktungsstrategien – die ihrerseits ganz viel mit Beispielen arbeiteten – unterstützt wurden. Etwas gut zu verkaufen ist eben oft der entscheidende Punkt. Was ich vor 30 Jahren in meinem Physikstudium als »Fehlerfortpflanzungsgesetz« kennengelernt habe, wurde erst mit dem Etikett »Six Sigma« und dem entsprechenden Marketing mehr oder weniger zum Allgemeingut im Management der Industrie.

Regieanweisung

Wenn Sie Ihren Geldgeber von einem bestimmten Vorgehen überzeugen wollen, gibt es nur eins: Beispiele, Beispiele, Beispiele. Wo war das, was Sie vorhaben, schon einmal erfolgreich? Geldgeber haben ein extremes Sicherheitsbedürfnis und eine ausgeprägte Vorliebe für Bewährtes.

Mitunter ist auch der Vorschlag hilfreich, zunächst nur in einem Teilbereich mit Veränderungen zu beginnen, dieses Pilotprojekt dann auszuwerten und erst danach das ganz große Vorhaben zu starten. Beim Pilotprojekt sind die Kosten geringer, und die Zeit bis zum Erfolg ist meist kürzer. Außerdem schaffen Sie so einfach selbst ein erfolgreiches Beispiel.

Während ich dieses Buch schreibe, geht ein international aufgestellter deutscher Pharmakonzern, dessen Management ich berate, auf diese Weise vor. In einem Werk in Polen führen wir beispielhaft ein neues Verfahren für Improvement-Management ein. Bei Erfolg werden die Prozesse dann auf alle Werke weltweit übertragen. Bevor der Geldgeber den Startschuss für das globale Projekt gibt, bekommt er die Ergebnisse aus Polen buchstäblich zum Anfassen präsentiert. Fakten sind nun einmal überzeugender als Visionen.

Schaffen Sie Vertrauen durch strukturelle Sicherheiten

Regisseur Gatsby Fitzgerald schlug seinem Produzenten vor, ihm regelmäßig Bericht zu erstatten. Ja, er ging sogar noch einen Schritt weiter und wollte sich und seine Arbeit von unabhängiger Seite kontrollieren lassen. Das wird manchen überraschen, denn Kontrolle hat heute bei vielen keinen guten Ruf mehr. Ist nicht Kontrolle autoritär und nur Vertrauen demokratisch? Schließlich wolle man doch nicht in die gedankliche Nähe Lenins geraten, der behauptete: Vertrauen ist gut, Kontrolle ist besser.

In Wirklichkeit ist Kontrolle gut, weil sie (besseres) Vertrauen schafft. Wenn Sie Ihrem Geldgeber Sicherheit geben wollen und auch selbst Sicherheit möchten, müssen Sie sich kontrollieren lassen. Aber indem Sie diese Kontrolle selbst vorschlagen, statt zu warten, bis der Geldgeber vielleicht misstrauisch wird und Sie hinter Ihrem Rücken kontrolliert, behalten Sie das Heft in der Hand. Wenn Sie mit Ihrem Geldgeber auf Ihre Initiative hin Kontrollmechanismen vereinbaren, signalisieren Sie ihm: Du siehst alles, was ich mache! Letztlich ist diese Art von Kontrolle auch nur eine Inszenierung. Und der Regisseur sind auch diesmal Sie.

Regieanweisung

Kontrolle schafft Vertrauen. Deshalb organisieren Sie für Ihren Geldgeber alles Erforderliche, damit er Sie »unter Kontrolle« hat. So können Sie ruhiger arbeiten.

Die Instrumente, um Ihre eigene Kontrolle zu organisieren, reichen vom regelmäßigen informellen Gespräch über ein genau abgesprochenes Reporting und turnusmäßige Sitzungen einer

Steuerungsgruppe bis hin zur Projektleitung durch einen Vertrauten des Geldgebers.

Legen Sie Ihrem Geldgeber möglichst früh Ihr »Drehbuch« – im Sinne von Klappe 2 dieses Buches – vor, in dem die Phasen Ihres künftigen Vorgehens beschrieben und grob terminiert sind. Diskutieren Sie mit dem Geldgeber über das Drehbuch und vereinbaren Sie dann gleich die Organisations- und Kontrollstruktur Ihres Vorhabens. Dazu gehören im Idealfall ein Core Team, welches sich regelmäßig trifft und das Managementvorhaben operativ treibt, und ein Steering Committee, in dem der Geldgeber meist persönlich anwesend ist und den Fortschritt kontrolliert und steuert. Vereinbaren sollten Sie weiterhin bestimmte Reportingprozeduren, die den Geldgebern die Sicherheit geben, jederzeit über alle wichtigen Aspekte im Bilde zu sein. Vor allen Dingen müssen sie jede Abweichung von Ihrem ursprünglichen Plan sofort erfahren.

Machen Sie Ihre Geldgeber einfach zum Teil eines Netzwerks, auf das Sie bei schwerwiegenden Problemen schnell zurückgreifen können. Ich erinnere mich an Peter Steffens, den Verantwortlichen für ein größeres Investitionsprojekt in Sachsen-Anhalt, wo in den 1990er Jahren von einem Weltkonzern eine neue biochemische Produktionsanlage aufgebaut wurde. Da ging es um die Züchtung bestimmter Zellkulturen mit einem definierten Spektrum an Partikelgrößen. Dafür gab es jedoch keine genauen Vorschriften, sondern in jedem Einzelfall waren Expertenbeurteilungen über die Einsatzfähigkeit der Ergebnisse erforderlich. Mit anderen Worten, die Sache war ziemlich heikel, und bald hatte Steffens ein Riesenproblem. In der Theorie war alles klar gewesen, aber in der Praxis kam einfach nicht heraus, was man haben wollte. Wenn man mit lebenden Zellen arbeitet, kann es große Streuungen geben, und eine Menge kann schieflaufen.

Steffens hatte zwar keinen Managementfehler gemacht, aber er war nun einmal der verantwortliche Manager. Da er gegenüber seinen Vorgesetzten im Konzern – in diesem Fall die Geldgeber – immer offen kommuniziert hatte und »nach oben« hin gut vernetzt war, genügten ihm in der kritischen Situation wenige Telefonate, um die Lage zu beruhigen. Seine Vorgesetzten besänftigte er unter anderem, indem er mit zwei ihm bekannten Topmanagern sprach, die ihrerseits seinen Vorgesetzten vorstanden.

Da er von Anfang an alle auf dem Laufenden gehalten hatte und nun nicht erst umständlich die Vorgeschichte erklären musste, gelang es ihm auch, schnell Hilfe zu organisieren. Er bekam Verstärkung für sein Team – auch durch meine Mitarbeiter, die er für ein unabhängiges und straffes Projektmanagement einsetzte – und erreichte, dass die Anlagenlieferanten seinem Projekt mehr Aufmerksamkeit schenkten und ihn besser unterstützten. Das alles gelang ihm, weil er sein persönliches Netzwerk mit seinen Geldgebern und seinen externen Partnern über Jahre gepflegt hatte. Seine Vorgesetzten vertrauten ihm und ließen ihn weitermachen. Tatsächlich konnte er die Schwierigkeiten bald überwinden.

Regieanweisung

Bauen Sie Ihre Netzwerke immer auf, bevor Sie sie brauchen! Erst im Bedarfsfall mit der Kommunikation zu beginnen, dauert viel zu lange. Vertrauen aufzubauen kostet viel Zeit.

Diese Vertrauensbasis war auch eines der Erfolgsgeheimnisse von Michael Norden, den Sie aus Klappe 1 kennen. Dort habe ich beschrieben, wie er das wirkliche Zusammenwachsen zweier deutscher Produktionsstandorte nach der Fusion der ausländischen Mutterkonzerne meisterte. Norden kümmerte sich sowohl um Aufgaben, die zumindest teilweise Sache seiner Geldgeber gewesen wären, also etwa Nutzensberechnung und Mittelbeschaffung, als auch um konkrete Belange des Projektfortschritts. Sein wesentliches Verdienst bestand allerdings darin, dass er es glänzend verstand, zu jeder Zeit seine Vorgesetzten auf der Konzernebene ins Bild zu setzen und bei der Stange zu halten.

Bereits vor dem Start des Fusionsprojekts reiste er zu den unterschiedlichsten Konzernstellen nicht nur im Produktionsbereich, sondern auch bei Finance, Human Resources und

Strategischer Unternehmensentwicklung. Er informierte überall die Manager über sein Vorhaben und warb um Unterstützung. Während des Projektverlaufs hielt er seine Vorgesetzten wöchentlich per Telefon auf dem Laufenden und legte großen Wert auf eine exzellente Vorbereitung der Meetings des Steering Committee. Ich habe es über die Jahre unserer Zusammenarbeit nicht ein einziges Mal erlebt, dass er an irgendeiner Stelle nicht oder auch nur schlecht vorbereitet gewesen wäre.

Das wirkte sich in den Krisensituationen des Projekts, in denen die Geldgeber auf eine ziemlich harte Probe gestellt wurden, positiv aus. So ließen sich beispielsweise die Rohstoffkosten anfangs nicht wie geplant senken. Die Kosten drohten davonzulaufen. Es musste umgesteuert werden, so dass sich die Einsparungen erst zu einem späteren Zeitpunkt einstellten. Nordens Vorgesetzte warteten geduldig ab.

Noch schlimmer wurde es, als es während des Projektverlaufs heftige, verleumderische Angriffe eines ehemaligen Mitarbeiters auf Michael Norden gab. Dieser bezichtigte Norden nämlich, Mitglied einer verschwörerischen Geheimorganisation zu sein. Das war völlig absurd, wirbelte aber sehr viel Staub auf, kam bis vor das Ethik-Komitee des Konzerns und wurde sogar gerichtsanhängig. Es war auch menschlich eine der übelsten Geschichten, die ich je erlebt habe. Norden hatte zum Glück einen so hohen Vertrauensbonus bei seinen Geldgebern, den Vorgesetzten und der Konzernleitung in Schweden, dass sie ihm die Stange hielten, bis er alle Vorwürfe vor Gericht entkräften konnte.

Manager wie Peter Steffens und Michael Norden haben Vertrauen zu ihren Geldgebern aufgebaut und ihnen Sicherheiten gegeben. Vor allem die folgenden drei Bausteine haben sich bewährt, um den Geldgeber in den gesamten Prozess eines größeren Veränderungsvorhabens strukturell einzubinden:

- Steering Committee
  Es lohnt sich fast immer, eine offizielle Steuerungsgruppe einzurichten, die sich etwa quartalsweise trifft, um den Fortschritt des Vorhabens zu bewerten und grünes Licht für die

nächsten Schritte zu geben. Schlagen Sie dem Geldgeber vor, dem Steering Committee selbst vorzustehen oder den Vorsitzenden zu bestimmen. Sie selbst berichten in den Sitzungen. Vorteilhaft ist es, weitere Interessengruppen, wie zum Beispiel den Betriebsrat, mit einzubinden.

- Reporting
  Ebenfalls etwa quartalsweise sollten Sie dem Geldgeber einen schriftlichen Sachstandsbericht zukommen lassen. Sie können vereinbaren, dass hierbei Dritte eingebunden werden – etwa Controller des Konzerns oder externe Unternehmensberater bzw. Wirtschaftsprüfer –, denen der Geldgeber besonders vertraut.
- Persönliche Gespräche
  Der regelmäßige, persönliche Kontakt zu Ihrem Geldgeber ist durch nichts zu ersetzen. Dabei sind Storys wichtig, um dem Geldgeber die Stimmung zu vermitteln und etwaige atmosphärische Störungen schon zu signalisieren, bevor sie zum größeren Problem werden. Erzählen Sie offen und ausführlich, was Sie seit dem letzten Kontakt mit dem Geldgeber erlebt haben. Nutzen Sie E-Mails, Telefonkonferenzen und vor allem das Vier-Augen-Gespräch bei jeder sich bietenden Gelegenheit. Vor allem unter vier Augen brauchen Sie immer gute Storys, die dem Geldgeber das Gefühl geben, hinter die Kulissen zu blicken.

Alle Gremien, Reports und Telefonkonferenzen, sämtliche strukturellen Sicherheiten gegenüber Ihrem Geldgeber taugen jedoch nichts, wenn Sie dort nicht im vollen Umfang bei der Wahrheit bleiben. Nirgendwo können Sie Vertrauen so schnell zerstören wie bei Geldgebern, seien es nun Banken oder Vorgesetzte. Denn derjenige, der das Geld und die Macht hat, fürchtet sowieso ständig, von anderen hintergangen zu werden. Mit einem Manager, der ihm gegenüber nicht absolut ehrlich ist, möchte kein Geldgeber auf Dauer zusammenarbeiten. Wenn Sie umgekehrt auf Geldgeber angewiesen sind, dann wissen Sie auch, dass es ohne diese keine Lösung geben wird, wenn einmal etwas schiefläuft. Also machen Sie Ihrem Geldgeber nichts vor.

Regieanweisung

Bleiben Sie immer bei der Wahrheit! Um das zu schaffen, dürfen Sie sich vom Geldgeber nicht zu früh auf Einzelheiten festlegen lassen. Die ändern sich nämlich im Laufe der Zeit, sodass Sie automatisch in Widersprüche zu früher Gesagtem geraten würden. Und dann sind erfahrungsgemäß endlose Erklärungen nötig, die Sie niemandem mehr verkaufen können.

In diesem Buch sind Produzent und Regisseur ein Dreamteam. Sie ergänzen sich und arbeiten kongenial zusammen. David Dexter kümmert sich um den finanziellen Rahmen, Gatsby Fitzgerald beherrscht die Inszenierung. Und beide gehen regelmäßig gemeinsam Golf spielen.

Solche Verhältnisse sind auch im Business extrem dringend und notwendig. Manchmal gelingt so etwas mehr oder weniger perfekt, wie das Beispiel Michael Norden zeigt. Spannend wird es immer, wenn Schwierigkeiten auftreten, mit denen der Geldgeber nicht gerechnet hat. Das ist die Belastungsprobe. Am Ende bleibt auch in einem Dreamteam immer ein natürliches Spannungsverhältnis, welches sich aus den unterschiedlichen Rollen und Funktionen der beiden Partner erklärt. Und das ist auch gut so! Jeder muss entsprechend seiner Funktion bestimmte Interessen vertreten. Da kommt es manchmal zu Kontroversen, die bei einem gut aufeinander eingestellten Zweiergespann die Sache aber immer wieder nach vorne bringen. Wichtig ist deshalb, dass Sie Ihrem Geldgeber nie aus dem Weg gehen, sondern im Gegenteil sich genügend Zeit für dessen »Pflege« reservieren.

Zeitraffer

- Nur wenn Sie genau wissen, welche Absichten und Zielvorstellungen Ihr Geldgeber hat, können Sie ihn für Ihr Vorhaben gewinnen. Versetzen Sie sich also in dessen Lage und zeigen Sie ihm, welchen Nutzen er von Ihren Plänen haben wird.
- Der Geldgeber muss nicht nur mit der groben Richtung, sondern auch mit Ihrer Vorgehensweise einverstanden sein. Insbesondere wenn Sie nach den Prinzipien der Mitarbeiterpartizipation und der Offenheit im Hinblick auf den Lösungsweg vorgehen, sollten Sie das transparent machen.
- Erfolgreiche Führungskräfte inszenieren ihre eigene Kontrolle. Indem sie mit dem Geldgeber strukturelle Sicherheiten vereinbaren und sich – idealerweise von unabhängigen Dritten – kontrollieren lassen, schaffen sie eine solide Vertrauensbasis. Kontrolle ist nicht besser als Vertrauen, aber sie schafft Vertrauen.
- Die Einrichtung einer Steuerungsgruppe, ein formalisiertes Reporting und regelmäßige persönliche Kontakte sind bewährte Instrumente, um dem Geldgeber gegenüber eine Vertauensbasis zu schaffen. Wer nach oben hin gut vernetzt ist, kann in Krisensituationen schnell reagieren und muss nicht gleich um seinen Stuhl bangen.
- Es lohnt sich, immer bei der Wahrheit zu bleiben. Nichts zerstört das Verhältnis zu Geldgebern schneller, als wenn sich Ihre Informationen als falsch erweisen. Und wenn Sie einmal etwas nicht wissen, dann sagen Sie einfach auch das.

Klappe 4

Das Produktionsteam – Scharen Sie Ihre Verbündeten um sich

Der Kaffee, den Gatsby Fitzgerald während der Fahrt aus einem großen Pappbecher von Starbucks getrunken hat, zeigt langsam seine belebende Wirkung. Es ist gerade erst viertel vor acht am Morgen, doch die kalifornische Sonne brennt auf das weitläufige Gelände von General Pictures. Fitzgerald lenkt seinen Porsche auf den für ihn reservierten Parkplatz. Der perfekte Tag, um mit der Arbeit zu beginnen, denkt er beim Aussteigen. Auf dem Weg in das schmucklose Bürogebäude neben den fensterlosen Hallen überlegt er noch, wem er gestern Abend auf der Party versprochen hatte, ihn heute anzurufen. Doch das Lächeln seiner persönlichen Assistentin Donna Shalana, die ihn im zweiten Stock erwartet, vertreibt den Gedanken.

»Hi, Gats«, begrüßt sie ihn und begleitet den Regisseur in ein karges Büro. »Kaffee?«

»Ja, bitte. Große Tasse«, antwortet Koffeinjunkie Fitzgerald und setzt sich auf einen der Bürostühle an den drei zusammengestellten Tischen in der Mitte des Raumes. Durch die heruntergelassenen Jalousien fällt gestreiftes Sonnenlicht auf die beiden laufenden Computer, die vier schnurlosen Telefone, das Faxgerät und die zahllosen Papiere auf dem Tisch.

»Okay, Donna, wie ist der Stand?«, fragt Fitzgerald nach dem ersten Schluck schwarzen Kaffees.

»Licht und Ton sind abgehakt«, antwortet seine Assistentin in kühl-professionellem Tonfall. »Alle, die du mir genannt hast, haben zugesagt.«

»Großartig! Was ist mit der Kamera?« Fitzgerald legt die Stirn in Falten.

»Sorry, Gats. Immer noch null Resonanz«, erwidert Donna achselzuckend.

»Ich hätte am liebsten Gerald Summers für die Kamera«, sagt Fitzgerald nach einer kurzen Pause.

»Und ich dachte«, wirft Donna ein, »du hättest dich mit Gerald verkracht.«

»Ach was, verkracht. Wir hatten uns nur in die gleiche Frau verguckt. Gerald wird bei einem coolen Film mitmachen wollen, alles andere interessiert doch nicht. Ich rufe ihn gleich mal an und hole ihn aus dem Bett. Vielleicht könntest du ...?« Fitzgerald sieht seine Assistentin vielsagend an.

»Kurz den Raum verlassen? Ich verstehe, ein Gespräch unter Männern. Soll ich dir zwischenzeitlich Frühstück machen, Schatz?«

»Sehr witzig«, schmunzelt Fitzgerald und wählt dann beherzt die Nummer von Gerald Summers.

Wie das Management leistet, was der Manager nicht leisten kann

Mit der Arbeit beginnen bedeutet für Gatsby Fitzgerald, sein Produktionsteam zusammenzustellen. Dabei fragt er sich zuerst: Was brauche ich? Denn für jede Filmproduktion sind ganz bestimmte Funktionen zu erfüllen: Kamera, Licht, Ton, Kostümdesign und so weiter. Um alle diese Dinge muss sich jeweils einer kümmern. Und bei einer aufwändigen Produktion, wie sie Fitzgerald plant, ist es mit einer Person für jede Funktion noch lange nicht getan. Vielmehr muss einer für den jeweiligen Bereich Verantwortung tragen, sich dann aber bei der Sacharbeit noch vieler anderer bedienen. So hat der Kameramann mindestens noch einen Assistenten, und der Set-Designer muss alle möglichen Hebel in Bewegung setzen, bis sämtliche Dinge vor der Kameralinse auftauchen, die im Film zu sehen sein sollen.

Im zweiten Schritt fragt Fitzgerald sich nun: Wen brauche ich? Oder genauer gesagt: Wen kann ich für diese Funktionen am besten gebrauchen? Diese Leute fragt er dann, ob sie Lust haben, bei der Produktion mitzumachen. So wächst mit der Zeit das Team. Niemals käme Fitzgerald oder irgendein anderer Regisseur auf die Idee, ganz alleine einen Film drehen zu wollen oder auch nur die gesamte Verantwortung für jede der einzelnen Funktionen zu übernehmen. Ein Spielfilmregisseur, der gleichzeitig die Kamera und das Mikrofon hält, während er versucht, mit einer Taschenlampe den Drehort auszuleuchten, wäre nicht einmal als Karikatur witzig. Filmemachen funktioniert ausschließlich als Teamarbeit. Das leuchtet sicher jedem Manager ein, selbst wenn er mit der Filmbranche noch nie zu tun hatte.

Umso erstaunlicher finde ich, dass mir im Management immer wieder ganz andere Vorstellungen von der dort zu erledigenden Arbeit begegnen. Der Manager als Superheld, der alles kann, alles gleichzeitig macht und natürlich auch noch alles verantwortet, scheint da oft das Leitbild zu sein. Ein verhängnisvolles Leitbild allerdings, weil es den Manager permanent überfordert. Denn auch auf den Führungsetagen stehen nun mal keine Superhelden, sondern nur Menschen zur Verfügung. Wenn ich hier von »dem« Management spreche, dann ist zunächst einmal anzumerken, dass die in Unternehmen dazu gezählten Personen nach wie vor stark in ihrem ursprünglichen Fachgebiet gefordert sind. So sind 50 bis 70 Prozent der Aufgaben des Logistikleiters in einem mittelständischen Unternehmen rein fachspezifischer Natur. Und der Herstellungsleiter einer Pharmaproduktion ist zuallererst Apotheker, dann Produktionsexperte, Planer und Techniker – auch wenn er für Details spezielles Personal haben sollte –, und erst danach fungiert er als Manager. Aus den fachlichen Anforderungen ergeben sich zwingende Prioritäten, denen Manager nachkommen müssen. Was allein schon dadurch zu kurz kommt, sind die eigentlichen Managementaufgaben, wie analysieren, planen, entscheiden, delegieren, motivieren, kontrollieren, präsentieren und so weiter.

Treten dann diese Managementaufgaben gehäuft auf – und das ist nun einmal die Regel –, ist der Manager schnell total überfordert. Und obwohl der Einzelne bloß durch die schiere Menge der Aufgaben überlastet ist, wirken unvollständige Analysen, unterlassene Kontrollen oder schlampige Präsentationen auf Außenstehende dummerweise so, als beherrsche da einer sein Handwerk nicht.

Fast jeder Manager steckt also in dem Dilemma, den an ihn gestellten Anforderungen in der ganzen Fülle und Breite gar nicht gerecht werden zu können. Dieses Dilemma zeigt sich im Alltag als Unbehagen, als Frust, als Angst vor dem Versagen. Unbewusst gesteuert verschafft sich jeder auf die gleiche Weise Erleichterung – nämlich indem er Dinge einfach weglässt. Manager erledigen dann Aufgaben nur teilweise oder gar nicht – was sollen sie auch anderes machen? Es würde ihnen schlecht bekommen, gingen sie zu ihrem Chef und sagten, sie seien ihrer Arbeit nicht gewachsen.

Bei den folgenden Gedanken überzeichne ich bewusst etwas, um den allzu oft übersehenen Widerspruch zwischen Anspruch und Wirklichkeit herauszuarbeiten.

Manager sortieren, wenn sie unter extremen Druck geraten, ihre Aufgaben ganz einfach nach »wichtig für den Chef« und »unwichtig für den Chef«. Das Erste wird gemacht – allerdings nicht richtig gut, sondern gerade so, dass man vom Chef dafür anerkannt oder zumindest nicht abgestraft wird –, das Zweite wird weggelassen. Bemerkt das später doch noch irgendjemand, dann finden sich immer genügend Erklärungen, warum man die Sache halt nicht erledigen konnte. Entweder war die Aufgabenstellung angeblich nicht klar oder nötige Informationen fehlten und so weiter. Es gibt viele Unternehmen, in denen der Hinweis völlig reicht, man sei in Urlaub gewesen und deshalb sei alles liegengeblieben.

Wozu solch ein Verhalten am Ende führt, können Sie in vielen Firmen besichtigen. Weil die Chefs vorrangig bedient werden, sind sie auch meist zufrieden. Dafür gibt es dann aber massive Qualitätsprobleme. Und mehr und mehr wird Business zum Showbusiness. Am Schluss interessieren sich Manager nur noch für ihre Außenwirkung. Dann werden Bilder in die Topebenen transportiert, die mit der Realität nicht mehr viel gemein haben. Die Lücke zwischen dem Eindruck, den das Topmanagement von der Realität im Unternehmen hat, und dem, was tatsächlich los ist, wird immer größer. Dies wird dadurch verstärkt, dass die Topebene natürlich zufriedener mit guten Nachrichten ist als mit schlechten, denn schließlich sind auch diese Menschen permanent überfordert und nicht an zusätzlichen Problemen interessiert.

Auf der anderen Seite vernachlässigen überlastete Manager die Prozesse im Unternehmen und vor allem die Mitarbeiter. Daran werden sie ja nicht direkt gemessen. Und Versäumnisse hier lassen sich lange kaschieren. Das Resultat sind frustrierte Mitarbeiter, innere Kündigungen, sinkende Prozessperformance, niedrige Innovationsraten, weniger Verbesserungsvorschläge, miese Qualität und immer mehr Krankmeldungen. Damit wird für das Management alles nur noch schwerer. So kommt ein sich selbst verstärkender Regelkreis, eine fatale Abwärtsspirale in Gang: Das Management vernachlässigt aus Überforderung die Mitarbeiter, diese zeigen daraufhin weniger Engagement, was dem Management mehr Probleme bereitet, dieses noch mehr überfordert und so weiter.

Ich fasse den Widerspruch noch einmal zusammen: Der Manager ist mit dem Anspruch konfrontiert, auf den unterschiedlichsten Ebenen – als Fachexperte, als Organisator, als Prozessentwickler, als Motivator, Teamleiter, Netzwerker und Beziehungsmanager – permanent Höchstleistungen zu bringen. Dieser Anspruch steigt proportional zur wachsenden Komplexität der Wirtschaftswelt. Auf der anderen Seite steht die Realität der begrenzten Ressourcen von Menschen, sowohl im Hinblick auf ihre Zeit als auch auf ihr Leistungsvermögen. Diese Kluft zwischen Anspruch und Wirklichkeit vergrößert sich immer mehr. Sie kann durch noch mehr Anstrengungen des einzelnen Managers nicht überbrückt werden. Aber auch die Anforderungen können nicht reduziert werden. Nötig ist ein grundsätzlich anderer Ansatz.

Der erste Schritt zur Lösung ist die Einsicht, dass alledem nie ein persönliches Manko einzelner Führungskräfte zugrunde liegt. Vielmehr handelt es sich um ein Problem des Systems, das jedes Unternehmen darstellt. Der Mensch ist nun einmal nur eingeschränkt in der Lage, Komplexität wahrzunehmen. Jeder registriert nur Ausschnitte und konstruiert daraus seine individuelle Weltsicht. Unternehmen sind aber extrem komplex geworden und werden in Zukunft noch viel komplexer werden. Der Versuch eines einzelnen Managers, mit seinem Ausschnittswissen ein ganzes Unternehmen oder auch nur größere Unternehmensteile oder Projekte steuern zu wollen, käme dem lächerlichen Versuch eines Regisseurs gleich, ohne Unterstützung durch ein Produktionsteam einen Film zu drehen. Nichts ist andererseits entlastender und befreiender für Manager als einzusehen, wie wenig einer allein bewirken kann – und in den Erwartungen an sich selbst realistischer zu werden.

Regieanweisung

Hören Sie auf, den Superhelden zu spielen. Sie haben alleine gar keine Chance, der steigenden Komplexität im Unternehmen zu begegnen.

Der zweite und entscheidende Schritt zur Lösung des Dilemmas ist, für alle Managementaufgaben jeweils ein Managementteam zu bilden. Machen Sie es wie ein Regisseur, der sich einen Kameramann sucht, statt selbst die Kamera zu halten. Dabei entscheiden Sie, wen Sie in das Managementteam holen. Ja, Sie definieren sogar, was dieses Team im konkreten Fall jeweils ist. Zu Ihren Führungsaufgaben gehört es zu wissen, was genau getan werden muss und welche anderen Manager, Mitarbeiter, Partner oder selbst Kunden sich dafür eignen.

Entsprechend ergeben sich dann bei Projekten passende Projektleitungsteams und im operativen Geschäft diverse Führungsteams, beispielsweise eine Geschäftsführung als Ganzes oder die Gruppe der Abteilungsleiter innerhalb eines Bereichs. In anderen Fällen kann das Managementteam aus einem Gemenge von Führungskräften, Spezialisten und sogar einfachen Mitarbeitern bestehen. Das Managementteam in diesem Sinn trägt Verantwortung für einen Bereich oder für eine Projektaufgabe. Diese Verantwortung der Gruppe verwischt nicht Ihre persönliche Verpflichtung als Leiter des Managementteams. Sie lässt jedoch dessen einzelne Mitglieder entsprechend ihrer Zuständigkeit mitverantwortlich für das Ganze sein.

Um Missverständnissen vorzubeugen: Ich spreche hier von weit mehr als bloßem Networking unter Führungskräften und externen Partnern. Netzwerke sind wichtig. Ich habe das in Klappe 3 am Beispiel von Peter Steffens geschildert, der in einer brenzligen Situation auf sein jahrelang gepflegtes Netzwerk zu Vorgesetzten und externen Partnern zurückgreifen konnte. Als Steffens dieses dringend benötigte, konnte er es aktivieren. Das Managementteam wartet aber nicht erst darauf, im Notfall zum Leben erweckt zu werden, sondern ist ständig aktiv und trägt dauerhaft Verantwortung. In einem solchen Team herrscht immer Verbindlichkeit.

Ein Netzwerk dagegen trägt keine Verantwortung. Das ist auch ein Grund dafür, dass Projekte, die sich ausschließlich auf Netzwerke stützen, sehr häufig Realisierungsschwierigkeiten haben. Ein prägnantes Beispiel sind Netzwerke selbstständiger Berater und Trainer. Alle wollen da rein, weil sie glauben, so an mehr Aufträge zu kommen. Aber alle werden sie enttäuscht, weil sie genau das in einem Netzwerk nicht bekommen. Es profitieren lediglich die Initiatoren, weil sie sich für ihre Arbeit von den Mitgliedern des Netzwerks bezahlen lassen.

Ich gehe bei meiner Definition eines Managementteams sogar noch einen Schritt weiter und verstehe es als Subsystem des weitaus umfassenderen Systems »Unternehmen«. Bei dieser Sichtweise gehören zum Managementsystem nicht nur die Teammitglieder, sondern auch das erforderliche Equipment, wie Computer, Software und Datenbanken, Arbeitsvorschriften, Handbücher, ferner die Meetingkultur, die Besprechungsprotokolle und vieles mehr. Das Wichtigste in diesem System sind aber natürlich die Menschen, denn sie betreiben all die anderen Systemelemente. Deshalb beschränke ich mich in diesem Buch auch auf diesen Aspekt.

Klappe 4 Take 2

Weisen Sie Funktionen Köpfe zu und verteilen Sie Verantwortung

Als Gatsby Fitzgerald das Geld zusammen hatte, um sich in die Arbeit an seinem neuen Film zu stürzen, dachte er zuerst an das Produktionsteam. Zwar hatte er schon lockere Gespräche mit einigen Schauspielern geführt und sie um ihre Meinung zu seinem Drehbuch gebeten, aber das Casting sollte erst der nächste Schritt sein. Irgendjemand muss es schließlich organisieren und durchführen. Dabei wird Fitzgerald sich selbstverständlich persönlich um die Besetzung der Hauptrollen kümmern, aber sicher nicht jeden einzelnen Komparsen unter Vertrag nehmen. Dazu braucht er sein Team, und das muss er sich erst zusammensuchen.

Wenn Sie einmal das Produktionsteam beim Film als Bild für das oben beschriebene Managementteam im Unternehmen sehen und die Schauspieler einschließlich aller Komparsen als Analogie für die übrigen Mitarbeiter nehmen, dann wird schnell anschaulich, wie das Managementteam sich zu den Mitarbeiterteams – in einzelnen Abteilungen oder Projekten – verhält. Wenn es am Set keine Beleuchtung gibt, die Kamera nicht bereit ist und die Requisiten nicht vorhanden sind, dann können die Schauspieler auch nicht agieren, egal, was der Regisseur von ihnen verlangt. Und wenn bei einem Montageauftrag die Maschinenteile nicht rechtzeitig am Montageort sind, dann können die Mitarbeiter auch nicht montieren.

Der entscheidende Unterschied zwischen Managementteam und Mitarbeiterteams liegt also in der Art der Verantwortung. Das Managementteam kann sich zum Beispiel nicht darauf herausreden, dass bestimmte Zuarbeiten von Kooperationspartnern nicht rechtzeitig oder nicht qualitätsgerecht erledigt wurden. Das Managementteam trägt ja gerade die Verantwortung dafür, die Bedingungen der Kooperation mit Partnern so zu organisieren, dass alles klappt. Es geht um Gestaltungsverantwortung, die von den Pflichten jedes einzelnen Mitarbeiters abzugrenzen ist. Sie umfasst ganze Geschäftsprozesse, seien es nun einzelne Projekte oder sei es der reibungslose und produktive Fortgang des operativen Geschäfts.

Was ist dagegen die Aufgabe der Mitarbeiterteams? Werfen wir zunächst noch einmal einen Blick in die Welt des Films: Die Schauspieler übernehmen Rollen und setzen das um, was Drehbuchautor und Regisseur sich ausgedacht haben. Dabei sind eigene Ideen, kreative Lösungen, ja Spontaneität und Improvisation gefragt. Der springende Punkt ist jedoch, dass dies alles ausschließlich innerhalb des Rahmens erfolgt, den der Regisseur vorgibt. Ganz ähnlich wie die Schauspieler im Film haben Mitarbeiterteams die Verantwortung, eine ihnen gestellte Aufgabe nach Zeit, Qualität und Kosten zu erfüllen. Im Gegensatz zur Gestaltungsverantwortung geht es an dieser Stelle also um die Durchführungsverantwortung. Eigene Ideen sind dabei nicht nur erwünscht, sondern sogar das beste Erfolgsrezept. Das ändert aber nichts daran, dass die Mitarbeiter sich im Rahmen der vom Managementteam geschaffenen Bedingungen bewegen. Sie dürfen vieles, aber sie dürfen nicht »den Chef spielen«.

Regisseur Fitzgerald holt sich die Leute, die er braucht, in sein Produktionsteam. Letztlich tut er nichts anderes, als Gestaltungsverantwortung zu delegieren. Genau das tut auch ein leitender Manager. So entstehen Managementteams, sei es für ein einzelnes Projekt oder für längerfristige operative Aufgabenstellungen. Der Manager kann dabei auch einfache Mitarbeiter und sogar Kunden mit einbeziehen. Im Hinblick auf die konkret zu gestaltende Aufgabe werden diese dann Teil des Managementteams.

Regieanweisung

Bringen Sie Ihre Leute in Gestaltungsverantwortung! Diese macht den wesentlichen Unterschied zwischen Management und Mitarbeitern aus. Wer gestalten soll und will, den holen Sie dafür in Ihr Managementteam.

Weil das Managementteam es mit den Bedingungen zu tun hat, ergibt sich daraus ein weiteres Unterscheidungsmerkmal zur Arbeit von Mitarbeiterteams: Das Managementteam fokussiert seine Arbeit auf die Prozesse. Das bedeutet dann zum Beispiel festzulegen, in welcher Reihenfolge Aufgaben abgearbeitet werden sollen, wie die Terminpläne und Organigramme aussehen, welche Arbeitsteilung die richtige ist und welche Kooperationen sinnvoll sind. Das Managementteam prüft später auch, ob alle Termine eingehalten werden, ob der Mittel- und Ressourceneinsatz im grünen Bereich ist und so weiter.

Die Mitarbeiterteams konzentrieren ihre Arbeit dagegen auf Sachthemen. Sie sitzen beispielsweise am Computer und zeichnen Konstruktionspläne, bedienen Maschinen in der Werkshalle, fahren zum Kunden, um die Produkte zu verkaufen, machen Werbung und so weiter. Das Managementteam wiederum muss die jeweilige Sachkompetenz der Mitarbeiterteams sinnvoll in die eigene Arbeit einbeziehen. Das zu organisieren ist aber schon wieder ein Prozess, ebenso wie die Qualifikation der Mitarbeiter dafür und – selbstverständlich – für die eigentliche Sacharbeit.

Jetzt wird auch deutlich, wie Sie vorgehen, um Ihr Managementteam zusammenzustellen. Da es um Gestaltungsverantwortung für Prozesse geht, entsteht das Managementteam entsprechend der jeweils zu erfüllenden Funktionen. Gatsby Fitzgerald hat es genauso gemacht. Zuerst hat er gefragt, *was* er braucht, dann *wen* er dafür nehmen könnte. Ihm war klar, dass er einen Kameramann braucht, dann fiel ihm Gerald Summers als geeignete Besetzung für diese Rolle im Produktionsprozess ein. Funktionen kommen also vor Personen. Der umgekehrte Fall wäre ein Paradebeispiel für Misswirtschaft. In korrupten Systemen fragt man sich immer zunächst, wer aus der eigenen Kamarilla mit einem Posten zu versorgen ist, und dann, welche nette Position man ihm wohl anbieten könnte.

Welche Funktionen nun in einem Managementteam zu erfüllen sind, hängt immer auch von dem Vorhaben ab. Grundsätzlich müssen alle Funktionen vorhanden sein, die nötig sind, um die für den Weg zum Ziel notwendigen Prozesse einschließlich der dazu gehörenden Bedingungen verantwortlich zu gestalten. Auf einer Filmhochschule können angehende Regisseure lernen, was man eben so braucht, um einen Film zu drehen. Auch im Businessbereich gibt es typische Funktionen, die bei den verschiedensten Aufgaben besetzt sein müssen. Das sind auf der Ebene der Prozesse zum Beispiel:

- Prozessanalyse, -strukturierung und -design
- Kontrolle des Prozessfortschritts
- Kontrolle der Prozessqualität und der Qualität der Ergebnisse
- Planung und Bereitstellung von Ressourcen
- Vermittlung zwischen den verschiedenen Prozessen
- Vermittlung zwischen den beteiligten Personen und Teams (interne und externe Kommunikation, Konfliktmediation und so weiter)

Dazu kommen dann immer wieder die typischen Führungsfunktionen, die ebenfalls Aufgabe des Managementteams sind. Hierzu zählen beispielsweise:

- Sinnvermittlung
- Vertrauensbildung
- Erzeugen einer offenen, innovativen Atmosphäre
- Strukturierung und Vergabe von Verantwortung
- Motivation der Mitarbeiter, Teams und Kooperationspartner

Und dann gibt es noch die vielen Einzelfunktionen, die zwar vom jeweiligen Vorhaben abhängig sind, sich aber doch auch immer wieder ähneln. Sogar zwischen den Funktionen in Gatsby Fitzgeralds Produktionsteam und einem Managementteam im Businessbereich besteht die eine oder andere Ähnlichkeit. So gibt es hier eine Regieassistenz, dort vielleicht einen Projektassistenten. Statt Kamera und Ton gibt es im Projektmanagement einen Verantwortlichen für die Dokumentation und Publikation des Projektfortschritts. Der Ausstattung im Film entspricht die Abteilung Einkauf im Unternehmen und selbst einen Coach gibt es in beiden Welten …

Wie auch immer Ihr Vorhaben nun konkret aussieht – alle nötigen Funktionen müssen Sie mit Personen besetzen. Dabei können durchaus mehrere Funktionen von ein und derselben Person wahrgenommen werden. Trotzdem wird es – ausgenommen bei sehr kleinen Projekten – immer erforderlich sein, dass mehrere Manager zusammenwirken. Dies zu gestalten ist eine übergeordnete Führungsfunktion, nämlich die Führung des Managementteams an sich. Das ist Ihre Aufgabe als »Regisseur«, als Führungskraft.

Regieanweisung

Machen Sie sich zunächst klar, welche Funktionen es in Ihrem Verantwortungsbereich gibt. Dann besetzen Sie die Funktionen mit Personen. Für das zielführende und erfolgreiche Zusammenwirken aller tragen Sie selbst die Verantwortung, die Führungsverantwortung.

So finden Sie Verbündete, auf die Sie sich verlassen können

In einem schlichten Büro auf dem Produktionsgelände von General Pictures haben sich Gatsby Fitzgerald und seine persönliche Assistentin Donna Shalana an die Arbeit gemacht, um das Produktionsteam zusammenzustellen. Ihre Arbeitsmittel: Telefon, E-Mail und Fax. Man muss die Leute einfach fragen, ob sie mitmachen wollen. Im Unternehmen natürlich am besten persönlich. Das ist im Grunde schon alles.

Ich mache immer wieder gute Erfahrungen, wenn ich ein Problem erst ausführlich erläutere und dann für die Lösung andere um Unterstützung bitte. Menschen fühlen sich dann gesehen. Sie haben das Gefühl, dass sie wichtig sind und sind allein schon dadurch motiviert mitzumachen. Mitunter gibt es Leute, die Ihnen erst einmal einen Korb geben. Das kann ein Test sein, ob die Offenheit Ihrer Einladung tatsächlich ernst gemeint, also auch ein Nein erlaubt ist. Wenn Sie dieses akzeptieren, haben Sie vielleicht gerade einmal eine Funktion nicht besetzt, aber Glaubwürdigkeit gewonnen. Und die kann wichtiger sein.

Hinzu kommen noch ein paar andere Dinge. Die meisten Menschen in Unternehmen wissen zum Beispiel, dass aktives Mitgestalten am besten davor schützt, am Ende zu den Verlierern zu gehören. Schon intuitiv möchte jeder gerne dabei sein, wenn Entscheidungen getroffen werden, damit nicht über den eigenen Kopf hinweg entschieden wird. Die Angst, übergangen zu werden, ist immer vorhanden und aktiviert zum Mitmachen.

Damit ist derjenige, den Sie um Unterstützung für eine Managementaufgabe bitten, natürlich noch lange nicht Ihr Verbündeter. Hier gilt dann: Versuch macht klug. Ich habe dabei immer wieder sehr viel Positives erlebt. Wenn ich jemandem zutraue, dass er eine bestimmte Aufgabe übernehmen kann und ihn um Unterstützung bitte, engagiert er sich meistens auch bereitwillig dafür und zahlt mir meinen Vertrauensvorschuss zurück.

Regieanweisung

Erklären Sie für Funktionen geeigneten Personen Ihr Vorhaben ausführlich und fragen Sie diese dann ganz offen, ob sie bereit sind mitzumachen. Wenn jemand Vertrauen spürt, sagt er nur selten Nein.

Zur Vertrauensbildung gehört auch wieder das in Klappe 3 geschilderte Paradox, dass Kontrolle Vertrauen schafft. Die Voraussetzung dafür sind gemeinsam vereinbarte Kontrollmechanismen. Auf einer solchen Basis wachsen Vertrauen und Verlässlichkeit.

Wen fragen Sie aber überhaupt, ob er bei Ihrem Vorhaben mitmachen möchte, und wen nicht? Wenn Sie einfach nur mal anfangen, Leute zu fragen, werden Sie schnell merken, wer besonders viel zur Lösung der Probleme beitragen kann. So wurden meine Mitarbeiter und ich einmal von einem hessischen

Pharmaunternehmen um Unterstützung gebeten, weil es dort Qualitätsprobleme gab. Das Topmanagement hatte den Eindruck, dass sich die einzelnen Mitarbeiter einfach nicht genug für das Thema Qualität interessierten. Zwar erfüllten die Mitarbeiter alle einschlägigen Normen und lieferten tadellose Dokumentationen zu den Produktionsabläufen, aber es schien ihnen dennoch an echtem Qualitätsbewusstsein zu fehlen. Hier schlummerten einige Potenziale, denn Prozesssicherheit und Prozessqualität sind schließlich unmittelbar kostenwirksam. Wer gleich beim ersten Mal die richtige Wirkstoffmischung trifft, vermeidet Materialverlust und spart Nacharbeiten.

Der mit dem Verbesserungsprojekt beauftragte HR-Manager, der Geschäftsführer des Unternehmens, meine Mitstreiter und ich fingen also einfach an, mit den Leuten in den Produktionshallen ins Gespräch zu kommen. Schon in den ersten locker geführten Interviews stellten wir fest, dass die Mitarbeiter an den Anlagen sehr genaue Vorstellungen darüber hatten, wie man zu Prozessverbesserungen kommen konnte. Sie waren nur bisher entweder nicht gefragt worden oder man ließ ihre Vorschläge im Sande verlaufen, statt sie zügig umzusetzen. Das führte verständlicherweise dazu, dass sie gar keine Vorschläge mehr machten, sondern eben mehr oder weniger Dienst nach Vorschrift.

Angesichts dieser Ausgangssituation entschlossen wir uns, in diesem Fall nur wenige der etablierten Manager um Mitarbeit in unserem Managementteam zu bitten, und luden stattdessen einzelne Mitarbeiter ein, Arbeitsgruppen mit konkreten Aufgabenstellungen zu leiten. So entstand ein Projektmanagementteam, das hervorragend funktionierte und im Projektverlauf bereits nach zwei Monaten konkrete Ergebnisse vorweisen konnte.

Nach und nach baten wir dann auch einige der etablierten Manager, Funktionen im Projekt zu übernehmen, vor allem, als es stärker um die Implementierung neuer Lösungen, um Ressourcenbereitstellung und die fachliche Unterstützung der Mitarbeiter ging. In der letzten Projektphase zog ich mich als Berater dann immer mehr zurück. Es hatte sich inzwischen ein eingespieltes Managementteam gebildet, das in der Lage war, das Projekt erfolgreich zu Ende zu führen. Die Manager hatten Gestaltungsverantwortung übernommen und zogen an einem Strang.

Nun mögen Sie vielleicht einwenden, es sei ja gut und schön, wenn Manager sich zu Teams zusammenschließen. Aber was ist mit den persönlichen Interessen der Akteure? Stehen Eitelkeiten und Konkurrenzdenken der ganzen Sache nicht von vornherein im Weg?

Sicherlich spielen persönliche Interessen und Konkurrenz in Unternehmen eine Rolle. Ich bestreite allerdings, dass es nötig ist, sich mit solchen Dingen zu befassen, bevor sie tatsächlich zum Problem werden. In dem Moment, wo Sie Konkurrenz ohne wirklich zwingenden Grund zum Thema machen, lösen Sie diese möglicherweise erst aus oder verstärken sie.

Das Ursprüngliche ist nie die Konkurrenz. Im Gegenteil, es gibt ein natürliches Bedürfnis von Menschen, gemeinsam etwas zu machen. Denken Sie nur einmal an Kinder. Draußen hat es den ersten Schnee gegeben, und wenn Sie eine Gruppe von Kindern jetzt fragen, ob alle mit Ihnen gemeinsam ein Iglu bauen wollen, sind die Kinder begeistert bei der Sache. Halten Sie ihnen aber vorher eine Predigt, dass alle auch schön brav sein müssen, keine Schneebälle geworfen werden dürfen und bitte kein Kind dem anderen Schnee in den Kragen stecken soll, ist die Stimmung gleich wieder gedämpft. Und die Wahrscheinlichkeit ist groß, dass die Kinder sich tatsächlich mit Schnee bewerfen, statt das Iglu zu bauen. Sie haben sie schließlich gerade auf die Idee gebracht.

Einen ganz ähnlichen Fehler begehen viele Leiter von Teambildungsseminaren. Sie stoßen die Teilnehmer mit der Nase auf Konflikte, die noch gar nicht existieren. Und wie eine sich selbst erfüllende Prophezeiung entstehen zahlreiche der solchermaßen ins Rampenlicht gezerrten Probleme dann tatsächlich. Der Seminarleiter sieht das dann wiederum als Bestätigung, sein Geld wert zu sein, musste er die Leute doch angeblich auf diese Schwierigkeiten vorbereiten.

Nach meiner Erfahrung ist es das Beste, das Thema Konkurrenz gar nicht erst anzusprechen und die Verantwortlichen lieber für eine Sache zu begeistern. Gehen Sie auf Leute zu und vertrauen Sie ihnen, dann kommt auch Vertrauen zurück. Die meisten Manager haben ohnehin verstanden, dass sie durch aktives Engagement ihren Interessen – sei es den eigenen Arbeitsplatz zu sichern oder die Karriere zu befördern – am besten dienen.

Regieanweisung

Ignorieren Sie Konfliktpotenziale, ohne ignorant zu sein. Wecken Sie keine schlafenden Hunde. Reagieren Sie aber sensibel, wenn sich aufgrund persönlicher Interessen einzelner tatsächlich Konflikte ergeben.

In den Wirtschaftsteilen der Tageszeitungen kursierte Anfang 2006 eine Untersuchung, wonach das Karriereziel Topmanager im deutschsprachigen Raum weit weniger verbreitet ist als etwa in Großbritannien und vor allem in den USA. Das entspricht auch meiner persönlichen Erfahrung. Es sind vor allem Jüngere, von denen man hört, dass sie ganz nach oben wollen. Wenn diese dann aber erste Eindrücke gesammelt haben, wie es da oben aussieht, schwächt sich der Wunsch deutlich ab.

Das Prinzip des »Grow or go« hat sich in unseren Breiten nicht recht durchgesetzt. Die meisten wissen schon, wo sie hinwollen, aber wenn sie einmal dort sind, wollen sie an diesem Platz einfach gute Arbeit leisten, statt um jeden Preis weiter aufzusteigen. Die Chancen, ein Managementteam zu bilden, in dem sich alle aufeinander verlassen können, sind deshalb bei uns fast überall gut.

Und wenn es private Feindschaften gibt, dann muss man sich eben mal offen aussprechen. Gatsby Fitzgerald ruft den Kameramann Gerald Summers an, um eine unangenehme private Geschichte aus der Welt zu schaffen. Dabei setzt er zu Recht darauf, dass der Kameramann mehr Lust hat, an einem spannenden Filmprojekt mitzuarbeiten, als sich mit Fitzgerald zu streiten.

Es gehört zu den effektivsten Techniken zur Beseitigung von Konflikten, die Betreffenden von dem Problem abzulenken und ihnen einfach etwas Besseres zu bieten. Sind sie dann einmal mit Begeisterung bei der Sache, ist der Konflikt schnell vergessen. Ich sage in solchen Situationen gern: »Leute, wir haben Wichtigeres zu tun.« Das hilft immer.

Zeitraffer

- Ein einzelner Manager kann den immer komplexeren Anforderungen in heutigen Unternehmen überhaupt nicht gerecht werden. Die Lösung des Dilemmas besteht darin, Managementteams zu bilden.
- Der Unterschied zwischen einem Managementteam und den Mitarbeiterteams liegt in der Art der Verantwortung. Das Managementteam hat Gestaltungsverantwortung, die Mitarbeiter haben Durchführungsverantwortung. Wen Sie mit Gestaltungsverantwortung ausstatten, machen Sie damit automatisch zum Mitglied des Managementteams.
- Das Managementteam fokussiert seine Arbeit auf Prozesse. Die Mitarbeiterteams konzentrieren ihre Arbeit hingegen auf Sachthemen. Das Managementteam muss dabei die jeweilige Sachkompetenz der Mitarbeiterteams sinnvoll in die eigene Arbeit einbeziehen und sie zur Bewältigung der Arbeitsprozesse nutzen.
- Für jede Managementaufgabe sind bestimmte Funktionen zu erfüllen. Erst wenn klar ist, welche dies sind, beginnt die Suche nach den passenden Köpfen. Die geeigneten Leute findet, wer einfach Vertrauen vorschießt und fragt, ob jemand mitmachen möchte.
- Wie in jedem Team kann es auch in einem Managementteam zu Konflikten kommen. Es ist aber ratsam, das Konfliktpotenzial so lange zu ignorieren, bis es wirklich zu Problemen kommt. Sollte es tatsächlich schwierig werden, hilft die Konzentration auf die Sache.

Klappe 5

Das Casting – Die Kunst, alle Rollen optimal zu besetzen

Es ist spät am Abend auf dem Gelände von General Pictures. In dem leergeräumten Studio sitzen Gatsby Fitzgerald, seine persönliche Assistentin Donna Shalana, sein Regieassistent Michael Flint und weitere Teammitglieder schon den ganzen Tag in demselben Halbdunkel. An ihren in einer Reihe zusammengerückten Schreibtischen, auf denen Drehbuchauszüge, Laptops, Kaffeebecher und Pizzaschachteln von trüben Schreibtischlampen beleuchtet werden, scheinen sie die Zeit vergessen zu haben. Zwischen ihnen und einer schmutziggrauen Wand steht ein dunkelhaariger Anfangvierziger und hat gerade begonnen einen Text vorzutragen.

»Danke! Vielen Dank, Gary!«, ruft Fitzgerald dem Schauspieler zu. Dieser »Gary« antwortet mit einem irritierten Blick, während der Regisseur zu Donnas Laptop hinüberschielt. »Micky! Vielen Dank, Micky! Großartig, dass du hier warst. Vielen Dank. Wir melden uns bis Freitag.«

Als Micky durch die verschrammte Stahltür auf der rechten Seite verschwunden ist, lässt sich Gatsby Fitzgerald in seinem Bürosessel bis zum Anschlag der Mechanik zurückfallen und bittet um eine Pause.

»Verdammt noch mal, Donna, die bringen es doch alle nicht!«, platzt Fitzgerald schließlich heraus, als er sich wieder aufgerichtet hat. »Die sind alle so – langweilig, leidenschaftslos, nichtssagend.«

»Du bist wahrscheinlich bloß müde, Gats«, bemerkt Donna Shalana in aufgeräumtem Ton. »Vielleicht sollten wir morgen weitermachen und die anderen erst mal nach Hause schicken.«

»Ich weiß einfach noch nicht, wen ich für die Rolle haben will«, klagt Fitzgerald weiter, ohne auf den Vorschlag seiner Assistentin einzugehen. »Die Story ist doch die: Catherine wird verfolgt, dieser Typ begegnet ihr rein zufällig und verliebt sich in sie. Es könnte praktisch jeder sein und gerade das macht die Auswahl so schwierig.«

»Frag doch einfach Catherine, wen sie sich als Partner wünscht«, wirft Donna trocken ein.

»Ich weiß schon, was dann für Vorschläge kommen. Catherine verlangt 15 Millionen Dollar. Wir haben aufwändige Effekte. Ich brauche mein Geld noch für andere Sachen als Gagen. Nein, keine weiteren Stars. Wir müssen für Catherine einen Kerl unter den Typen finden, die da draußen Däumchen drehen. Ich gehe da jetzt mal hin.«

Als Fitzgerald sich unter die Schauspieler mischt, die in einem abgenutzten Raum an Tischen sitzen, rauchen oder im Drehbuch blättern, erregt er wenig Aufsehen. Gelangweilt warten die Leute auf ihren Auftritt. Da entdeckt er einen blonden jungen Mann in Jeans und T-Shirt, der in einer Ecke des Raumes wie ein Raubtier auf und ab geht. Kurz entschlossen stellt sich Fitzgerald ihm in den Weg, begrüßt ihn, erfährt, dass der Mann Nick heißt, und fragt ihn: »Hast du Lust, in meinem Film mitzuspielen, Nick?«

»Und ob ich Lust habe!«, antwortet Nick, ohne sich über die Frage zu wundern. »Eigentlich spiele ich gerade Theater in Chicago, aber als ich das Drehbuch gelesen habe, bin ich sofort hierher. Und dann soll ja auch noch Catherine Brentwood diese Geologin spielen. Die Frau ist einfach klasse! In die würde ich mich auch sofort verlieben.«

Donna Shalana ist Fitzgerald in den Aufenthaltsraum gefolgt. Grinsend dreht er sich zu ihr um: »Darf ich dir unseren neuen Hauptdarsteller vorstellen, Donna?«

Donna zieht Fitzgerald am Ärmel zur Seite. »Bist du wahnsinnig, Gats?«, zischt sie leise. »Der Typ ist hübsch, aber höchstens 28. Catherine ist 49. Du weißt doch, wie die Leute in Texas ticken. Nachher boykottieren wieder …«

»Ach, was«, fällt Fitzgerald ihr ins Wort. »Wir probieren es einfach. Er will die Rolle, und er wird schon das Richtige daraus machen. Und wenn nicht, tauschen wir ihn einfach aus. Er heißt übrigens Nick.«

»Hi, Nick«, sagt Donna und lächelt dabei wie ein Cheerleader.

Klappe 5 Take 1

Einfach mal auf Menschen zugehen

Als Gatsby Fitzgerald sein Produktionsteam zusammengestellt hat, macht er sich daran, die Rollen für den Film zu besetzen. Hauptdarstellerin Catherine Brentwood, eine alte Freundin von Fitzgerald, hatte schon den ersten Entwurf des Drehbuchs gelesen und gleich zugesagt. Für alle übrigen Rollen findet ein Casting statt, um die geeigneten Schauspieler auszuwählen. Es ist ein Ritual mit festen Spielregeln, an die sich Produktionsteam und Schauspieler halten. Ein solches Auswahlverfahren ist einigermaßen mühsam und zieht sich schon mal in die Länge, hat sich aber alles in allem bewährt.

Die Atmosphäre des Castings ist geprägt von Distanz zwischen dem Regisseur und seinem Team auf der einen Seite und den Schauspielern auf der anderen Seite. Man sitzt sich frontal gegenüber, alle Augen sind auf den gerade anwesenden Schauspieler gerichtet, für den wiederum das Produktionsteam im Dämmerlicht fast verschwindet. Ein Kandidat nach dem anderen tritt auf – und oft nach wenigen Minuten wieder ab.

Fitzgerald bemüht sich um Freundlichkeit, doch es ist nicht leicht, sich all die Namen zu merken. Ohnehin kommt es mit niemandem zu einem persönlichen Gespräch. Stattdessen versuchen der Regisseur und seine Assistenten, mit routinierten Fragen und der Bitte, ein Stück Text zum Besten zu geben, etwas über die Eignung des jeweiligen Schauspielers für die Rolle herauszufinden. Bis Fitzgerald merkt, dass er irgendwie nicht weiterkommt.

Auch in Unternehmen ist das Verhältnis zwischen Managern und Mitarbeitern mehr oder weniger distanziert. Wie gut Manager ihre Mitarbeiter überhaupt kennen und wie viel sie darüber wissen, was jeder Einzelne den ganzen Tag lang tut, ist dabei in der Praxis sehr unterschiedlich. Die Unternehmensgröße spielt hier ebenso eine Rolle wie die Zahl der Hierarchieebenen, der allgemein praktizierte Führungsstil und die Persönlichkeit jedes einzelnen Managers.

Als Faustregel darf gelten: Je größer das Unternehmen, desto größer die Distanz zwischen den Menschen. Und dadurch natürlich auch die Unkenntnis dessen, was der jeweils andere tut. Das ist übrigens keine Einbahnstraße. Denn auch die Mitarbeiter in großen Unternehmen wissen leider herzlich wenig darüber, was ihre Chefs so umtreibt.

Diese Distanz zwischen den Ebenen des Managements und den Mitarbeitern ist fatal, weil dadurch Vertrauen verloren geht. Vertrauen entsteht immer nur durch Nähe, durch Informiertheit über den anderen. Man kann lange über Vertrauen als Prinzip der Personalführung räsonieren, aber wenn die Leute nicht miteinander ins Gespräch kommen, bleibt alles Phrasendrescherei. Vertrauen hat man ausschließlich zu Menschen, die man kennt.

Hinzu kommt, dass natürlich auch die ganz alltägliche, praktische Zusammenarbeit in der Sache nicht optimal laufen kann, wenn der Manager in schöner Unkenntnis dessen ist, was an der Basis eigentlich läuft. Und diese Unkenntnis nimmt zu, sie macht sich jetzt schon im Mittelstand breit, dessen Vorteil bisher in der größeren Nähe zwischen allen am Arbeitsprozess Beteiligten bestand. Es kommen zudem immer mehr Überflieger in verantwortliche Positionen, deren Interesse weniger bei den Mitarbeitern und deren Arbeitsprozessen liegt, sondern die mehr darauf achten, nach oben gute Berichte abzugeben.

Wenn ich hier von Nähe und Vertrauen spreche, dann meine ich wohlgemerkt nicht eine Vertraulichkeit nach Gutsherrenart, wie sie manche Manager gegenüber ihren Mitarbeitern pflegen. Diese treibt bisweilen geradezu groteske Blüten und richtet dann größere Schäden an. Die folgende Geschichte mag Ihnen völlig absurd vorkommen, hat sich aber tatsächlich genau so Ende der 1980er Jahre in einem Unternehmen der Autozulieferindustrie im damaligen Zonenrandgebiet abgespielt.

Der Eigentümer, ein Selfmademan wie er im Buche steht, hatte eine Menge Schrullen. Er bewohnte ein Schloss in der Nähe der Firma, in welches er täglich seine Prokuristen zum Mittagessen einlud. Regelmäßig bat er Kunden und Partner als Gäste hinzu, um sie mit dieser Art Hofhaltung zu beeindrucken. Für seine eigenen Leute waren die Mittagspausen eine permanente Demütigung, denn der Chef führte sie seinen Gästen regelrecht vor und stellte sie mit zynischen Bemerkungen als Volltrottel dar.

Eines Tages wurde auch mir die zweifelhafte Ehre eines Mittagessens in dem Schloss zuteil. Bei dieser Gelegenheit musste ich mir allen möglichen Unsinn über die anwesenden Gäste anhören. Dem einen unterstellte der Chef, ein Frauentyp zu sein, da er dessen Blickkontakt mit den Serviererinnen beobachtet habe, bei dem anderen ließ er sich über dessen vermeintliche Vorliebe für Schokoladenpudding aus. Schließlich brüstete sich der Chef mit seinen Detailkenntnissen über die Vorgänge während der heutigen Frühschicht.

Die beiden Verantwortlichen für Produktion und Technik waren zugegen, konnten diesen Schilderungen aus der Werkshalle am frühen Morgen aber nichts entgegensetzen, außer dem Einwand, dass der Chef das ja gar nicht so genau wissen könne. Und jetzt kommt es: Der Chef konnte sehr wohl, denn er hatte sich vor Beginn der Frühschicht in einer großen Verpackungskiste versteckt und durch einen Spalt seine Werker beobachtet. Damit prahlte er nun, empfahl seinen beiden Managern diese Methode zur Nachahmung und malte sich buchstäblich schenkelklopfend aus, wie diese sich nun in den nächsten Tagen in die Kisten zwängen würden. Die beiden waren nämlich von Normalgröße, während der kaum 1,65 Meter große Chef in der Firma den Spitznamen »kleiner Napoleon« hatte.

Nach Jahren erfuhr ich, dass auch dieser Napoleon sein Waterloo erlebt hatte. Er hatte nämlich seine Firma verkauft, um sich mit seinen Millionen in der Schweiz zur Ruhe zu setzen. Die Käufer beschlich aber bald der Verdacht, über den Tisch gezogen worden zu sein. Es kam zu einem Betrugsprozess, bei dem sämtliche Manager ihrem ehemaligen Chef in den Rücken fielen. Alle sagten gegen den einstigen Schlossherrn aus und belasteten ihn zum Teil schwer. Ganz offensichtlich taten sie das auch noch mit Vergnügen. Es war ihre Stunde der Rache.

So weit darf es zwischen Managern und Mitarbeitern nicht kommen. Die Frage ist nur, wie sich Distanz sinnvoll abbauen lässt, damit Vertrauen als Basis für effizientes und effektives Arbeiten wachsen kann. Wichtig ist erst einmal: Die Rollenverteilung muss stimmen! Damit aber jeder den Platz einnehmen kann, auf dem er das Maximum leistet, ist es nötig, aufeinander zuzugehen und einander kennenzulernen – ohne die unterschiedlichen Funktionen und Typen von Verantwortung bei Managern und Mitarbeitern aus dem Blick zu verlieren.

Regieanweisung

Überlegen Sie, in welchem Maß das Verhältnis zwischen Ihnen und Ihren Mitarbeitern von Distanz geprägt ist und ob sich diese verringern lässt. Erzwingen Sie aber Nähe nicht nach Gutsherrenart, sondern begegnen Sie Menschen mit Respekt.

Das Verhältnis zwischen Managern und Mitarbeitern beginnt typischerweise als eine Art Casting. Egal ob ein Unternehmen wächst, eine größere Managementaufgabe zu bewältigen ist oder ein Projekt aufgelegt wird – immer werden Mitarbeiter gebraucht. Diese bewerben sich meist von sich aus, extern oder intern, formell oder formlos, um die Sacharbeit zu machen. Der Manager muss dann entscheiden, wer für die Sacharbeit jeweils am besten geeignet ist und diesen dann zur Mitarbeit gewinnen.

Im Vordergrund stehen dabei die fachliche Qualifikation und die Erfahrung der einzelnen Mitarbeiter, nicht deren Führungsqualitäten. Außerdem ist bei Sacharbeitern Teamkompetenz gefragt, und das meint hier, sich in Strukturen, Hierarchien und Arbeitsprozesse einordnen und mit anderen Fachleuten gleicher oder anderer Disziplinen zusammenarbeiten zu können.

Während beim Film der Regisseur und sein Produktionsteam die Inhalte vorgeben und die Rahmenbedingen herstellen, müssen die Schauspieler vor der Kamera agieren und die von anderen angelegten Typen konkret umsetzen. Erst dadurch wird der Film mit Leben gefüllt. Und während im Managementteam vor allem Macherqualitäten gefragt sind, geht es bei den Mitarbeitern – wie der Name schon erkennen lässt – ums Mitmachen. Sie haben die Funktion des Realisierens, sie packen an. Sie sorgen dafür, dass die Produktion läuft, dass eine neue Maschine konstruiert und erprobt wird, dass Versuchsreihen in den Labors durchgeführt werden, klinische Prüfungen exakt nach den Vorgaben stattfinden, Qualitätskontrollen erfolgen und ausgewertet werden.

Diese Funktion des Mitmachens, Anpackens und Umsetzens muss überall und auf allen Ebenen erfüllt werden – in Konzernzentralen, in Forschungsinstituten, beim Fernsehen, in Produktionshallen, Werkstätten, Laboren und Büros, kurz: dort, wo eben einfach jeden Tag die Arbeit erledigt wird. Jeder Macher und jede Führungspersönlichkeit benötigt um sich herum Mitmacher, die dafür sorgen, dass ihre Ideen Wirklichkeit werden. Oder welcher Manager erledigt seine Post selbst, nimmt alle Anrufe entgegen, macht die Ablage und so weiter?

Die Mitmacher haben die wichtigste Funktion im gesamten Unternehmen, denn ohne sie läuft gar nichts. Im Film ist es genauso: Die Leute gehen ins Kino, weil sie Schauspieler in Aktion sehen möchten – und weder ein leeres Set noch ein Interview mit dem Regisseur, der ihnen sein Drehbuch erklärt. Die Mitarbeiter haben dabei eine spezielle Form der Verantwortung, nämlich – wie bereits beschrieben – die Durchführungsverantwortung. Sie sollen die ihnen übertragenen und in gemeinsamer Diskussion mit dem Managementteam präzisierten Aufgaben nach Qualität, Termin und Kosten erfüllen.

Die Durchführungsverantwortung schließt dabei immer ein, dass die Mitarbeiter selbst nach Wegen suchen, wie sie ihre Aufgaben noch besser erfüllen können, und dem Management dazu geeignete Vorschläge unterbreiten. An diesem Punkt gibt es dann hin und wieder Überlappungen mit der Gestaltungsverantwortung des Managements. Mitunter kann es da schon einmal einiges Gerangel geben. Weil es hier immer wieder Streit gibt, lege ich so viel Gewicht darauf, die unterschiedlichen Funktionen von Managementteams und Mitarbeiterteams klarzustellen und zwischen Gestaltungs- und Durchführungsverantwortung zu unterscheiden.

In fast allen Unternehmen berichten nämlich Mitarbeiter davon, dass ihre Vorschläge vom Management nicht gehört, mitunter sogar bewusst unterdrückt werden. Hinter vorgehaltener Hand sagt mancher Manager auch klar, dass für Verbesserungen ausschließlich er selbst zuständig sei. Solche Führungskräfte betrachten Mitarbeitervorschläge dann als unliebsame Konkurrenz. Ich habe es erlebt, dass ein Werksmeister einem Mitarbeiter in einer Auseinandersetzung sagte: »Sie sind hier nicht zum Denken angestellt, sondern zum Arbeiten.« Das führte natürlich dazu, dass dem Betroffenen und seinen unmittelbaren Kollegen schlagartig die Lust verging, sich zu engagieren. So können durch einen einzigen Satz ungeheure Potenziale vergeudet werden.

Nach meiner damaligen Einschätzung war hier auch durch eine Schulung des Vorgesetzten nichts zu verbessern. Er wusste ja, dass er seine Mitarbeiter vernünftig und korrekt ansprechen soll. Er verhielt sich wider besseres Wissen falsch. Das deutete auf einen großen Mangel an persönlicher Reife beim Manager selbst hin. Mein Vorschlag war, ihn schleunigst aus seiner Leitungsposition zu entfernen. Aber das geschah nicht, weil die nächsthöhere Ebene Angst vor der fachlichen und administrativen Lücke hatte, die durch einen Rauswurf entstanden wäre. Der Werksmeister blieb also, wo er war.

Bei dieser Entscheidung hat die höhere Managementebene allerdings vergessen, dass die Mitarbeiter das wichtigste Realisierungskapital des Unternehmens sind und man für deren optimale Motivation im Zweifel und für einen begrenzten Zeitraum eher Vakanz im Management in Kauf nehmen sollte. Ich kann Ihnen angesichts des immer wieder schwierigen Verhältnisses zwischen Management und Mitarbeitern nur einen Rat geben: Reden Sie mit Ihren Leuten! Machen Sie es wie Regisseur Gatsby Fitzgerald, der sich aus dem formalen Korsett des Castings gelöst und das persönliche Gespräch mit den Schauspielern gesucht hat. Die Schauspieler waren es gewohnt, durch die Tür vor den Regisseur hinzutreten, und nun kam er durch dieselbe Tür einfach zu ihnen.

Machen Sie sich so etwas einfach zur Regel. Beispielsweise können Sie Rundgänge an den Arbeitsplätzen fest in Ihren Zeitplan aufnehmen. Lassen Sie sich von den Mitarbeitern deren Arbeit zeigen und stellen Sie Fragen dazu. Notieren Sie sich wichtige Details, auf die Sie dann beim nächsten Rundgang wieder zurückkommen. Merken Sie sich auch die Namen der Leute. Das alles führt dazu, dass die Mitarbeiter Wertschätzung erleben. Dann fühlen sich die Leute sicherer und erzählen Ihnen wesentlich mehr, als wenn sie in Ihrem Büro oder in einem Besprechungsraum sitzen. So lernen Sie Ihre Leute kennen.

Der entscheidende Vorteil liegt auf der Hand: Wenn es darum geht, Projektteams zu bilden oder ganz allgemein für größere Managementaufgaben die Mitmacher zu finden, auf die Sie bauen können, wissen Sie erstens vorher schon ganz gut, wer grundsätzlich für was in Frage kommt. Denn Sie haben im persönlichen Kontakt viel über Ihre Leute erfahren. Und zweitens finden Sie im konkreten Fall dann auch schnell heraus, wer sich für besondere Aufgaben eignet, weil Sie ja den kurzen Draht zu Ihren Mitarbeitern pflegen. Führungskräfte, die es gewohnt sind, mit Mitarbeitern zu reden, haben so manchmal im Handumdrehen ein Projektteam »gecastet«, wo andere erst einmal einen langwierigen Teambildungsprozess in Gang setzen.

Regieanweisung

Lassen Sie die Leute nicht zu sich kommen, sondern gehen Sie hin. Reden Sie regelmäßig mit Ihren Mitarbeitern: persönlich, respektvoll und an der Sache orientiert.

Klar, das alles kostet Zeit. Aber wenn Sie führen wollen, müssen Sie diese Zeit schon aufbringen und die Schreibtischarbeiten dann eben auf die Nachmittags- und Abendstunden verlegen. Deshalb muss es sich jeder auch gut überlegen, ob er eine Führungsposition übernimmt. Wer nicht bereit und in der Lage ist, mehr als 40 Stunden pro Woche in seine Aufgabe zu investieren, sollte es lieber lassen. Es ist nicht ehrenrührig, eine größere Verantwortung nicht übernehmen zu wollen. Es ist aber wohl unehrenhaft, sich nicht genug um die Menschen und Arbeitsabläufe zu kümmern, für die man Verantwortung trägt.

Das beste Recruiting folgt dem Lustprinzip

Während des Castings hat sich Regisseur Gatsby Fitzgerald entschlossen, einfach mal auf seine Schauspieler zuzugehen. Er wollte wissen, welche Stimmung da hinten herrscht. Vielleicht würde ihn das auf den rettenden Gedanken bringen. Sein erster Eindruck war dann nicht gerade überwältigend. Die meisten Schauspieler schienen gar keine rechte Lust auf die Sache zu haben. Sie sahen es als einen gewöhnlichen Job. Aber dann entdeckte Fitzgerald jemanden, der geradezu darauf brannte, die Rolle zu übernehmen. Und da wusste er: Das ist mein Mann. Denn es gibt keine bessere Methode, geeignete Leute zu finden, als einfach zu schauen, wer Lust hat.

In Unternehmen habe ich Führungskräfte immer wieder damit verblüffen können, wie gut das »Lustprinzip« dafür sorgt, die richtigen Leute für die Sacharbeit in Veränderungsvorhaben und Projekten zu finden. Mitte der 1990er Jahre kam ich für ein Projekt in ein international aufgestelltes deutsches Chemieunternehmen. Ziel war es, sämtliche Arbeitsabläufe zu verbessern und eine neue Organisation zu entwickeln. Denn wegen der Konzentrationsprozesse und des zunehmenden globalen Wettbewerbs in der Branche musste die Firma dringend effizienter produzieren.

Meine Mitarbeiter und ich gingen die Sache langsam an, fielen nicht mit der Tür ins Haus und versuchten erst einmal ins Gespräch zu kommen. Wir unterhielten uns mit Führungskräften verschiedener Ebenen, vor allem aber mit einfachen Mitarbeitern. Einzeln oder in kleinen Gruppen fragten wir die Leute, was sie gerade so machten, wie die Stimmung sei, was gut laufe und was weniger gut.

Während dieser Gespräche erzählten wir den Leuten, dass sich bald einmal alle in einer großen Runde zusammensetzen würden und luden sie ein, daran teilzunehmen. Die Rede ist hier von der Basiskonferenz, also der Kick-Off-Veranstaltung in der zweiten Phase eines großen Veränderungsprojekts, wie ich sie Ihnen in Klappe 2 geschildert habe. An der öffentlichen Basiskonferenz sollen ja immer möglichst viele Mitarbeiter teilnehmen sowie Vorschläge, Ideen und Kritik einbringen. Wir sagten den Leuten also, es solle kommen, wer Lust habe und etwas dazu beitragen könne, Dinge in Zukunft besser zu machen.

Das Topmanagement verlangte daraufhin aber eine Liste, auf der alle Teilnehmer stehen sollten, die wir in der Basiskonferenz haben wollten. Das war schon mal ein klares Signal des Misstrauens von oben. Wir weigerten uns einfach, eine solche Liste abzugeben, schlugen stattdessen einen prozentualen Beteiligungsschlüssel für die verschiedenen Bereiche vor und baten darum, dass in den Bereichen die Mitarbeiter selbst die Teilnehmer an der Basiskonferenz auswählen sollten. Eigentlich war diese Aufschlüsselung gar nicht nötig, aber wir mussten dem Topmanagement eben einen Kompromiss bieten.

Unser Vorschlag wurde angenommen, und wir führten das Einladungsverfahren für die Basiskonferenz so gut es ging durch. In einigen Bereichen bestimmten dann tatsächlich wie von uns gewünscht die Mitarbeiter selbst die Teilnehmer, in anderen machten sie es mit dem Abteilungsleiter zusammen und vermutlich gab es auch den einen oder anderen Bereich, in dem der Chef die Auswahl diktierte. Bei der Ausarbeitung des Verteilerschlüssels hatten wir übrigens den Betriebsrat um Unterstützung gebeten, die dieser freudig gewährte.

Schließlich waren für die Basiskonferenz rund 100 Teilnehmer zusammengekommen, die wir in ein schönes Hotel im Weserbergland einluden. Nach einer Einführung, in der die Story und deren Dramatik vermittelt wurden, stellten wir die Frage in den Raum: »Was hindert uns daran, besser zu sein?« Anschließend verteilten wir Hunderte von Metaplan-Karten und baten die Teilnehmer, auf jeder Karte jeweils nur einen Gedanken zu notieren. So kamen nach relativ kurzer Zeit mehr als 1500 Metaplan-Karten mit Vorschlägen, Kritik und Anregungen zusammen. Die Vorschläge betrafen alle Bereiche des Unternehmens, von der Produktion über Technik und Vertrieb bis hin zur Verwaltung.

Nach dem Zufallsprinzip teilten wir die Leute nun in acht Gruppen zu etwa zwölf Personen ein. Deren Mitglieder waren also abteilungsübergreifend bunt gemischt. Ebenfalls nach dem Zufallsprinzip verteilten wir dann die 1500 Metaplan-Karten auf acht Stapel, überreichten jedem Team einen Stapel und baten die Leute, die Karten thematisch zu clustern. Dabei machten wir keinerlei Vorgaben hinsichtlich der möglichen Themen. Spannend war, dass trotzdem alle acht Gruppen zu ganz ähnlichen Clusterungen kamen, mit nahezu identischen Überschriften der einzelnen Hauptprobleme und vergleichbaren Zuordnungen der Karten. Auf diese Weise hatten wir nun insgesamt 14 Problemgebiete identifiziert.

Im nächsten Schritt wollten wir kleinere Gruppen bilden, welche die Schwierigkeiten präzisieren und Lösungsansätze finden sollten. Und dazu taten wir nun nichts anderes, als einfach die 14 Themen nacheinander aufzurufen und ins Auditorium hinein zu fragen: »Wer hat Lust, an diesem Thema mitzuarbeiten?« Für zwölf der 14 Problemstellungen fanden sich so spontan unterschiedlich große Arbeitsgruppen, während zwei Themen offen blieben.

Wir begannen jetzt, mit dem gesamten Auditorium fair zu verhandeln, ob nicht der eine oder andere noch Lust hätte, von einer überbesetzten in eine unterbesetzte Gruppe zu wechseln und ob sich eventuell noch Interessenten für die beiden noch offenen Themen fänden. Schließlich waren genug Leute bereit zu einem Wechsel, so dass die Gruppenstärken sich nivellierten, wohingegen nach wie vor niemand Lust hatte, eines der beiden offenen Themen zu bearbeiten.

Alles schaute gespannt, was wir nun machen würden. Irgendjemand musste doch auch diese Aufgaben erledigen. Würden wir Druck ausüben? Vielleicht sogar den Chef um Weisung bitten? Wir taten nichts dergleichen. Ich stellte mich vorne hin und erklärte lachend: »Okay, wenn sich niemand dafür findet, dann sind diese Themen jetzt eben nicht so interessant. Vielleicht sieht es ja in einem halben Jahr anders aus.« Und dabei beließen wir es.

Die Arbeit in den kleinen Gruppen kam schnell in Gang. In einigen der Gruppen gab es sogar richtig heftige Auseinandersetzungen um Standpunkte und Lösungen. Am Ende hatten wir ungefähr 30 konkrete Verbesserungsvorschläge, die sich sofort in die Praxis umsetzen ließen. Wir gingen die Vorschläge nun einzeln durch und stellten jeweils die Frage: »Wer hat Lust, sich ab nächster Woche darum zu kümmern?« Jetzt meldeten sich zu jedem der 30 Vorschläge Leute, die sich der Sache annehmen wollten. Alle diese Mitarbeiter und ihre jeweiligen Manager legten in den nächsten Wochen saubere Ergebnisse hin.

Zusätzlich zu den 30 schnellen Lösungen fanden wir noch 16 Lösungsansätze, die zu ihrer Realisierung allerdings umfangreicher Analysen und Sacharbeiten bedurften. Für diese wurden – nach dem gleichen »Lustprinzip« – Projektverantwortliche gesucht und ebenso leicht gefunden. Es blieb am Ende nichts offen, außer den zwei Themen, die wir aufgrund fehlenden Interesses – und damit mangels aktueller Relevanz – bereits ausgesondert hatten.

Wie gingen die frisch gekürten Projektverantwortlichen nun vor, um an ihren Arbeitsplätzen dafür zu sorgen, dass die Verbesserungen zügig umgesetzt wurden? Wir gaben ihnen dieselbe Methode mit auf den Weg, nach der wir sie selbst ausgewählt hatten. Sie sollten ihren daheim gebliebenen Kollegen zunächst von der Basiskonferenz, von der Stimmung dort und von den Ergebnissen berichten. Dann sollten sie überlegen, wen aus dem eigenen Bereich oder aus anderen Bereichen sie bei der anstehenden Arbeit gern hinzuziehen würden und diese Leute dann fragen: »Hast du Lust, bei dieser Sache mitzumachen?«

Sie werden es vielleicht nicht glauben, doch sämtliche Projektgruppen kamen binnen kürzester Zeit in arbeitsfähiger Besetzung zum Laufen. In einigen Fällen wurde später noch einmal nachgebessert, indem man weitere Mitarbeiter einbezog, deren Kompetenz noch gefehlt hatte. Einzelne verließen ihre Arbeitsgruppe wieder, um woanders mitzuarbeiten. Es gab auch einige wenige Fälle, in denen sich Mitarbeiter ganz aus dem Projekt zurückzogen. Das geschah leider immer aus persönlichen Gründen, sei es, dass eine Person mit einer anderen nicht klarkam oder dass im Verlauf der Zusammenarbeit Reibereien entstanden. Alles in allem wurde das Veränderungsprojekt aber von den Gruppen gestemmt, die sich nach dem Lustprinzip zusammengefunden hatten. Und es wurde ein großer Erfolg für das Unternehmen, dessen Performance sich messbar steigerte.

Regieanweisung

Wenn Sie wissen wollen, wer für eine Aufgabe geeignet ist, dann fragen Sie einfach, wer Lust dazu hat. Die wenigen Aufgaben, für die sich auch nach wiederholtem Fragen niemand findet, stellen Sie zunächst zurück.

In der Rückschau sind vor allem zwei Dinge wichtig. Erstens trug das Lustprinzip wesentlich zur Motivation der Leute bei. Einige Mitarbeiter äußerten, sie seien in ihrem bisherigen Berufsleben noch nie gefragt worden, ob sie irgendwo mitmachen wollten, sondern es habe immer irgendwie Druck von oben gegeben. Hier geschah das Gegenteil, und das spornte die Mitarbeiter an, sich einzusetzen – über Wochen und Monate, nicht nur an einem Nachmittag in einer schönen Umgebung. Das Management des Unternehmens geht seit dieser positiven Erfahrung nun schon seit Jahren nach diesem Prinzip vor, um Mitarbeiter für besondere Aufgaben auszuwählen, Projektteams zusammenzustellen, und sogar Leitungspositionen zu besetzen. Durchweg mit hervorragendem Erfolg.

Zweitens wurden durch dieses Auswahlprinzip Mitarbeiter aktiv, die bis dahin noch bei keiner Gelegenheit in solchem Ausmaß Verantwortung übernommen hatten. Das betraf insbesondere Frauen, die diese Chance ergriffen, um sich zu profilieren. Sie waren vorher nie gefragt worden und plötzlich entpuppten sich einige von ihnen als wahre Führungstalente. Dadurch hatte das Unternehmen nun ein beträchtlich erweitertes Reservoir an engagiertem, zumeist jungem Führungsnachwuchs. Mit der

Zeit stattete das Management einzelne Mitarbeiter, die sich in der Projektarbeit besonders erfolgreich engagiert hatten, mit Gestaltungsverantwortung aus und machte sie so zu Mitgliedern des Managementteams.

Klappe 5 Take 3

Recruitingmethoden sind gut – Schubladen sind schlecht

Um alle Rollen in seinem Film zu besetzen, entscheidet sich Gatsby Fitzgerald für das formale Auswahlverfahren eines Castings. Dabei hält er sich zunächst an die Regeln der Branche. Es gibt feste Termine, an denen nach einer gewissen Vorauswahl jeder seine Chance bekommt. Fitzgerald könnte ja auch einfach auf den Straßen von Los Angeles Leute ansprechen, ob sie in seinem Film mitmachen wollen. Er bedient sich jedoch lieber einer bewährten Methode. Dann aber verblüfft er seine Assistentin damit, dass er diese Methode im entscheidenden Moment auch wieder vergessen kann. Der Castingprozess ist für ihn ein Hilfsmittel, aber kein Dogma.

Im Business gibt es ebenfalls zahlreiche Instrumente, mit deren Hilfe Menschen für bestimmte Positionen ausgewählt werden. Die Bandbreite reicht von einfachen bis hin zu sehr aufwändigen Verfahren, von der graphologischen Analyse bis zum Assessment Center. Ich kann einzelne dieser Instrumente aus eigener Anschauung beurteilen, viele andere dagegen nicht. Die ich kenne, funktionieren überwiegend ganz gut, und ich vermute, dass dies auch für die meisten anderen zutrifft.

Es gibt aber zwei grundsätzliche Probleme, die dazu führen, dass die einzelnen Methoden in der Praxis oft nur eine geringe Wirkung zeigen, zu Fehlentscheidungen und Falschbesetzungen von Stellen führen oder sogar bei Menschen Schaden anrichten. Beide Probleme hängen damit zusammen, wie diese Methoden jeweils angewendet werden.

Das erste Problem besteht darin, dass Anwender eine Methode wortwörtlich so umsetzen wollen, wie sie diese in der Fachliteratur beschrieben gefunden haben. Wer sie jedoch anwendet, ohne wirklich deren Sinn verstanden zu haben, erreicht schnell das Gegenteil dessen, was vom Erfinder dieses Instruments beabsichtigt war. Leider ist eine solche schematische Vorgehensweise bei Beratern, Trainern und Personalentwicklern weit verbreitet. Das trifft auf Methoden der Verhaltensanalyse, Assessment Center und Brainstormings ebenso zu wie auf Konfliktmediationen und Moderationen.

Oft haben die Anwender diese Methoden nämlich nur aus zweiter Hand vermittelt bekommen, oder sie haben sie sich lediglich angelesen. Richtig gut lernt man das alles aber nur direkt bei deren Erfindern oder deren autorisierten Meisterschülern. Wenn Sie dazu keine Möglichkeit haben, sollten Sie wenigstens versuchen, eine Methode zunächst im geschützten Rahmen ausreichend zu erproben, möglichst viele Erfahrungen zu sammeln, und sich erst danach an die breite Anwendung wagen.

Das zweite Problem besteht darin, dass viele Auswahlmethoden eine Klassifizierung von Menschen, Verhaltensweisen oder Gewohnheiten nahe legen. Das trifft auf die Myers-Briggs-Typenindikation und das DISG-Persönlichkeitsmodell sowie alle ihre Vorläufer und Nachahmer genauso zu wie auf Assessment Center. Natürlich können unterschiedliche Merkmale klassifiziert werden, aber Sie sollten die Ergebnisse lediglich als Diskussionsgrundlage nutzen, um sich anschließend individuell und intensiv mit dem betreffenden Menschen zu beschäftigen.

Leider wird stattdessen sehr häufig der Betroffene in eine Schublade gesteckt. Er ist dann plötzlich der kreative Chaot, der Formalist, der ehrgeizige Performer, der bürokratische Organisator, der Kontrollfreak und wie diese Schemata alle heißen. Und gleich im nächsten Schritt wird er dann von bestimmten Positionen ausgeschlossen oder für eine andere empfohlen.

Man wird jedoch auf diese Weise dem Menschen in seiner Vielfalt nicht gerecht. Je nach Situation stecken in jedem von uns immer wieder neue Talente und Möglichkeiten. Verantwortungsvolle Positionen nach groben Klassifizierungen von Menschen zu besetzen, halte ich für äußerst fragwürdig.

Demgegenüber hat das Lustprinzip zwei einfache Vorteile:

Erstens geben Sie Leuten die Chance, etwas auszuprobieren, das sie sich entsprechend ihrer eigenen Einschätzung zutrauen, sich also selbst zu testen. Das kann ungeheure Kräfte freisetzen. Zweitens ist der Leistungs- und Erfolgsdruck für die Leute viel geringer. Wer auf die lockere Frage hin, ob jemand Lust habe mitzumachen, die Hand erhoben hat, fühlt sich weit weniger unter Druck, als wenn er ein aufwändiges Verfahren durchläuft und sich dabei gegen zahlreiche Mitbewerber durchsetzen muss. Blockaden, die häufig durch zu großen Erfolgsdruck entstehen, werden vermieden und kreative Potenziale freigesetzt. Außerdem kann eine Person auf diese Weise für den Fall, dass sie doch nicht so geeignet ist, dies selbst bemerken. Es bleibt möglich, relativ einfach und ohne Gesichtsverlust wieder auszusteigen.

Regieanweisung

Greifen Sie ruhig auf Methoden zurück, aber wenden Sie diese nicht schematisch an. Statt Menschen in Schubladen zu stecken, sollten Sie die Testergebnisse als Diskussionsgrundlage begreifen und sich dann mit der Person individuell beschäftigen.

Donna Shalana, die Assistentin von Gatsby Fitzgerald, hatte ziemlich schematische Vorstellungen beim Casting. Den Schauspieler Nick steckt sie gleich in die Schublade des jugendlichen Liebhabers, der als Partner für eine ältere Kollegin nicht geeignet scheint. Seine Begeisterung und sein Potenzial übersieht sie dabei völlig. Fitzgerald dagegen ist bereit, sich auf ein Experiment einzulassen. Denn er weiß, dass er im Extremfall auch nach Beginn der Dreharbeiten noch einmal einen Darsteller austauschen kann.

Auch im Business werden die Rollen immer wieder neu verteilt. Namentlich Veränderungsvorhaben sollen Vorhandenes aufbrechen. Dafür ist es zweckmäßig, neue Kräfte ins Spiel zu bringen. Oder zumindest Leute, die lange Zeit für bestimmte Dinge zuständig waren, mit neuen Aufgaben oder Rollen zu betrauen. Wir stellen also ein Veränderungsprojekt immer bewusst neben die etablierte Organisationsstruktur und schaffen damit sozusagen eine Parallelwelt.

Das »Casting« kann im Unternehmen ganz verschiedene Formen haben. So kann das gesamte Managementteam eines Projekts, also das Kernteam und die Leiter der Arbeitsgruppen, am Anfang komplett rekrutiert werden. Weitere Schlüsselfunktionen, wie Jobtrainer oder Ideensammler, können mit Mitarbeitern besetzt werden, die in der Unternehmensorganisation sonst eine andere Position bekleiden. Schließlich können obere Managementebenen aktiv eingebunden werden, indem diese ganz spezielle Rollen und Funktionen des Förderns und Unterstützens im Projekt übernehmen. Dadurch wird natürlich die etablierte Hierarchie in einige Unruhe versetzt. Genau dies ist jedoch beabsichtigt. Das Warum dieser gezielten Destabilisierung erläutere ich Ihnen gleich in Klappe 6.

Es kommt fast immer dazu, dass Sie im Verlauf eines größeren Managementvorhabens noch Veränderungen bei den Rollen vornehmen. Es entstehen nämlich erstens weitere Arbeitsgruppen, für die Sie dann wiederum Leute brauchen. Und zweitens werden Sie nie umhin kommen, einzelne Verantwortliche auch wieder auszuwechseln. Letzteres ist dann unproblematisch, wenn das »Casting« insgesamt als offener Prozess geführt worden ist. Die Sache wird ungemein erleichtert, wenn das Lustprinzip mit der Bedingung verknüpft wird, dass der Betreffende zur Sache etwas zu sagen haben muss und wenn geklärt ist, dass alles nur auf Zeit angelegt ist.

Die Gründe dafür, dass Rollen immer wieder neu verteilt werden müssen, sind ganz unterschiedlich. Ich habe es einmal erlebt, dass sich während der Basiskonferenz für die vorgeschlagenen Projektgruppen einzelne Verantwortliche meldeten. Später stellten dann zwei von ihnen fest, dass ihnen ein anderes Thema besser gefallen hätte, und verhandelten mit den Verantwortlichen dieser Gruppen. Es kam zu einem regelrechten Ringtausch.

Als wir die einzelnen Gruppensitzungen starteten, sahen wir plötzlich die Veränderung. Wir ließen uns darauf ein und haben es nicht bereut. Denn erstens wurden alle Projektgruppen hervorragend geleitet und brachten die erwünschten Ergebnisse. Zweitens hatte unser Vorgehen nach dem Lustprinzip einen wichtigen Glaubwürdigkeitstest bestanden.

Zeitraffer

- Das Verhältnis zwischen Managern und Mitarbeitern ist in den meisten Unternehmen von Distanz geprägt. Diese Distanz gilt es zunächst einmal abzubauen, wenn Mitarbeiter für neue Aufgaben gewonnen werden sollen.
- Jedes Unternehmen lebt von Mitmachern, welche die anfallende Sacharbeit erledigen. Auf die Leute zuzugehen und mit ihnen zu reden ist wichtig, damit jeder seine Rolle richtig ausfüllen kann.
- Immer, wenn Sacharbeit neu zu verteilen ist, bietet sich das Lustprinzip als verblüffend einfache und unschlagbar effektive Methode der Rollenbesetzung an. Es macht dabei überhaupt nichts, Aufgaben, für die sich zunächst niemand findet, eine Zeit lang zurückzustellen.
- In der Personalführung wird mit einer ganzen Reihe von Methoden gearbeitet. Gegen diese ist nichts einzuwenden, solange die Anwender sie von kompetenter Seite gelernt haben und flexibel anwenden. Menschen sollten jedoch nie in Schubladen gesteckt werden.
- Keine Rollenverteilung ist für die Ewigkeit bestimmt. Bei größeren Managementvorhaben muss deren Umverteilung auch im laufenden Projekt möglich sein. Eine unverkrampfte Herangehensweise, die dennoch alle Ziele klar kommuniziert, schafft dafür die Voraussetzungen.

Klappe 6

Die Inszenierung – Das Drama selbst gestalten, statt sich ihm auszuliefern

Der Springbrunnen im Innenhof des »Clayton« verströmt angenehme Kühle nach einem heißen Tag. Im hinteren Teil des Restaurants, das im Stil einer römischen Villa erbaut wurde, beleuchtet samtweicher Kerzenschein die Tischdekoration. Gatsby sinkt gerade satt und zufrieden in den Stuhl zurück, als ihm auffällt, dass sein Produzent die Crème Brûlée kaum angerührt hat.

»Ich kann mir nicht helfen, David, aber über irgendetwas scheinst du dir Sorgen zu machen«, sagt Fitzgerald und nimmt noch einen Schluck Zinfandel.

»Es ist dein neuer Film«, erwidert Dexter, dankbar für die Brücke, die sein Gesprächspartner ihm baut. »Ich habe einfach kein gutes Gefühl dabei, wie lax du die Sache angehst. Ich könnte besser schlafen, wenn du alles etwas sorgfältiger planen würdest. Du sagst, Speelburg hätte fünf Oscars bekommen, weil er improvisiert hat. Vielleicht hatte der Erfolg aber auch ganz andere Gründe. Zwischen zwei Tatsachen besteht nicht notwendig ein Zusammenhang.«

»Du bist ein kluger Kopf, David«, schmunzelt Fitzgerald.

»Im Ernst, Gatsby«, erwidert der Produzent eindringlich, »warum machst du es nicht besser so wie immer? Deine Filme waren stets erfolgreich. Ich schätze dich als einen erfahrenen Regisseur. Vertraue doch einfach auf deine Erfahrung und mach keine Experimente!«

»Lass mich dir eine kleine Geschichte erzählen«, entgegnet Fitzgerald. »Letztes Jahr nach Cannes war ich eine Woche auf der Insel Lanzarote im Atlantik. Sie wurde im Jahre 1730 durch einen Vulkanausbruch total zerstört. Stell dir vor, die Eruption dauerte mehr als 2000 Tage. Ohne Pause. Da wuchs nachher kein Grashalm mehr. Knapp 100 Jahre später passierte das Gleiche noch mal. Furchtbar. Inzwischen haben die Menschen überall an der Küste und auch im Inneren längst alles wieder aufgebaut und bepflanzt. Die Hauptstadt Arrecife ist wunderschön. Und überall auf der Insel findest du Kunstwerke von César Manrique. Es ist einfach herrlich und sehr inspirierend. Weite Teile der Insel bestehen dagegen immer noch aus Vulkanasche. Aber auch das ist inspirierend, denn wenn du dir die Lavagebiete näher ansiehst, entdeckst du mitten im Vulkangestein hier und da Gräser, Moose und kleine Pflanzen. Wo sich nachts der Tau in Senken sammelt, finden sich sogar Büsche und kleine Bäume. Und dann sind da wieder riesige Flächen, wo es nichts als Steine und Staub gibt.«

»Diese Geschichte sagt mir überhaupt nichts«, stöhnt Dexter.

»Das Leben ist überall auf dem Vormarsch. Aber nicht flächendeckend und berechenbar, sondern spontan, vereinzelt und weit verstreut. Irgendwann wird die ganze Insel wieder grün sein. Aber wann und wie kann keiner vorhersehen. Hier ist ein Grundprinzip der Evolution am Werk. Ein geordneter Zustand gerät völlig durcheinander. Dann entsteht spontan hier und da Neues, das sich vernetzt und schließlich stabilisiert. – Was folgt daraus? Da der Mensch Teil der Natur ist, verhalten sich soziale Systeme ganz ähnlich. Wenn Menschen etwas Neues schaffen sollen, etwa einen Film, kannst du endlos planen, wirst aber deine Planung immer wieder korrigieren müssen. Alternativ verlässt du dich auf das Prinzip der Evolution. Du mobilisierst die Leute und lässt die Dinge dann wachsen und sich festigen. Das ist Systemtheorie in der Praxis.«

»Du gehst also gar nicht kopflos vor, sondern folgst der Systemtheorie?«, fragt Dexter ungläubig.

»Exakt.«

»Donnerwetter, Gatsby, alter Playboy! Ich bin sprachlos.«

»Dann iss doch einfach deine Crème Brûlée auf«, schlägt Fitzgerald vor.

Klappe 6 · Take 1

Wirkliches Wissen entsteht aus Theorie und Praxis

Für David Dexter ist Erfahrung alles. Mit den Filmen von Gatsby Fitzgerald hat er in der Vergangenheit gutes Geld verdient. Dieser Regisseur, so glaubt der Produzent deshalb, hat den Bogen raus. Dass Fitzgerald nun auf einmal experimentierfreudig wird, gefällt Dexter überhaupt nicht. Warum verlässt sich Gatsby nicht einfach auf das bewährte Erfolgsrezept und macht weiter wie bisher? Dexter kann es sich nur damit erklären, dass Fitzgerald eben ein Playboy, eine Spielernatur sei. Indem er auf die guten Erfahrungen der Vergangenheit pocht, hält sich Dexter für die Stimme der Vernunft.

Auch im Business höre ich die Mehrheit immer wieder predigen, einzig auf Erfahrung komme es an. Praxis, Praxis, Praxis! Bloß keine Theoretiker und keine Quereinsteiger! Schon wenn relativ anspruchslose Aufgaben ohne viel Verantwortung zu besetzen sind, haben diejenigen die größten Chancen, die anderswo seit Jahren exakt die gleiche Arbeit durchgezogen haben. Und nicht etwa die Leute mit der größten Leidenschaft und den besten Ideen.

Erfahrung ist Wissen von gestern. Das ist nicht abschätzig gegenüber erfahrenen Managern oder Mitarbeitern gemeint, sondern einfach Fakt. Wann immer jemand sagt, er handele aus seiner Erfahrung, muss ihm klar sein, dass er lediglich auf der Grundlage des früher Erlebten agiert. Nun sind mein und Ihr individuelles Erleben natürlich eng begrenzt. Und selbst wenn wir uns durch Erfahrungsaustausch mit anderen zusätzliches Erleben zu Eigen machen, so ist auch das wiederum begrenzt.

Erfahrung ist perspektivlos. Mit Erfahrung allein können wir nicht zu neuen Lösungen kommen. Solange wir in Routineprozessen stecken, scheint Erfahrung für erfolgreiches Managen auszureichen. Das Paradebeispiel ist der Beamte, der seit Jahren immer die gleichen Arbeiten erledigt. Er liegt immer richtig, solange sich nichts verändert. Wenn aber plötzlich ein neuer Wind durch die Amtsstuben wehen würde, käme er nicht mehr zurecht. Einerseits kann er in seinem gewohnten Trott nicht mehr weitermachen, andererseits hat er keine Idee, was er anders machen könnte und wie. Er sitzt also in der Falle, eingeklemmt zwischen dem Druck durch neue Anforderungen und der Perspektivlosigkeit seiner Erfahrungen. Typischerweise reagiert er mit heftigem Widerstand auf die neuen Anforderungen. Er möchte, dass alles so bleibt, wie es ist.

Nun sollten Manager sich nicht automatisch in einer besseren Lage wähnen als Beamte. Viele, besonders die in Großunternehmen, managen Routineprozesse und tun dies entsprechend routiniert. Mehr als ein Topmanager hat sich in den letzten Jahren bei mir darüber beklagt, dass seine Bereichs- und Abteilungsleiter ihre Aufgaben eher verwalten als gestalten. Ich habe darauf immer mit der Gegenfrage gekontert, was er denn selbst dafür tut, dass seine Manager Impulse erhalten, um neues Wissen entwickeln zu können.

In diesem Zusammenhang erinnere ich mich an eine sehr lebhafte Diskussion, die sich einmal zwischen dem Geschäftsführer eines Industrieunternehmens und seinem Personalchef entspann. Der Geschäftsführer forderte von der HR-Abteilung Vorschläge, wie sein Management aus dem üblichen Trott herausgerissen werden könnte. Er hatte begriffen, dass seine Firma innovativer werden musste, und fragte sich, welche Informationen und Trainings seine Manager erhalten sollten, damit sie neuen Herausforderungen besser gewappnet gegenübertreten könnten.

Der Personalchef versuchte nun klarzumachen, dass es unerlässlich sei, den Managern neue Entwicklungen aus allen Bereichen der Wissenschaft, einschließlich der Geisteswissenschaften, auf dem Gebiet der Kultur und sogar der Spiritualität nahezubringen. Dafür legte er sich argumentativ mächtig ins Zeug. Trotzdem fand der Geschäftsführer diese Vorschläge einfach nur abgehoben. »Was sollen die Leute denn mit diesem theoretischen Kram?«, war seine Frage.

Jetzt ging der Personalchef, den ich für sein Engagement bewunderte, noch einen entscheidenden Schritt weiter: »Natürlich reicht die Theorie nicht aus«, erklärte er seinem Vorgesetzten. »Wir müssen diese Inputs mit den Erfahrungen der Leute kreuzen, weil nur dadurch neues Wissen entsteht. Wir werden die Leute mit neuen Herausforderungen konfrontieren, und zwar in Trainingssituationen und im Ernstfall, auf die sie die Theorie anwenden müssen. So entsteht wirkliches Wissen.«

Ich kann dazu nur sagen: Der Mann hatte absolut Recht! Um über die Routine hinauszukommen, ist neues Wissen nötig. Dazu reichen die Erfahrungen der Vergangenheit allein nicht aus. Aber umgekehrt genügt es auch keineswegs, theoretische Erkenntnisse zu vermitteln.

Neben all den Praxisfanatikern ist mir im Management auch ab und zu der theorieverliebte Intellektuelle begegnet. So erinnere ich mich an den Personalchef eines Chemieunternehmens, der zum Projektleiter eines größeren Veränderungsvorhabens bestimmt worden war. Er hatte ein Buch über Systemtheorie gelesen und in den USA den Vortrag eines bekannten Sozialwissenschaftlers gehört, der ihn nachhaltig beeindruckt hatte.

Nun hatte er die Idee eines Trainings, das den Managern vor Beginn des Veränderungsprojekts die nötigen theoretischen Grundlagen vermitteln sollte. Ich hatte meine Zweifel, ob das etwas bringen würde, ließ mich aber schließlich breitschlagen, die Manager in Systemtheorie zu schulen. Der Effekt war gleich null. Die Leute kannten danach zwar ein paar Begriffe, gingen aber dadurch nicht besser gerüstet in das Projekt als alle anderen auch.

Es ist schon komisch: Ich habe eigentlich immer nur die beiden Extreme erlebt und selten etwas dazwischen. Stets gab es in Unternehmen die Mehrheit der Praxisfanatiker und die wenigen Theorieversessenen. Selten habe ich jemanden getroffen, der sich für die Mitte stark gemacht hätte, die doch so oft genau richtig ist. Dabei hat schon der Philosoph Immanuel Kant treffend gesagt: »Begriffe ohne Anschauung sind leer, Anschauung ohne Begriffe ist blind.«

Will heißen: Theorie muss sich mit Erfahrung zusammentun und Erfahrung mit Theorie. Erst dann und nur so entsteht neues Wissen. Und weil Manager heutzutage fast permanent mit neuen Situationen konfrontiert werden, sind sie auf Wissenszuwachs angewiesen. Sie benötigen die neuesten theoretischen Erkenntnisse aus den unterschiedlichsten Disziplinen. Und sie brauchen Zeit und Gelegenheit, diese vor dem Hintergrund ihrer Erfahrungen zu verarbeiten. Ein Manager muss heute ein multitalentierter Spezialist sein. Die Führung von Menschen, Prozessen und Organisationen sowie die umfassende Gestaltung solcher Systeme erfordert neben seinem Expertenwissen immer mehr auch Generalistenwissen aus den unterschiedlichsten Bereichen.

Nach meiner Erfahrung bedeutet das bereits für Angehörige des mittleren Managements in der Industrie einen Aufwand von 20 bis 40 Stunden im Monat. Damit meine ich nicht unbedingt nur Arbeitszeit, denn vieles an neuen Erkenntnissen und Perspektiven muss man sich in der so genannten Freizeit erobern. Dennoch lohnt es sich für Sie, diese Zeit aufzuwenden. Denn sonst betreiben Sie auch zukünftig überwiegend erfahrungsgestütztes Management. Und das reicht nicht, um Veränderungen wirkungsvoll zu inszenieren und erfolgreich durchzustehen.

Regieanweisung

Erweitern Sie ständig Ihren Horizont! Beschäftigen Sie sich mit Naturwissenschaft, Soziologie, Philosophie, Geschichte, Kunst und Kultur, selbst Spiritualität. Denn allein Erfahrung und Praxiswissen geben Ihnen keine neuen Impulse.

Veränderungen folgen immer demselben Muster

Bei seinem Urlaub auf Lanzarote hat Gatsby Fitzgerald die Natur beobachtet und daraus seine Schlüsse gezogen. Die Natur ist ein hochgradig komplexes System, doch irgendwie scheint sie sich selbst viel besser zu steuern als Menschen sie zu beherrschen vermögen. Selbst katastrophale Störungen ihres Gleichgewichts konnten ihr bisher langfristig wenig anhaben. Die Vegetation auf Lanzarote entsteht neu und vielleicht sogar üppiger als je zuvor. Während es den Inselbewohnern in knapp 200 Jahren lediglich gelungen ist, die Küste erneut zu begrünen, wächst der Rest von alleine zu. Scheinbar willkürlich und doch irgendwie mit System.

David Dexter versteht zunächst nicht, was Fitzgerald sich da überhaupt für Gedanken macht. In seinen Augen ist der Regisseur ein Manager und kein Denker. Tatsächlich heißt »managen« wörtlich »handhaben«, abgeleitet vom italienischen »maneggiare«, in dem wiederum »manus«, das lateinische Wort für »Hand« steckt. Begreift man jedoch Management als »Handarbeit«, als bloßes Machen und Tun auf der Basis von Erfahrung, so wird man damit nur den Routineprozessen gerecht. Selbstverständlich müssen auch diese hoch professionell abgewickelt werden. Aber Management beinhaltet noch etwas darüber hinaus, das besser Führung heißen sollte.

Führung hat mit dynamischen, nichtlinearen und komplexen Veränderungsprozessen zu tun. Komplexität bedeutet – schlicht gesagt –, dass immer noch etwas passiert, womit niemand gerechnet hat. Selbst einfache physikalische Systeme können schon so komplex sein, dass sie sich in ihrem Bewegungsablauf nicht berechnen lassen. Nimmt man beispielsweise drei Kugeln unterschiedlicher Massen, verbindet sie mittels verschiedener Spiralfedern und setzt dieses simple System in Bewegung, so wird es zwar anfangs noch recht harmonisch schwingen, gerät aber bereits nach kurzer Zeit völlig aus dem Häuschen. Es zuckt nur noch wild umher, beschleunigt völlig willkürlich, verharrt dann plötzlich, um im nächsten Moment wieder die verrücktesten Ausschläge zu machen.

In höher organisierten, komplexen Systemen treten immer Spontanereignisse auf, das heißt, es passieren Dinge, die nach der linearen Logik und nach den Gesetzen der klassischen Physik eigentlich nicht passieren dürften. Zu diesen Spontanereignissen gehören Quantenfluktuationen im Elementarteilchenbereich, Mutationen in biologischen Systemen, Geistesblitze und kreative Ideen in menschlichen Gehirnen und natürlich auch die plötzlichen sprunghaften Veränderungen, die wir in sozialen Systemen wahrnehmen.

Letztere erreichen manchmal historische Dimensionen, wie der Fall der Berliner Mauer zeigt. Denn eigentlich hätte die Grenzöffnung am 9. November 1989 gar nicht eintreten können, deshalb hat sie Politik und Öffentlichkeit auch vollkommen überrascht. Hinterher sind natürlich wieder alle schlauer und reimen sich die verschiedensten Ursachenkonstruktionen zusammen. Bei Licht besehen hat es aber ganz vieler voneinander unabhängiger Ereignisse bedurft, die zufällig zusammenkamen: von den Montagsdemonstrationen in Leipzig und dem neuen Wind aus Moskau über Erich Honeckers Krankheit und den missverständlichen Zettel, den Politbüromitglied Günther Schabowski kurz vor seiner Pressekonferenz zum neuen Reisegesetz am Abend des Mauerfalls zugesteckt bekam, und noch vieles andere mehr. Das ist Komplexität in Aktion!

Man kann Veränderungsprozesse also gar nicht berechnen. Sie verhalten sich vielmehr chaotisch und sind stets ergebnisoffen. Dem gemäß ist es auch überhaupt nicht möglich, solche Prozesse direkt zu beeinflussen und zu steuern. Bei etlichen seiner Filme hat Gatsby Fitzgerald denn auch beobachtet, dass am Ende etwas anderes herauskam als das ursprünglich Geplante. Und mit diesen spontanen Ergebnissen hatte er Erfolg.

Was bedeutet dann aber noch Führung? Sind wir dem Zufall vollkommen ausgeliefert oder können wir vielleicht doch irgendetwas tun? Man kann natürlich immer einfach etwas ausprobieren, um zu sehen, was dabei herauskommt. Und das kann sehr teuer werden. Einmal angenommen, Sie managen eine Werkshalle, die nicht mehr die erforderliche Leistung bringt, und in der auch die Qualität der Produkte von Tag zu Tag schwankt. Sie sind alarmiert und wollen etwas tun. Sie analysieren ein wenig vor sich hin und verkünden dann ein Fünfpunkteprogramm. Aber eigentlich wissen Sie nicht so richtig, woran der Leistungsabfall liegt. Das dürfen Sie bloß nicht laut sagen, denn sonst hält Sie Ihr Chef für unfähig und Sie sind Ihren Job bald los.

Deshalb lassen Sie Ihre Leute nun Punkt für Punkt abarbeiten. Aber die Probleme bleiben im Grunde bestehen. Es kommen sogar noch ein paar neue hinzu, während sich einige wenige etwas abschwächen. Okay, sagen Sie sich und starten die nächsten Versuche, die Sie dann vielleicht ein Stückchen weiter bringen. Und dann gehen Sie in eine weitere Runde, und wieder in die nächste und so fort. Das nennt man Trial and Error, es dauert lange und es kostet viel Geld. Wobei es natürlich auch Glückstreffer geben kann. Deshalb lautet die entscheidende Frage: Wie organisieren Sie einen Glückstreffer? Wie können Sie das Prinzip von Trial and Error, an dem gar kein Weg vorbeiführt, so intelligent anwenden, ja kultivieren, dass es etwas weniger vom Zufall bestimmt wird als in seiner Ursprungsform?

Mit den Mitteln der modernen Mathematik wurde die so genannte statistische Versuchsplanung entwickelt. Sucht zum Beispiel ein Pharmaunternehmen eine geeignete Wirkstoffkombination für ein bestimmtes Medikament, dann ist es mit der statistischen Versuchsplanung in der Lage, die Anzahl der bis zu einem brauchbaren Ergebnis erforderlichen Versuche deutlich zu verringern. Kein Zweifel: Die Lösung kommt immer noch durch Zufall. Aber die Streubreite der Versuche wird eingeschränkt und damit dem erhofften Glückstreffer auf die Sprünge geholfen.

Das funktioniert, indem für den Lösungsprozess ein Korridor geschaffen wird, innerhalb dessen der Weg schneller zum gewünschten Ziel führt, weil alle entlegenen Versuchsvarianten überhaupt nicht ausprobiert werden. Die statistische Versuchsplanung verhilft einem dazu, weil sie Gesetzmäßigkeiten anwendet, durch die eine schnellere Annäherung an das unbekannte Endergebnis möglich wird. Und jetzt können Sie hingehen und sich fragen, warum es nicht auch Gesetzmäßigkeiten geben soll, die bei Veränderungen sozialer Systeme zur optimalen Lösung führen.

Deshalb noch einmal zurück in die Montagehalle. Auch dort gibt es eine Vielzahl von Einflussgrößen, die sich gegenseitig überlagern und damit für die Leistungsminderung und die Qualitätsprobleme verantwortlich sind. Diese Größen sind beispielsweise Menschen, Verfahren, Rohstoffe, Zulieferungen, Maschinen, organisatorische Abläufe, Störungen von außen und so weiter. Sie haben es als Manager einer Werkshalle also mit einem hochkomplexen System zu tun.

Hinzu kommt, dass weder Sie noch Ihr Coach noch sonst jemand wirklich wissen kann, wie die Lösung aller Ihrer Probleme aussieht. Natürlich gibt es in Unternehmen viele Leute, die sagen: »Mach dies oder das, dann geht alles ganz einfach.« Ich frage solche selbst ernannten Experten dann immer, ob sie bereit wären, ihr gesamtes Vermögen auf die von ihnen angepriesene Patentlösung zu setzen.

Also: Das System ist komplex und die Lösung ist offen. Welchen Gesetzmäßigkeiten könnten Sie aber folgen, um dennoch auf nicht allzu vielen Umwegen zu einem zufriedenstellenden Ergebnis zu kommen? Der Witz ist, dass das gesamte System sich wandeln muss, denn mit Einzelmaßnahmen werden Sie der Komplexität in Ihrer Montagehalle nicht gerecht. Also besinnen Sie sich am besten auf die allgemeinen Gesetzmäßigkeiten des Wandels, wie sie in allen komplexen Systemen, das heißt in der Natur und in der Gesellschaft, insofern sie Teil der Natur ist, gelten. Wandel folgt nämlich immer und überall einem einheitlichen und – glücklicherweise – ziemlich simplen Muster. Stichwort: Lanzarote.

Wandel beginnt stets damit, dass ein System aus dem Gleichgewicht gerät. Diese Destabilisierung hat meist Ursachen, die außerhalb des Systems liegen. Für die Flora und Fauna auf Lanzarote war es die heiße Lava aus dem Inneren der Erde. Im gesellschaftlichen Bereich können Sie wiederum an den Fall der Berliner Mauer und die anschließende Wiedervereinigung Deutschlands denken, wodurch der ostdeutschen Wirtschaft die Märkte in Osteuropa wegbrachen, was sie erheblich aus dem Gleichgewicht brachte.

Destabilisierung ist aber immer notwendig, denn sie ermöglicht überhaupt erst Veränderung. Ich illustriere diesen Zusammenhang gern mit der menschlichen Fähigkeit des Gehens. Erst wenn wir unseren Körper aus dem Gleichgewicht bringen, können wir einen Schritt machen. Die zweite Phase des Wandels besteht immer darin, dass sich Alternativen zu dem bisherigen, für den Bestand des Systems unzureichenden Zustand zeigen. In biologischen Systemen treten Mutationen auf, nach politischen Umwälzungen kommen Leute aus der zweiten und dritten Reihe mit neuen Konzepten an die Macht. Aber jeder kennt auch für sich persönlich die Situationen, in denen erst unter extremem Druck und nahender Verzweiflung die rettende Idee kommt.

Die Systemtheorie benennt die Fähigkeit eines Systems, aus sich selbst heraus Alternativen zu erzeugen, als Kontingenz. Sie ist Ausdruck der Anpassungsfähigkeit eines Systems und damit seiner Überlebenschancen. Ich bezeichne diese zweite Phase des Wandels als die der Selbstorganisation, denn das System organisiert seine Alternativen selbst. Der Wandel komplexer Systeme hat umso mehr Chancen auf einen positiven Ausgang, je größer die Zahl der Alternativen ist, die in dieser Selbstorganisationsphase gebildet werden.

Anschließend stabilisiert sich das System in einer dritten Phase dadurch, dass die in der neuen Situation besten Alternativen sich durchsetzen und etablieren. In biologischen Systemen gewinnt die stärkste beziehungsweise am besten angepasste Mutation. Ich rede damit nicht dem Sozialdarwinismus das Wort, denn in sozialen Systemen geht es nie um den schieren und bedingungslosen Sieg des Bestangepassten. In menschlichen Gemeinschaften gelten vielmehr neben Leistungsnormativen auch andere Vorgaben, wie etwa ethische Prinzipien, Zusammenhalt und humanistische Ideale. Aus alledem ergibt sich jedoch ein Anforderungsspektrum für das Unternehmen als soziales System, und es wird sich am Ende eines Wandlungsprozesses diejenige Lösung etablieren, die den komplexen Anforderungen am besten entspricht.

Regieanweisung

Verabschieden Sie sich von der Vorstellung, komplexe Veränderungsprozesse beherrschen zu können. Setzen Sie lieber auf evolutionäre Prinzipien, die in der Welt auf allen Ebenen nach demselben Muster ablaufen.

Veränderungsprozesse in drei Schritten gestalten

David Dexter ist der Appetit auf sein Dessert vergangen, während es Regisseur Fitzgerald blendend zu gehen scheint. Der Produzent ist verunsichert und macht sich Sorgen um das Filmprojekt. Er ahnt nicht, dass das nach Fitzgeralds evolutionärer Lanzarote-Theorie ein gutes Zeichen ist. Das Projekt ist in der Phase der Destabilisierung. Die Inszenierung hat begonnen, und der Regisseur hat die Fäden in der Hand. Das heißt, so weit dies möglich ist.

Ich habe in dieser Klappe einmal die allgemeinen Gesetze skizziert, nach denen Veränderungsprozesse verlaufen. Wenn es solche Gesetze gibt, dann können Sie sich nun überlegen, wie Sie diese am besten nutzen, um Wandel zu inszenieren. Vielleicht können Sie ja Veränderungen sogar gezielt auslösen, um nicht warten zu müssen, bis diese von äußeren Bedingungen, wie beispielsweise neuen Wettbewerbern oder Änderungen des Konsumentenverhaltens, erzwungen werden.

Angenommen das funktioniert: Wie können Sie dann Selbstorganisation effizient machen, so dass die Leute neuen Lösungen nicht mit Widerstand begegnen? Wie können Sie anschließend Stabilisierung beschleunigen, aber ohne sie zu übertreiben, damit nicht wieder neue Verkrustungen und überflüssige Bürokratie entstehen? Wie können Sie schließlich Ihr gesamtes Managementteam dazu bringen, diesen Steuerungsprozess bewusst, aktiv und mit dem rechten Augenmaß zu betreiben?

Es geht hier letztlich um die Inszenierung von Veränderung in Unternehmen auf der Grundlage der erkannten Gesetzmäßigkeit. Eine solche Inszenierung ist möglich. Das ist der Kerngedanke dieses Buches, und bevor ich mit meinem Lösungsansatz herausgerückt bin, habe ich Ihnen schon eine ganze Menge Anschauungsmaterial aus der Praxis geliefert, wie so etwas konkret abläuft.

In der schrägen Monty-Python-Komödie »Der Sinn des Lebens« begrüßen die englischen Komiker nach rund 45 Minuten alle Zuschauer zur »Mitte des Films«. In diesem Sinn heiße ich Sie willkommen in der Mitte des Buches, wo Theorie und Praxis sich kreuzen.

Hier gleich noch ein wenig mehr Theorie: Im Gleichgewicht heben sich alle Kräfte auf. Auch das ist eine aus der Beobachtung der Natur gewonnene Erkenntnis. Erst wenn es gestört wird, überwiegen einzelne Kraftvektoren und daraus entsteht Bewegung. Mit anderen Worten: Ungleichgewichte verursachen Entwicklung, Gleichgewicht unterbindet sie. Dabei ist Gleichgewicht nicht zu verwechseln mit Balance. Es gibt auch eine Balance des Ungleichgewichts, nämlich die eines Systems in Bewegung. Als Führungsverantwortlicher müssen Sie Ihr System in Balance halten, aber nicht im Gleichgewicht.

In Klappe 1 habe ich geschildert, dass Veränderung eine Story braucht und diese Story fast immer eine Leidensgeschichte ist. Wenn Sie etwas verändern wollen, habe ich Ihnen empfohlen, sich zu fragen, wo der Schmerz sitzt. Das Leid, der Schmerz ist die eine Seite des Ungleichgewichts. Die andere Seite ist der erwünschte, schmerzfreie Zustand. Zwischen diesen beiden Polen spannt sich das Potenzial für Entwicklung. Die Story arbeitet einerseits den Schmerz heraus, andererseits deutet sie den erwünschten Zustand an. Dadurch erhöht sich das Entwicklungspotenzial, denn Menschen nehmen Veränderungsdruck wahr.

Wenn Sie dies nun mit einer Lösungsidee und einem Weg dorthin verbinden, dann wird daraus Veränderungs*bereitschaft*. Diese ist wiederum die Voraussetzung für Veränderungs*dynamik*, die durch den ersten Schritt ausgelöst wird.

Wie Sie in den bisherigen Kapiteln des Buches schon an einigen Beispielen sehen konnten, kommt die Inszenierung von Wandel immer auf ähnliche Weise in Gang:

- Sie suchen die passende Story.
- Sie spitzen diese Story zu.
- Sie zeigen einen erwünschten Zustand.
- Sie diskutieren mit allen Beteiligten den Lösungsweg und werben dafür.
- Sie vereinbaren erste Schritte und Aktionen.

Eine geradezu mustergültige Inszenierung eines Veränderungsprozesses habe ich Ende der 1990er Jahre an dem nordrhein-westfälischen Standort eines großen deutschen Pharmakonzerns miterlebt. In der Belegschaft kamen damals Gerüchte auf, die Konzernmutter stehe kurz vor dem Verkauf. Es wurde zunächst von einer kompletten Übernahme durch einen großen ausländischen Wettbewerber gemunkelt. Nach einiger Zeit machte dann die Vermutung die Runde, der Vorstand plane den Konzern zu zerteilen, um die verschiedenen Bereiche und Standorte meistbietend an Konkurrenten oder institutionelle Investoren zu verkaufen.

Das Topmanagement trat allen diesen Gerüchten mit einem knappen Dementi entgegen. Inhalt und Ton dieser Verlautbarung führten allerdings dazu, dass die Gerüchteküche nur noch heftiger brodelte und das Thema an Brisanz gewann. Der Leiter des besagten Werks in Westdeutschland, ich nenne ihn einmal Manfred Meiner, kam nun auf die Idee, die Situation für die Performance seines Standorts auszunutzen. Er klinkte sich gezielt in die Diskussion ein, tat aber alles andere, als den Gerüchten entgegenzutreten. Stattdessen fragte er seine Mitarbeiter ganz konkret, was eine Zerteilung des Konzerns und der Verkauf des Werks an einen Wettbewerber oder Investor für den Standort bedeuten würde.

Durch diese Gespräche mit dem Chef wurde die Frage nach der Zukunft des Standorts für die Mitarbeiter endgültig zum Thema Nummer eins. Als Meiner das merkte, streute er in seine lockeren Gespräche den Gedanken ein, dass man, wenn man schon verkauft würde, sich für die neuen Herren doch möglichst interessant machen solle. Ein Werk mit super Performance und aktiven und hochmotivierten Mitarbeitern sei schließlich profitabel und dadurch auch für einen neuen Eigentümer interessant.

Nach anfänglichem Zögern begannen die Mitarbeiter, mit Meiner darüber zu diskutieren, wie das denn so aussehen könnte. Im nächsten Schritt lud der Chef größere Bereiche zu Gesprächen ein, in denen es schon um ganz konkrete Fragen ging. Dazu zählten etwa: Wie können wir die Stückkosten reduzieren? Wie können wir die Auslastung und die Leistungsdaten unserer Maschinen verbessern? Wie können wir neue Kunden gewinnen, die unsere Kapazitäten durch Lohnfertigung auslasten helfen? Wie bauen wir eine dritte Schicht auf?

Am Ende dieser Gespräche wurden erste Schritte notiert, die für die skizzierten Lösungen erforderlich waren. Dann begann die Arbeit. Dabei traten einige erstaunliche Effekte auf:

- Die Gerüchteküche kühlte ab.
- Die Stimmung wurde optimistischer.
- Zahlreiche Aktivitäten trugen zur Steigerung der Performance bei.
- Mit dem Erfolg wuchs das Selbstbewusstsein der Belegschaft.

Nach etwa einem halben Jahr kamen tatsächlich potenzielle Käufer in das Werk, schauten sich alles an, ließen sich vieles erklären, staunten über die Leistungsdaten, mehr noch über den Leistungssprung der letzen Monate, und zahlten schließlich einen guten Preis.

Unter dem Dach seines englischen Käufers existiert das Werk heute noch, jedoch nicht in der alten Form, sondern vergrößert und mit 20 Prozent mehr Mitarbeitern. So war trotz eines zunächst immer Ängste auslösenden ausländischen Investors am Ende sogar der Betriebsrat zufrieden, der übrigens von Anfang an gut mitgezogen hatte.

Vertragen Sie noch ein wenig Theorie? Gut, dann noch einmal ein analytischer Blick auf die erste Phase des Wandels. Mit fortschreitender Destabilisierung kommt ein System an einen kritischen Punkt, den ich Meta-Trifurkation nenne. An diesem Punkt gibt es für ein im Wandel befindliches Unternehmen grundsätzlich drei Möglichkeiten der Weiterentwicklung:

- Möglichkeit eins:
  Das Unternehmen hat nicht genügend Kraft, dem Veränderungsdruck so lange standzuhalten, dass es eine erfolgreiche Selbstorganisation – durch Innovationen, Restrukturierung und so weiter – durchstehen kann. Es kollabiert und geht schlimmstenfalls in die Insolvenz.

- Möglichkeit zwei:
  Die Unternehmensleitung, ein externer Berater oder ein neuer Topmanager treten als Retter auf, verkünden eine Umstrukturierung und ziehen diese knallhart durch. Dadurch wird das gesamte System sofort stabilisiert, die Machtfragen sind geklärt, alle wissen, woran sie sind, und die Arbeit geht weiter.
  Nachteil: Das System entwickelt sich nicht von innen heraus weiter und es gibt keine oder nur wenige Neuerungen auf der Ebene der Prozesse. Nachteil zwei: Die Chance ist vertan, die Mitarbeiter durch Partizipation an der Neugestaltung zu motivieren und ihre verborgenen Potenziale zu aktivieren.
- Möglichkeit drei:
  Das Unternehmen geht in die Phase der Selbstorganisation über. Dadurch wird eine Erneuerung des Unternehmens auf der Ebene der Prozesse vorangetrieben. Die Mitarbeiter werden aktiviert. Innovationen werden realisiert. Am Ende entsteht eine Organisation, die veränderten und an die Außenwelt angepassten Arbeitsprozessen optimal Rechnung trägt.

Erstrebenswert ist hier, wie Sie klar erkennen können, nur die letzte der drei Möglichkeiten, nämlich der Übergang in eine Phase der Selbstorganisation. Aber Vorsicht: In dieser Phase liegt die Betonung nicht auf »Selbst« im Sinne von Selbstlauf, sondern auf »Organisation«. Die Frage lautet deshalb: Wie organisieren Sie Selbstorganisation?

Der Schlüssel dazu ist leicht zu finden und Ihnen in diesem Buch schon in zahlreichen Beispielen begegnet. Sie müssen ganz einfach jede Initiative der Mitarbeiter, jeden Vorschlag und jede Aktivität aufnehmen und alles dafür tun, dass diese Ideen optimale Bedingungen bekommen, um Wirklichkeit zu werden. Es gibt dazu verschiedene, in der Praxis recht gut erprobte Formen, beispielsweise Qualitätszirkel, Vorschlagswesen, Kontinuierliche Verbesserungsprozesse (KVP), Kaizen, Ideenmanagement, Six Sigma und viele andere mehr. Dazu gibt es jeweils eine Menge Fachliteratur, auf die Sie bei Bedarf zurückgreifen können.

Viele unter Ihnen werden nun sagen: »Das kenne ich aus meinem Unternehmen und es funktioniert nicht.« Da will ich Ihnen zunächst gar nicht widersprechen. Meine Mitarbeiter und ich wollten aber herausfinden, warum diese an sich hervorragenden Instrumente in der Praxis so oft versagen und haben die Situation in vielen Firmen genau analysiert. Das Ergebnis: Die oben genannten Methoden werden leider sehr häufig unsachgemäß angewendet.

Da werden etwa Lösungen vom Chef vorgegeben – wo bleibt da die Selbstorganisation? Oder es werden die einen Mitarbeiter zur Teilnahme an Workshops gezwungen und andere dafür von vornherein ausgeschlossen. Oder Vorschläge werden nicht umgesetzt und Initiativen verlaufen im Sande. Das Ganze häufig verbunden mit dem Glaubenssatz: Das Management hat immer Recht.

Letztlich wurde in unseren Untersuchungen immer ein grundsätzlicher Widerspruch sichtbar, nämlich der zwischen neuen Methoden und altem Denken. Damit ist dann aber auch klar, was hier nicht funktioniert. Denken und Handeln müssen schon zueinander passen. Ich bin aber optimistisch. Die Führungskultur ist überall in Bewegung geraten, und mit neuem Denken wird sich automatisch die Wirksamkeit von Instrumenten der Selbstorganisation erhöhen.

Regieanweisung

Nutzen Sie in der Phase der Selbstorganisation Methoden und Instrumente, die Initiativen von Mitarbeitern fördern und Prozesse optimieren helfen. Achten Sie aber darauf, dass neuen Verfahren ein Umdenken im Managementteam vorausgehen muss.

Hat die Phase der Selbstorganisation zu den gewünschten Ergebnissen geführt, so kommt es in der dritten und letzten Phase wieder zu relativer Stabilität. Ich habe immer wieder beobachtet, dass man für diese Stabilisierung eigentlich nichts weiter zu tun braucht. Man muss nur aufhören, zu destabilisieren, in

Frage zu stellen und immer wieder neue Fragen aufzuwerfen. Dann tritt Stabilisierung von ganz allein ein.

Vor Jahren habe ich noch angenommen, dass dies die Wirkung des Managements sei, dass also Manager an Stabilität, am Verwalten und an Bürokratie interessiert seien. Sicherlich ist da auch etwas dran, aber es nur auf die Manager zu beziehen, greift wahrscheinlich zu kurz. Heute glaube ich vielmehr, dass wir es hier generell mit einer Eigenschaft sozialer Systeme zu tun haben, die der Entropie ähnlich ist. Dieser aus der Physik stammende Begriff beschreibt, dass es ein System immer in den Zustand zieht, in welchem die wenigste Bewegung herrscht. Viel Energiezufuhr erzeugt Wärme und Bewegung und ist daher »unordentlich« bzw. instabil. Wenig Energie führt zu geringerer Wärme und weniger Bewegung, das heißt zu mehr Ordnung und Stabilität. Je mehr dieser Zustand forciert wird, desto näher kommt er dem Stillstand. In der Physik spricht man vom Kältetod. Bei sozialen Systemen würde ich es schlicht »die absolute Bürokratie« nennen.

Nach diesem Ansatz bewegen sich soziale Systeme – wie Unternehmen, Parteien, Gewerkschaften, Behörden, Universitäten und so weiter – ganz automatisch auf den Zustand der Stabilität, der absoluten Bürokratie zu. Nämlich sobald man sie sich selbst überlässt. Es bedarf deshalb starker Anstöße, dem entgegenzuwirken. Von außen muss eine Änderung der Bedingungen kommen und von innen bewusstes Management – sprich: die Inszenierung von Wandel durch gezielte Destabilisierung.

Die Theorie des Wandels ist also letztlich ganz einfach. Das sollte Sie in der Praxis aber nie dazu verleiten, die Probleme von Menschen in Veränderungsprozessen auf die leichte Schulter zu nehmen. Wenn ein soziales System sich im Wandel befindet, sind die davon betroffenen Menschen immer starken Belastungen ausgesetzt. Dies trifft besonders auf die Mitarbeiter zu. In der Phase der Destabilisierung entstehen Aufregung, Angst und Unsicherheit. Das ist für viele quälend.

In der Phase der Selbstorganisation müssen die Mitarbeiter dann den Umgang mit neuen Instrumenten lernen und sich oft gleichzeitig an neue Freiheiten gewöhnen. Es ist für die meisten ein großer Schritt, selbst etwas zu gestalten. In der Phase der

Stabilisierung verfallen deshalb einige wieder in den alten Trott, wo sie sich sicherer gefühlt haben.

In allen drei Phasen sind Sie als Führungskraft gefordert, Ihren Mitarbeitern beizustehen, sie zu ermutigen und zu unterstützen. Was müssen sie dazu tun? Die Antwort ist ganz einfach und in diesem Buch schon mehrfach angeklungen: Sie müssen bei ihnen sein! Nähe und Präsenz im Detail sind entscheidend. Das heißt nicht, alles selbst zu machen oder alles zu kontrollieren. Es geht darum, für die Mitarbeiter erreichbar zu sein, nicht nur im körperlichen Sinn, sondern kommunikativ und mental.

Gehen Sie regelmäßig und häufig durch ihre Bereiche, sprechen Sie mit den Leuten, bauen Sie Nähe auf, greifen Sie alles auf, was Sie hören und gehen Sie den Dingen auf den Grund. So geben Sie Unterstützung, die natürlich in den drei Phasen jeweils etwas anders aussehen muss.

Noch ein Wort zu der oft gescholtenen Beamtenmentalität: Sie ist einfach das Ergebnis der gesetzmäßig eintretenden Stabilisierung sich selbst überlassener Systeme. Viele Betroffene leiden sogar darunter. Der einzige Vorwurf, den man ihnen machen kann, ist der, dass sie nicht genügend rebellieren. Aber wer tut das schon, wenn er damit an dem Ast sägen würde, auf dem er sitzt?

Zeitraffer

- Erfahrung ist Wissen von gestern. Mit Erfahrung allein kommen Sie nie zu neuen Lösungen, sondern schauen immer nur in den Rückspiegel. Erst aus beidem, Theorie und Praxis, entsteht wirkliches Wissen.
- Veränderungsprozesse folgen ausnahmslos demselben Grundprinzip, egal, ob es sich um die Tier- und Pflanzenwelt handelt oder um komplexe soziale Systeme.
- Sie können Veränderungsprozesse nicht machen, aber Sie können die Bedingungen beeinflussen, unter denen diese in Gang kommen und sich entfalten. Das ist Inszenierung von Wandel.
- Die erste Phase jedes Veränderungsprozesses ist die der Destabilisierung. Veränderung ist nur möglich, wenn ein Unternehmen zunächst aus dem Gleichgewicht gerät.
- Ist das Unternehmen stark genug und wird es nicht sofort mit Gewalt wieder stabilisiert, geht es in die Phase der Selbstorganisation über. In dieser Phase gibt es zahlreiche Erfolg versprechende Methoden, um zu innovativen Lösungen zu kommen.
- Stabilisierung tritt als dritte Phase von allein ein, wenn das Unternehmen keinen destabilisierenden Einflüssen mehr ausgesetzt ist.

Der Regisseur – Geben Sie den Ton an, aber lassen Sie Ihren Akteuren Spielraum

Es ist Montag und der erste Drehtag auf dem Studiogelände von General Pictures. Die Stimmung von Schauspielern und Crew ist gelöst. Regieassistent Michael Flint witzelt über Nick, der gerade aus der Maske kommt, er sehe plötzlich mindestens zehn Jahre älter aus. Der einzige mit echten Sorgenfalten auf der Stirn ist Regisseur Gatsby Fitzgerald. In der Szene, die jetzt auf dem Drehplan steht, trifft Nick zum ersten Mal auf die Hauptdarstellerin. Der Set-Designer hat eine elegante Shopping-Mall gebaut, in der die Geologin alias Catherine Brentwood dank eines beherzt eingreifenden Passanten, gespielt von Nick, nur knapp ihrer Entführung entgehen soll. Aber das Drehbuch sagt nicht viel mehr als das. Fitzgerald hat mit den beiden einen kleinen Dialog abgesprochen, der ihm aber inzwischen schon wieder überflüssig vorkommt. Nun gut, erst einmal sehen, wie es so läuft, denkt er sich. »Und – bitte!«

Nach vier Versuchen bricht Fitzgerald mit einem lauten »Aus!« alles ab. Nichts klappt. Das Spiel ist hölzern, der kleine Dialog zwischen Catherine und Nick wirkt wie aufgesagt. Niemand scheint hier richtig bei der Sache. Außerdem sind viel zu viele Komparsen im Bild. Und mittendrin schlendern die Entführer genauso lustlos daher wie die Passanten.

»Ich gehe jetzt einen Kaffee trinken«, sagt Fitzgerald mit ruhiger Stimme. »Und wenn ich wiederkomme, habt ihr euch was einfallen lassen. Übrigens: Die Hälfte der Statisten will ich dann nicht mehr sehen. Und der Dialog ist auch Mist.«

Nun herrscht Chaos am Set. Die Statisten streiten darüber, wer gehen muss und wer bleiben darf. Die Hauptdarsteller fragen sich, wie es ohne den Dialog zu der Begegnung kommen soll. Und ihr Regisseur sitzt beim Kaffee.

Nach 20 Minuten startet Fitzgerald einen neuen Versuch. Catherine hatte inzwischen die rettende Idee: Sie kramt nervös in der Handtasche nach ihrem Handy, holt es heraus – und da fällt es ihr aus der Hand. In dem Moment bedrängen sie die Entführer. Nick hat nur das Handy auf den Boden fallen sehen, hebt es auf und läuft ihr laut rufend hinterher. Die Entführer wollen kein Aufsehen erregen und lassen von ihrem Opfer ab.

»Und – Action!«

Die Szene ist auf Anhieb im Kasten, und zwar perfekt. Jetzt waren plötzlich alle ganz bei der Sache. Der Regisseur lächelt zufrieden. Nick sieht sehr stolz aus. Nur Catherine blickt irgendwie säuerlich.

»Du warst großartig, Schatz. Was ist los?«, fragt Fitzgerald.

»Das Handy«, erwidert Catherine und zeigt ihm einen großen Sprung im Gehäuse, »war keine Requisite, sondern mein eigenes.«

Führen ist etwas anderes als Managen

Der große Regisseur Gatsby Fitzgerald hat wieder einmal alles gerichtet. Oder etwa nicht? Eigentlich hat er gar nichts gemacht. Da kam es zu einer Krise – und er ging einen Kaffee trinken. Hat er die Lage »gemanagt«? Nein. Ist er seiner Führungsverantwortung gerecht geworden? Nun, das Ergebnis stimmt und (fast) alle sind zufrieden.

Wer in einer verfahrenen Situation – wie hier am Filmset – in hektische Aktivität verfällt, sich überall einmischt, jedem genau sagt, was er machen soll, der versucht, die Lage zu managen. Aber er führt nicht. Und es hilft nichts. Wer dagegen genau dort ansetzt, wo es hakt – hier bei den lustlos ihre Rolle abspulenden Schauspielern –, Hindernisse beseitigt, den Konflikt sogar noch zuspitzt, sich dann aber im entscheidenden Moment zurückhält, der führt. Er zeigt, wo es langgehen soll. Er überlässt es dann aber denjenigen, die eine Aufgabe tatsächlich zu erledigen haben, zu entscheiden, wie sie das am besten hinbekommen.

Das Ergebnis wird immer besser sein als das, was er den Akteuren am liebsten diktiert hätte. Das ist Führung. Und in dieser Klappe möchte ich Ihnen zeigen, wie Sie zum Führer werden können, statt einfach nur Manager zu sein. Sie finden, »Führer« sei ein belastetes Wort? Da haben Sie sicher Recht. Ich habe oft überlegt, wie ich denjenigen, der führt, der Führung ausübt, nennen soll. Mit diesen beiden Worten haben wir ja keine Probleme, nur mit dem Begriff »Führer«. Soll ich stattdessen »Leader« sagen? Nein. Ich schlage Ihnen lieber vor, sich bei dem Wort Führer die Gesichter von Gandhi, Nelson Mandela oder Martin Luther King vorzustellen. Diese verkörpern das, was ich unter einem Führer verstehe, in nahezu perfekter Weise.

Wenn Sie das Gefühl beschleicht, nicht mehr alles im Griff zu haben, und Gefahr laufen, sich zu verzetteln, dann ist der erste Schritt ganz einfach und furchtbar schwer zugleich. Einfach, weil Sie dazu nichts Besonderes machen müssen. Sie müssen weder teure Seminare besuchen noch sich ausgeklügelte Methoden aneignen. Schwer, weil wir im Business alle anders getrimmt sind und es Überwindung kostet, eingefahrene Denkmuster zu verlassen.

Der erste Schritt ist einfach: Sie erkennen, dass Sie auch und gerade dann führen, wenn Sie gar nichts »machen«. Daraus folgt: Abwarten können, auch wenn alles scheinbar aus dem Ruder läuft. Schweigen können, wenn alle nach Ihrer Entscheidung rufen. Gelassen bleiben, auch wenn vorübergehend einmal Chaos ausbricht. Am Ende war der Film noch immer im Kasten.

Vielen Führungskräften fällt genau das schwer, weil wir in einer »Macherkultur« leben. Das liegt zum Teil sicher daran, dass sich der Führungsnachwuchs im deutschsprachigen Raum stark aus den Reihen von Fachexperten mit technischem Hintergrund rekrutiert. Methoden, Werkzeuge und Prozesse bestimmen die Welt der Ingenieure. Und in diesen Grenzen bewegt sich ihr Führungsverständnis. Sie fragen ungern nach dem Sinn des Ganzen, sondern lieber nach dem nächsten Schritt. Oder nach Beispielen. Sie wollen nicht lange über Ziele nachdenken, sondern anfangen, etwas zu machen.

Vielleicht kennen Sie das aber auch: Eine Firma hat einen neurotischen Chef, und irgendwie verhalten sich auch die Mitarbeiter neurotisch. Schwer zu sagen warum, aber da ist der Wurm drin. Oder in einer Abteilung mit einem cholerischen Abteilungsleiter ist der Umgangston grundsätzlich gereizt. Das merkt man schon, wenn man nur mit einer Sekretärin telefoniert. Dabei wissen der neurotische Chef und der cholerische Abteilungsleiter alles über Kommunikationsformen, Zielvereinbarungen und Mitarbeitergespräche. Bloß scheint es darauf nicht anzukommen bzw. sie können es nicht umsetzen.

Die Mitarbeiter sind ein bisschen wie der Chef, genau wie Kinder immer ein bisschen wie die Eltern sind – selbst wenn diese mit ihrer »Erziehung« exakt das Gegenteil bewirken wollten. Positiv heißt das aber: Sie führen Ihre Mitarbeiter schon damit, wie Sie sind. Sie stecken Ihre Mannschaft an mit Ihrer Zielstrebigkeit, Ihrem Optimismus und Ihrem Ideenreichtum, auch wenn Sie das nicht allen ständig einbläuen. Und darauf können Sie sich verlassen.

Regieanweisung

Werden Sie gelassen! Vertrauen Sie darauf, dass Sie auch dann etwas bewegen, wenn Sie nicht ständig an Stellschrauben drehen. Konzentrieren Sie sich auf Ihre Ziele, vermitteln Sie diese und schauen Sie ab und zu in den Rückspiegel, ob Ihnen noch alle folgen.

Das heißt nun nicht, dass Sie als Führer niemals Dinge »managen« müssten. Wenn am Set eine Kamera von einer Empore fällt, dann muss der Regisseur schnellstens dafür sorgen, dass Ersatz herbeischafft wird. Und auch dafür, dass sich jemand mit der Versicherung herumärgert. Wenn in einer Produktionshalle für Fahrzeugteile die Fertigung stillsteht, weil eine neue Steuerungssoftware nicht funktioniert und der Techniker beim Lieferanten schon vergeblich alles versucht hat, dann ist in der Führungsetage nicht der Moment für Visionen oder wohlmeinende Appelle. Vielmehr gilt es jetzt, über den Chef des Lieferanten eine konkrete Lösung zu organisieren, und zwar schnell.

Wer führen will, muss immer auch managen können. Als Führungskraft haben Sie beide Rollen in Ihrem Repertoire und wechseln je nach Situation hin und her. Bloß haben die meisten Leute in Führungspositionen mit dem Managen keine großen Probleme. Viel wichtiger ist zu lernen, in der Rolle des Führers nicht zu managen.

Es reicht, wenn der Regisseur jemanden losschickt, der eine neue Kamera besorgt. Er muss sie nicht selbst aussuchen und muss auch nicht selbst über den Mietpreis verhandeln. Sein »Director of Photography«, der sich mit der Technik auskennt und damit letztlich arbeiten muss, wird schon wissen, was er braucht und welcher Preis akzeptabel ist.

Das von den Ingenieurwissenschaften geprägte Managementdenken hat allerdings bei vielen Führungskräften eine Illusion der totalen Machbarkeit geschaffen. Sie glauben, Geschäftsprozesse ließen sich so perfekt steuern wie Maschinen. Dabei lassen sich nicht einmal Maschinen vollkommen beherrschen, wie jeder weiß, dem mal der Computer abgestürzt ist oder der einmal sein Auto außerplanmäßig in die Werkstatt bringen musste.

In der Getränkeindustrie gibt es keine Abfüllanlage, die man einfach Tag und Nacht unbeaufsichtigt laufen lassen könnte. Immer wieder fällt mal eine Flasche vom Förderband und zerschellt auf dem Boden. Oder es kommt zum Flaschenstau, obwohl der Durchsatz genau eingestellt ist. Alles ist exakt berechnet, von den erfahrensten Ingenieuren, mit hochleistungsfähigen Computern – und klappt doch nicht perfekt. Menschen müssen in der Produktionshalle sein, die flexibel reagieren können, wenn etwas schief läuft. Und immer, wenn eine Maschine gestört ist, wirkt sich das wiederum auf den Ablauf der Produktion aus und wirft Planungen über den Haufen.

Überall erobert sich das Chaos seinen Anteil zurück. Je komplexer ein Prozess ist, desto häufiger geschieht das und desto größer sind die Konsequenzen. Wenn Sie Prozesse wirklich bis ins Letzte steuern wollten, dann müssten Sie diese zunächst einmal vollkommen durchschauen. Bis hin zu dem unwahrscheinlichsten Zufall und der unglaublichsten Verkettung von Ereignissen müssten Sie alle Einflussfaktoren kennen, die den Prozess verändern könnten. Sie haben die Wahl: Wollen Sie sich vormachen, alle Faktoren zu kennen und deshalb die Sache steuern zu können? Oder können Sie mit dem Gedanken leben, dass es nie genug Kennzahlen geben kann, um einen Prozess ganz genau zu beschreiben?

Sie kennen bestimmt das berühmte Beispiel vom Flügelschlag eines Schmetterlings in Südamerika, der das Wetter hier bei uns in Europa beeinflussen kann. Trotz tausender Messstationen, Unmengen von Wetterdaten und modernster Computertechnologie sind zuverlässige Wettervorhersagen nach wie vor nur für drei Tage möglich – und oft stimmen selbst diese nicht.

Regieanweisung

Machen Sie jedes Eingreifen von der Antwort auf zwei Fragen abhängig: Wären Sie persönlich in der Lage, den Prozess zu verändern? Und gibt es niemanden, der näher am Geschehen und besser geeignet ist, die Sache zu managen?

Doch nun die gute Nachricht: Sie müssen gar nicht alles steuern. Das Schöne ist nämlich, dass Systeme sich größtenteils von selbst steuern. Diese Eigenschaft ist in ihnen angelegt, sie wird wissenschaftlich als Autopoiesis bezeichnet. Ihre Mitarbeiter haben gute Ideen, manchmal bessere als Sie selbst. Und Krisen gehen bisweilen vorüber, einfach so.

Bereits als Junge hat mein Vater, der sich ein kleines Unternehmen aufgebaut hatte, mir immer wieder gesagt, dass man die Arbeit so verteilen muss, dass für einen selbst nichts übrig bleibt. Dieser zunächst witzig klingende Satz beinhaltet eine wichtige Wahrheit für Führungskräfte: Nur wenn wir uns die

Zeit verschaffen, die Arbeit an die Mitarbeiter sinnvoll zu verteilen und deren Erledigung zu kontrollieren, machen wir einen erfolgreichen Führungsjob. Es ist also sogar unsere Pflicht, so vorzugehen.

Wer das weiß, kann gelassen bleiben. So gelassen, dass er einen Kaffee trinken geht, wenn niemand mehr weiß, wie es weitergehen soll. Einen von diesen »Kaffeetrinkern« kenne ich jetzt schon seit über zehn Jahren. Und er ist geradezu unverschämt erfolgreich.

Ruhe bewahren, wenn die Not am größten ist

Klaus Baldur, so will ich ihn hier einmal nennen, ist für mich einer der besten »Regisseure« in den Chefetagen hierzulande. Weil der Mann einfach vieles richtig macht, möchte ich Sie mit ihm bekannt machen. Er leitet in Schleswig-Holstein einen deutschen Produktionsstandort eines angelsächsischen Pharmariesen. Produziert werden hier unter anderem Tabletten, Cremes und Salben. Als ich Klaus Anfang der 1990er Jahre im Rahmen eines Beratungsprojekts kennenlernte, standen einige Mergers bevor, und es hätte schon an ein Wunder gegrenzt, wenn der deutsche Standort diese spezielle Form der Globalisierung nicht zu spüren bekommen sollte.

In der damaligen Situation machte sich Klaus ernsthafte Sorgen um die Zukunft seines bisher erfolgsverwöhnten und hoch profitablen Werks. Er durfte nämlich plötzlich keine neuen Produkte mehr entwickeln, bekam keine neuen Märkte mehr zugewiesen und in sein Werk wurde nichts mehr investiert. Klaus zählte eins und eins zusammen und kam zu dem Schluss: Die Zentrale will die als unflexibel und teuer geltenden Deutschen möglichst bald loswerden. Klaus sah als letzte Chance nur noch, die Performance seines Standorts drastisch zu steigern – und das möglichst ab gestern.

Als ich mich damals mit ihm unterhielt, wie er das schaffen wollte, waren wir sofort auf einer Wellenlänge, und ich bot ihm spontan meine Unterstützung an. Klaus glaubte nämlich nicht, dass er allein irgendetwas bewirken könnte, deshalb wollte er es seinen Mitarbeitern überlassen, Wege zu mehr Effizienz und Profitabilität zu finden.

Also lud er abends und an Wochenenden alle zu Diskussionsrunden ein. Die Teilnahme war freiwillig, und jede Stimme sollte gehört werden. Sein Krisenmanagement bestand also zunächst einmal darin, die Mitarbeiter aus der Reserve zu locken. Lösungen hatte Klaus noch keine, aber die brauchte er auch noch nicht.

Seine Mitarbeiter waren über die Aufforderung, selbst nachzudenken, zwar überrascht, brachten nach kurzer Zeit in lockerer Runde aber all die Probleme zur Sprache, die das Management bisher nie gesehen hatte. Dazu zählte etwa, wie schlecht die Zusammenarbeit an den Schnittstellen innerhalb des Standorts funktionierte.

Bald fragte fast jeder, was er schon lange hatte fragen wollen: Warum machen wir dieses und jenes eigentlich so und nicht anders? So entstanden spontan erste Lösungsansätze. Auch vermeintliche Kleinigkeiten, wie der nicht mehr zeitgemäße Arbeitsbeginn um 7 Uhr früh, der viele Mitarbeiter den Tag über mit ihrer Müdigkeit kämpfen ließ, wurden zum ersten Mal offen angesprochen. Klaus tat nichts weiter, als Leuten das Wort zu erteilen und dann zuzuhören. Er ließ seine Mannschaft reden und reden und reden. Er hatte Geduld.

Regieanweisung

Fragen Sie Ihre Mitarbeiter, und zwar alle! Geben Sie dabei nicht die Ergebnisse vor. Lassen Sie möglichst nicht erkennen, welche Lösungsrichtung Sie persönlich bevorzugen würden.

Irgendwann begann sich ein klares Bild abzuzeichnen, wo es hakte und was man alles besser machen könnte. Und dieses Bild bot sich allen, nicht nur der Chefetage. Deshalb sahen auch alle immer deutlicher, was zu tun war. Klaus sah seine Hauptaufgabe nun darin, seinen Leuten die Freiräume zu verschaffen, die sie brauchten, um ihre Ideen umsetzen zu können. Gleichzeitig begann er, bei der Zentrale massiv für seinen Standort zu werben, auch, um seinen Mitarbeitern erst einmal den Rücken freizuhalten.

In der Zwischenzeit arbeiteten seine Leute neue Prozessabläufe aus, optimierten die alten und entwickelten eine komplett andere Organisationsstruktur für den Standort. Sie verließen die bisherige Abteilungshierarchie und schlossen sich stattdessen zu Produktionsteams zusammen, die sich ihre Produktionsziele selbst setzten und für die Kontrolle und das Ergebnis ebenfalls selbst verantwortlich waren. Die Teams entschieden gemeinsam über Arbeitsgebiet und Arbeitsstelle, über Budgets, ja sogar über die Arbeitszeiten jedes einzelnen Mitglieds.

Am Anfang schienen sich die Befürchtungen der größten Skeptiker zu bewahrheiten. Es brach nämlich totales Chaos aus. Leute kamen zu Schichtbeginn in die Firma und wussten nicht, was sie machen sollten. Sie waren es ja gewohnt, dass jemand das Kommando gab. Klaus blieb gelassen. Schon nach kurzer Zeit griff dann aber schon die Selbstorganisation der Teams. Als erst einmal jeder verstanden hatte, dass er sich jetzt immer selbst Gedanken machen und sich mit den anderen abstimmen musste, wurden auch die Prozesse effizient. Außerdem stieg die Zufriedenheit, denn jeder fühlte sich ernst genommen und gebraucht.

Nach einem Jahr war die Produktivität um 22 Prozent gestiegen. Kein Zaubertrick, bloß gute Regie. Klaus schaute der ganzen Sache jetzt eigentlich nur noch zu. Er war für jeden zu sprechen, nahm sich Zeit zum Zuhören, gab auch Rat, wenn man ihn fragte – aber er überließ alle wichtigen Entscheidungen den Teams. Der Entscheider war zu einem Nicht-Entscheider geworden. Nicht, weil er sich vor Entscheidungen drücken wollte, sondern weil er dadurch seinen Mitarbeitern half, ihre eigene Kompetenz und Stärke zu leben. Und Menschen zu helfen war dem gelernten Apotheker immer schon wichtiger gewesen, als Macht über andere auszuüben.

Ende 1995 schloss die Konzernzentrale eine ganze Reihe von Standorten in aller Welt. Das Werk von Klaus Baldur war nicht dabei. Der Standort gilt seitdem als gesichert. Inzwischen ist das Werk sogar zur »Global Site« aufgewertet und für viele Millionen Euro ausgebaut worden. Von hier aus werden 120 Länder der Welt mit Produkten beliefert. Auf den Erfolgen ausruhen will sich trotzdem niemand. Jeder weiß, dass dies das Ende des Erfolgs bedeuten würde. Die Dinge immer wieder zur Disposition stellen, immer wieder etwas anders und besser machen – das haben vielmehr alle als Erfolgsrezept verinnerlicht.

Klaus Baldur wusste, was jeder gute Regisseur weiß: Der eigentliche Film entsteht erst bei den Dreharbeiten. Alles kann und muss gut organisiert sein – aber erst wenn sich am Set alle entfalten, wenn es zum perfekten Zusammenspiel kommt, entsteht ein gelungener Film und kein lustlos abgespultes Elend.

Aber warum gibt es immer nur wenige, die mit Menschen so umgehen wie Klaus? Warum ist es fast eine Sensation, wenn in einem Unternehmen jeder Gehör findet, ausreden darf, ernst genommen wird, seine Ideen einbringen darf?

Angst überwinden und nach vorne schauen

Der größte Feind der Führungskräfte ist nicht der Neider im Unternehmen, der den Führungsjob für sich will. Mit solchen Leuten wird man fertig. Auch der steigende Kosten- und Wettbewerbsdruck ist keinesfalls der Hauptfeind. Daran ist nun einmal nichts zu ändern, das Problem haben alle. Nein, der größte Feind der Führungskräfte ist ihre eigene Angst vor Machtlosigkeit und Kontrollverlust. Wenn Sie sich von dieser Angst vollständig befreien, dann können Sie sich im Regiestuhl ganz entspannt zurücklehnen. Dann macht Führung wieder Spaß.

Was ich mit dieser Angst meine, kann ich Ihnen anhand eines Gegenbeispiels zu der Erfolgsgeschichte des Werks von Klaus Baldur verdeutlichen, das ich ebenfalls in der Pharmaindustrie erlebt habe.

Eine Produktionsstätte, ansässig in Nordhessen, hatte das gleiche Problem. Man war Teil eines Weltkonzerns und der Standort wurde infrage gestellt. Auch hier führte kein Weg daran vorbei, die Performance zu verbessern, um den Standort langfristig zu erhalten. Ich empfahl dem Management eine ganz ähnliche Vorgehensweise wie die von Klaus Baldur: intensive Kommunikation mit allen Mitarbeitern, selbstständige Teams. Offenheit, Initiative und Engagement erzeugen, indem man die Leute ihre eigene Zukunft gestalten lässt. Das Management sollte sich dabei wie eine Gruppe von Sponsoren begreifen, die Lösungen ermöglicht, ohne sie vorzugeben. Die Mitarbeiter waren schnell begeistert, und in den Projektgruppen sprudelten bald die Ideen.

Da wurde das Management plötzlich misstrauisch. Irgendetwas passierte, was man nicht mehr unter Kontrolle hatte. Da schien etwas aus dem Ruder zu laufen, denn Dinge entwickelten sich nicht mehr mit der gewohnten Vorhersehbarkeit. Da machten plötzlich Leute Vorschläge, von denen bisher nie etwas zu hören gewesen war. Und auch diese waren anders als früher, irgendwie fast revolutionär.

Also beschloss man, jede der bisher eigenständig agierenden und sich selbst organisierenden Gruppen »besser zu führen«. Was dann passierte, war absehbar: Die Mitarbeiter wurden vorsichtig, entschlüsselten die Wünsche ihrer Chefs und folgten ihnen. In Extremfällen wurden die Diskussionen regelrecht abgewürgt, Vorgaben durchgesetzt und jede ungewöhnliche Idee umgehend als Blödsinn hingestellt. Die Begeisterung der Mitarbeiter war da natürlich schnell verflogen und alle folgten bald wieder den alten Mustern und machten Dienst nach Vorschrift.

Warum konnte das Management es hier nicht lassen, den eben erst entstandenen kreativen Prozess wieder abzublocken? Ich habe Einzelne befragt, und die Antwort war ganz einfach: Weil alle in der Chefetage Angst hatten. Angst, dass schlechte

Lösungen entstünden und unnötig Geld verbraten würde. Angst, dass sie nicht mehr alles kontrollieren könnten, wofür sie am Ende geradestehen müssten. Vielleicht auch Angst, da könnte jemand eine bessere Idee haben als sie selbst. Angst schließlich, dass sie sich als Führer selbst überflüssig machten und am Ende nicht mehr gebraucht würden.

Diese Befürchtungen sind alle nicht ganz unberechtigt. Schnell wird vom Topmanagement oder in Konzernzentralen der Vorwurf ungenügender Führungsstärke erhoben. Und dann entkommen die Betroffenen nur schwer schmerzhaften Sanktionen bis hin zum Verlust der eigenen Position. Das Topmanagement greift in derartiger Weise jedoch in aller Regel nur dann ein, wenn die Ergebnisse nicht stimmen. Bis dahin ist es nicht sonderlich daran interessiert, wie einzelne Manager ihren Job erledigen. Und nun frage ich Sie, wodurch diese Manager erfolgreicher sind: Indem sie nur auf sich selbst setzen oder indem sie ihre Mitarbeiter aktivieren? Klaus Baldur und viele andere zeigen, auf welchem Weg die größeren Chancen liegen.

Regieanweisung

Denken Sie über Ihr Verhältnis zur Macht nach und machen Sie sich klar, dass aktive Mitarbeiter bessere Ergebnisse erzielen und Sie dadurch stark machen.

Führung bedeutet, Ziele beschreiben können, Ideen über einen Weg haben, ohne die Lösung vorwegzunehmen, Sinn vermitteln im Spannungsfeld zwischen Möglichkeiten und Grenzen. Gatsby Fitzgerald weiß vorher nicht genau, wie eine Szene aussehen wird. Aber er weiß einfach, wie eine gute Filmszene auszusehen hat, deshalb lässt er nicht locker, bis seine Schauspieler eine hinlegen.

Als Führungskraft werden Sie gebraucht. Man will Sie da, wo Sie sind. Sie brauchen Ihre Existenzberechtigung nicht dadurch nachzuweisen, dass Sie sich ständig überall einmischen. Sie sollten vielmehr das tun, was andere weniger gut können. Wenn Sie der Führer sein wollen, dann gehört Vorausschauen zu Ihren wesentlichen Aufgaben. Sie nehmen Entwicklungen, Veränderungen des Umfelds rechtzeitig wahr, spielen das Ganze gedanklich durch und sind schon auf Veränderungen programmiert, wenn andere zum ersten Mal davon erfahren, dass überhaupt welche anstehen.

Am Montagmorgen hatte Gatsby Fitzgerald Sorgenfalten auf der Stirn. Er wusste schon zu Beginn des Drehtags, dass es hart werden würde. Die Schauspieler glaubten da noch, alles würde ein Kinderspiel werden, und die Crew machte sich schon Hoffnungen, ab 5 Uhr nachmittags frei zu haben. Sein Wissen, dass es anders kommen könnte, ja sehr wahrscheinlich kommen würde, hatte Fitzgerald allen anderen voraus.

Auch Klaus Baldur wusste, dass sein Standort in Gefahr war. Die Informationen, die nötig waren, um das vorauszusehen, wären für andere auch zugänglich gewesen. Aber andere sahen es nicht als ihre Aufgabe an, sich damit zu beschäftigen. Und das ganz zu Recht.

Wenn alle anderen noch den verdienten Erfolg genießen, sollten Sie sich bereits Gedanken über den nächsten notwendigen Veränderungsschritt machen. Während sich das Mittlere Management eines Automobilherstellers im Premiumsegment noch am Sound des neusten Motors und der Präzision des jüngst überarbeiteten Fahrwerks berauscht, muss die Führungsspitze über die nächsten Schritte nachdenken. Was macht die Konkurrenz? Wie lange kann es angesichts der strengeren Emissionsgesetze und bei den steigenden Rohölpreisen noch bei der heutigen Fahrzeugtechnologie bleiben? Bis wann müssen eventuell nachhaltige Alternativen gefunden werden und welche Vorstellungen davon lassen sich heute schon entwickeln?

In der Motorenentwicklung oder im Vertrieb interessiert das keinen. Im Gegenteil, hier wird man die aufziehenden Probleme im Zweifel sogar komplett verdrängen, weil man bloß Spielverderber am Werk glaubt. An der Spitze wäre es jedoch absolut fahrlässig, sich über Zukunftsfragen keinerlei Gedanken zu machen. Energiekrisen oder Gesetzesänderungen träfen dann das ganze Unternehmen völlig unvorbereitet.

Wenn der Leiter eines deutschen Werks eines weltweit operierenden Konzerns sieht, dass sein Standort in einem internationalen Benchmarking bedenklich abrutschen könnte, muss er etwas unternehmen. Er muss noch nicht die fertige Lösung kennen, aber er muss anfangen, Veränderungen einzuleiten. Das ist sein Job, und zwar unabhängig davon, ob die Stimmung im Betrieb gut oder schlecht ist. Die Zentrale wird kaum nach den Befindlichkeiten der Menschen vor Ort entscheiden, ob ein Produkt zukünftig in Deutschland oder in Indien hergestellt wird.

Regieanweisung

Nehmen Sie sich ausreichend Zeit, in die Zukunft zu schauen, Entwicklungen abzuschätzen und Szenarien zu entwickeln. Lassen Sie sich inspirieren und beflügeln Sie andere.

Für effektive Führung ist entscheidend, dass Sie vorausschauend in einen Veränderungsprozess führen, also nicht erst dann, wenn der Druck von außen schon so groß ist, dass man bereits mit dem Rücken zur Wand steht. Das Unternehmen sollte sich nicht erst verändern, wenn es mit einer neuen Situation konfrontiert ist, denn dann ist es oft schon zu spät. Die Veränderung muss vorher beginnen, damit alle auf die neue Situation vorbereitet sind.

In einem süddeutschen Unternehmen der Lederindustrie habe ich ein gutes Beispiel für Vorausschau erlebt. Die Färbung des Leders verlangt viel Fingerspitzengefühl und wird von den Experten traditionell als Geheimwissen gehandelt. Wenn dabei etwas schiefgeht, kann oft die ganze Partie nicht mehr verwendet werden. In dem besagten Unternehmen waren alle dafür vorhandenen Experten bereits weit in den Fünfzigern. Der Chef, ein praktisch veranlagter Mittelständler, wollte in das allgemeine Gejammere über Nachwuchsmangel nicht einstimmen, sondern stellte lieber eine Regel auf: Fünf Jahre vor Renteneintritt bekommt jeder Experte einen jungen Mitarbeiter an die Hand, der dessen Erfahrungen schrittweise übernimmt. Jetzt erntet er die Früchte für diese Investition.

In kleinen Schritten zum Ziel

Wenn Sie sehen, dass Dinge sich verändern müssen, dann sollten Sie Geduld haben. Wenn Sie wissen, dass etwas geschehen muss, dann legen Sie sich am besten Selbstbeschränkung auf. Rom wurde nicht an einem Tag erbaut. Schritt für Schritt kommen Sie ans Ziel. So wie ein Regisseur, der Szene für Szene dreht. Natürlich hat er ein Drehbuch. Selbstverständlich hat er eine Vorstellung vom fertigen Film. Aber keine Szene wird genau so wie vorher geplant. Vieles, was auf dem Papier noch gut aussah, entpuppt sich am Set als unbrauchbar. Da ist dann ein Dialog, eine Einstellung, ein ganzer Handlungsstrang am Ende verzichtbar. Dafür ergeben sich auf der anderen Seite spontan neue Dialoge, neue Szenen, ja vielleicht sogar Aspekte, die der Aussage des Films eine ganz andere Wendung geben.

Es gibt Regisseure, die drehen zwei, drei oder noch mehr verschiedene Versionen vom Ende ihres Films und entscheiden erst ganz am Schluss, wenn alles andere steht, welches Ende nun stimmig ist. Vor dieser Bereitschaft des Regisseurs, die Schlusspointe erst einmal offenzulassen, können Führungskräfte sich eine Scheibe abschneiden.

Die Erkenntnis, dass menschliches Handeln von Zielen bestimmt wird, ist uralt. Bloß wie konkret müssen diese Ziele sein, damit unser Handeln erfolgreich ist? Klaus Baldur hatte das grob umrissene Ziel, seinen Standort profitabler und flexibler zu machen. Aber wie genau man dahin kommen könnte, was man verändern müsste und vor allem, wie das wettbewerbsfähige Werk am Ende aussehen würde, davon hatte Klaus zunächst keinen blassen Schimmer.

Davon abgesehen hatte er auch keine Ahnung, ob alle Anstrengungen überhaupt etwas nützen würden oder ob die Zentrale die Schließung des Standorts nicht längst beschlossen hatte. Das war ihm aber egal. Er ging in kleinen Schritten vor, um dann weiterzusehen. Ein Regisseur konzentriert sich bei den Dreharbeiten ganz auf jede einzelne Szene und ihre Stimmigkeit – am Ende wird sich alles schon zu einem Film fügen.

Nun werden Ihnen viele Experten für Zielmanagement sagen, dass Sie zumindest das Endziel immer klar im Blick haben müssen. Ich bin dagegen der Ansicht, dass Sie unter bestimmten Umständen sogar auf die Formulierung eines Endziels zunächst verzichten und sich diesem besser Schritt für Schritt annähern können. Gerade bei sehr komplexen Veränderungsprozessen habe ich ausgesprochen gute Erfahrungen mit diesem ganz und gar offenen Vorgehen gemacht.

Allerdings zeigt sich hier einmal mehr: Nicht jeder eignet sich als Regisseur. Wer offene Situationen nicht aushält, wer sich von unsicheren Rahmenbedingungen selbst verunsichern lässt, der kann schlecht andere führen.

Schauen Sie sich heute einmal junge Unternehmen in wissens- oder technologieintensiven Bereichen an. Wie viel stimmt da nach drei oder fünf Jahren noch mit den im Businessplan definierten Zielen überein? Manchmal fast nichts oder nur das Gerüst. Sicherlich musste man zunächst seine Ziele klar und eindeutig formulieren, um Banken, private Kapitalgeber oder staatliche Fördereinrichtungen zu überzeugen und natürlich auch um die eigenen Energien zu mobilisieren. Aber dann hat man einfach einmal angefangen, und plötzlich sah die Realität ganz anders aus. Nach dem Prinzip des »Trial and Error« werden dann erfolgversprechende Wege weiterverfolgt, Sackgassen wieder verlassen.

Diese offene Vorgehensweise setzt voraus, dass Sie bereit sind, immer wieder mit anderen über Ziele zu diskutieren. Lassen Sie diese so weit wie möglich von den Mitarbeitern selbst finden, definieren, verfolgen und auch wieder ändern. Das führt zu einer deutlich höheren Identifikation der Mitarbeiter mit den Zielen. Moderieren Sie solche Prozesse in regelmäßigen Gesprächsrunden.

Regieanweisung

Gliedern Sie langfristige Ziele immer in überschaubarere Zwischenschritte auf. Seien Sie diskussionsbereit und offen, auch langfristige Ziele immer wieder in Frage zu stellen und neu zu definieren.

Führungskräfte brauchen bei aller Vorausschau und Zielorientiertheit vor allem Offenheit für die jähen Wendungen des Business. Sie benötigen die absolute Gewissheit, dass ihren Mitarbeitern die besten Lösungen einfallen werden. Sie kommen ganz automatisch in Situationen der Unsicherheit, für deren Bewältigung sie über Souveränität verfügen müssen. Wer diese Grundeigenschaften nicht oder noch nicht besitzt, sollte sich den Stress des Führens lieber nicht antun.

Die oft gestellte Frage ist, wie man solche Eigenschaften entwickelt. Das Sammeln von Informationen durch Studium, Lesen oder Seminarteilnahmen hilft hierbei nicht. Ich rate Ihnen: Stürzen Sie sich ins kalte Wasser! Nur indem Sie Erfahrungen sammeln, schwierige Aufgaben lösen und Fehler machen, lernen Sie das sichere Schwimmen. Suchen Sie sich einen Mentor, mit dem Sie Ihre Erlebnisse und Erkenntnisse reflektieren können.

Nach meiner Erfahrung zeichnen sich gute Führungskräfte vor allem dadurch aus, dass sie vorher selbst harte Detailarbeit gemacht und kein Risiko gescheut haben. Aus Überfliegern und Drückebergern werden bestenfalls Verwalter von Arbeit, aber niemals »Regisseure« und Gestalter, denen andere gerne folgen.

Zeitraffer

- Managen Sie, wenn es notwendig ist. Aber lernen Sie, in der Rolle des Führers nicht zu managen.
- Gewöhnen Sie sich daran, dass Sie Prozesse nicht perfekt und dauerhaft steuern können. Sie steuern sich schon von allein.
- Glauben Sie nicht, dass Sie allein viel bewirken können, sondern überlassen Sie es einfach Ihren Mitarbeitern, neue Wege zu finden.
- Wenn Chaos ausbricht, ist das halb so schlimm. Vertrauen Sie auf die Selbstorganisationsprozesse, die schon nach kurzer Zeit einsetzen.
- Befreien Sie sich vollständig von der Angst vor Machtlosigkeit und Kontrollverlust. Dann macht Führung wieder Spaß.
- Vorausschauen gehört zu Ihren wesentlichen Aufgaben. Sie nehmen Entwicklungen, Veränderungen des Umfelds rechtzeitig wahr, spielen das Ganze durch und sind rechtzeitig auf Veränderungen programmiert.
- Schritt für Schritt kommen Sie ans Ziel. Sogar auf die Formulierung eines Endziels können Sie zunächst verzichten.

Die Dreharbeiten – Weitermachen bei guter Stimmung am Set

Regieassistent Michael Flint ist genervt. Seit Stunden sitzt er in seinem Wohnmobil am Tisch und beobachtet durch die Scheibe den Nieselregen. Bei der Ankunft der Crew hatte die aufgehende Sonne den Nationalpark in goldgelbes Licht getaucht. Jetzt ist an einen Außendreh gar nicht zu denken. Alle 20 Minuten ruft Flint beim Wetterdienst an. Sein Ton wird jedes Mal gereizter: Die Vorhersage war doch ganz anders! Wann wird sich diese Suppe endlich verziehen? Als Flint die silberne M-Klasse erblickt, in der Donna Shalana den Gatsby Fitzgerald zum Drehort fährt, macht er sich wenig Hoffnung auf Besserung. An der Zwangspause kann auch Gatsby nichts ändern. Am besten fährt er gleich zurück ins Hotel.

»Wir können nicht drehen«, begrüßt Michael Flint den Chef. Dieser scheint es nicht sonderlich eilig zu haben, ins Trockene zu kommen. Mit entspannter Miene schaut er sich am Drehort um und lässt sich nass regnen.

»Und wie ist die Stimmung?«, fragt Fitzgerald.

»Keine Ahnung«, erwidert Flint. »Ich versuche die ganze Zeit herausfinden, wann der Regen aufhören wird.«

»Okay, dann mach damit ruhig weiter«, entgegnet Fitzgerald. »Ich drehe erst einmal eine Runde.«

Als erstes geht er zum Wohnmobil von Catherine Brentwood und trifft seine Hauptdarstellerin einigermaßen aufgelöst an. Offenbar hat ein Unbekannter versucht, in ihre Villa einzudringen. Aber die Hausangestellte kann sich am Telefon nicht klar ausdrücken. Fitzgerald meint, so ein Vorfall sei schlimm und könne einem schon Angst machen. Dann bittet er Donna, in

L. A. anzurufen, damit jemand zu Catherines Haus fährt, nachsieht, was wirklich los ist, und ihr dann telefonisch berichtet.

Bei Kostüm und Maske geht es schon hoch her. Klatschthema heute: Ist Nick vielleicht bi? Die Indizien scheinen widersprüchlich zu sein. Fitzgerald schmunzelt in sich hinein und schlägt dann vor, man solle sich lieber darauf einstellen, dass heute noch gedreht wird, und alles Nötige vorbereiten.

Die Kameraleute langweilen sich. Fitzgerald schlägt seinem Director of Photography Gerald Summers und dessen Schwenker vor, doch einfach ein wenig Hintergrundmaterial zu drehen. Ruhige Bilder von trüb verhangenen Wäldern – vielleicht kann man das ja im Film an der Stelle reinschneiden, wo die drohende Katastrophe sich abzeichnet. Summers macht sich sofort auf Motivsuche.

Gerade hört Fitzgerald aufmerksam zu, wie ein Toningenieur ihm die Geschichte seiner chronisch kranken Mutter erzählt, die ihn sehr zu belasten scheint, als ein Sonnenstrahl seine Stirn berührt.

Da kommt auch schon Michael Flint auf ihn zugestürmt: »Also, Gatsby, der Wetterdienst hat mir jetzt fest versichert, wir könnten innerhalb der nächsten zwei Stunden damit rechnen, dass der Regen abzieht.«

»Gute Arbeit«, erwidert Fitzgerald und schafft es dabei nicht ganz, ein ernstes Gesicht zu machen.

Irgendwann wird es immer zäh

Die Dreharbeiten für einen Film sind für alle Beteiligten ein Knochenjob. Weil Drehzeit enorm teuer ist, sind die Tagespläne dicht gedrängt. Viele gehen an ihre Grenzen und sind hinterher urlaubsreif. Hinzu kommt, dass sich selbst der professionellste Drehplan nicht hundertprozentig umsetzen lässt, da es immer unvorhergesehene äußere Ereignisse gibt. Wenn Catherine

Brentwood vor einer atemberaubenden Naturkulisse im Yellowstone-Nationalpark erscheinen soll, dann muss die Crew eben warten, bis sich der Nieselregen verzogen hat und man von der Landschaft auch etwas sieht.

Michael Flint, der seinen Chef Fitzgerald am Drehort vertritt, reagiert auf dieses zähe Warten allerdings mit Rückzug. Übellaunig verbarrikadiert er sich in seinem Wohnmobil. Die anderen werden schon wissen, was sie zu tun haben, denkt er sich. Solange man nicht drehen kann, beschäftigen sich doch alle nur mit Kleinigkeiten, glaubt er. Zwischenzeitlich betreibt Flint selbst ein geradezu aberwitziges Krisenmanagement. Er nervt den Wetterdienst und reibt sich daran auf, obwohl die Meteorologen an der Witterung nicht das Geringste ändern können.

Auch in jeder Firma und in jedem Projekt gibt es ein ehernes Gesetz: Nach der Euphorie des Anfangs kommen die Mühen der Ebene. Die Karawane quält sich durch endlose Wüsteneien. Täglich müssen die gleichen Aufgaben erledigt werden, wobei immer neue Schwierigkeiten zu überwinden sind. Langsam verliert die Mannschaft den Mut. In dieser Situation ziehen sich manche Führungskräfte mehr und mehr zurück. Ich höre dann als Ausreden Sätze wie »Die Umsetzung ist Sache der Experten« oder »Schließlich bezahlen wir dafür gute Leute« oder auch »Nun lasst das mal die Betroffenen machen«.

Die Betroffenen? Als es darum ging, das Projekt zu gestalten, die Lösungswege zu bestimmen und später dann in einer neuen Organisation die Posten zu verteilen, haben diese Führungskräfte die Betroffenen nur allzu gerne ausgegrenzt. Jetzt, wo es zäh wird, bringt man sie mit Vorliebe ins Spiel, um sich selbst aus dem langweiligen Tagesgeschäft zurückziehen zu können. Das ist erstens nicht fair und zweitens die Ursache dafür, dass so manches ehrgeizige Vorhaben seine Ziele nicht erreicht und irgendwann im Sande verläuft. Da lob ich mir die mittelständische Führungstradition, bei der sozusagen der Kapitän bis zum Schluss auf der Brücke bleibt.

In jedem Unternehmen finden heute permanent Veränderungen statt. Da muss der Maschinenpark auf neue Produkte ausgerichtet und an eine veränderte Auftragsstruktur angepasst werden. Oder die Produktion wird ausgeweitet, was ebenso neue Schichtmodelle verlangt wie einen veränderten Wartungs- und Instandhaltungsrhythmus. Dieser wiederum wird auch vom zunehmenden Automatisierungsgrad der Anlagen bestimmt. Dann gilt es, unter Kostenaspekten eine Balance zu finden zwischen dem Lagerbestand, der nötig ist, um Produktionsausfälle zu vermeiden, und einer möglichst flexiblen Fertigung. Dazu muss das Unternehmen das Lieferantenmanagement verbessern, bis hin zum Aufbau einer hoch effizienten Supply Chain. Neue Kennzahlen zur Prozesssteuerung müssen ausgearbeitet, eingeführt und genutzt werden, vielleicht beinhaltet das sogar Six Sigma. Und natürlich muss der Fokus stets auf die Qualität der Prozesse und Produkte gerichtet werden.

Mit anderen Worten: Es gibt immer weniger Tagesgeschäft in dem Sinne, dass irgendetwas einfach nur routinemäßig abzuwickeln wäre. Stattdessen begegnet man ständig einer Vielzahl von Herausforderungen, von denen jede für sich eine immer größere Tragweite bekommt. Das zwingt das Management zu einer Gesamtkoordination. Die Fülle der Aufgaben verlangt ganz einfach nach permanenten Impulsen von der Unternehmensspitze her. Wie bei einer Karawane, die sich nur deshalb weiterbewegt, weil der Karawanenführer ständig auf sie einwirkt.

Viele Unternehmen nutzen nun Projektmanagement-Tools, um alle Einzelaufgaben in den Griff zu bekommen. So war es auch bei einem süddeutschen Autozulieferer, den ich vor einigen Jahren kennenlernte. Als ich dort Einblick erhielt, waren insgesamt zwölf Teilprojekte definiert und in einem Gesamtprojekt mit dem vielsagenden Namen »Future« zusammengefasst worden. Das Management hatte sämtliche zwölf Projekte detailliert in MS Project angelegt, Teilaufgaben definiert, Milestones gesetzt und den kritischen Pfad gekennzeichnet. Das klingt erst einmal nach moderner, projektorientierter Organisation und sollte eigentlich ganz gut geklappt haben. Dem war aber nicht so.

Bei der Hälfte der Aufgaben waren wichtige Teilziele nicht erreicht worden, als die Unternehmensleitung mich um Hilfe bat. Und auch alle anderen lagen nicht im Zeitplan. Noch schlimmer war, dass bei einigen Aufgaben inhaltliche Vorgaben verfehlt zu werden drohten. Das Ganze war überhaupt nur aufgefallen, weil mit dem letzten Jahreswechsel ein neuer Technischer Geschäftsführer eingestiegen war.

Dieser hieß Niklas Schmidt und hatte im Zuge seiner ersten Bestandsaufnahme den Status der Teilprojekte wesentlich genauer hinterfragt als sein Vorgänger. Nun war Not am Manne. Gemeinsam leiteten wir sofort erste Schritte in die Wege. Wir fassten zunächst sämtliche Projekte in einer »Projektwerkstatt« zusammen und integrierten darin weitere Aufgaben, die bisher außerhalb des Projekts »Future« gelaufen waren. Das war notwendig, um ab sofort sicherstellen zu können, dass alle Ressourcen angemessen eingesetzt werden würden. Danach unterzogen wir die Projekte innerhalb der Projektwerkstatt einem Rating, welches weitere Lücken offenbarte und leider dem Unternehmen insgesamt ein völlig unprofessionelles Projektmanagement bescheinigte.

Mit den Schwachstellen kamen jedoch auch die möglichen Lösungen zutage. Wir beschlossen, alle Projekte sofort einem einheitlichen und vor allem detailnahen Monitoring zu unterstellen und dafür zu sorgen, dass Abweichungen und kritische Punkte auf dem Tisch des Geschäftsführers landeten. Natürlich hatte Niklas Schmidt keine Zeit, sich dann um alle Details persönlich zu kümmern. Aber er konnte die kritischen Punkte sehen, seine Manager darauf ansprechen und sich über deren weitere Maßnahmen fortlaufend informieren lassen. Darauf kam es an.

Außerdem rief Schmidt nun monatlich die Projektwerkstatt zusammen und ließ sämtliche Teilprojektleiter Bericht erstatten. Dafür überlegten wir uns ein hoch wirksames Verfahren. Es schrieb vor, dass jeder Teilprojektleiter zwei Tage vor dem Termin der Projektwerkstatt einen formalisierten Statusbericht abgab, in dem entweder der ordnungsgemäße Projektfortgang bestätigt wurde oder entsprechende Probleme gelistet waren. Benannte der Projektleiter ein Problem, musste er dazu jeweils zwingend Lösungsvorschläge aufzeigen, die bereits mit den Beteiligten abgestimmt waren. Gelang dies nicht, war die Differenz auszuweisen. Dieser Statusbericht war von dem Teilprojektleiter persönlich zu unterschreiben. Im Meeting selbst wurden dann nur noch die offenen Punkte besprochen, für die ohne Geschäftsführerentscheidung keine Lösung möglich war.

Dieses rigide Vorgehen erscheint für die Teilprojektleiter unangenehm und ist es wohl in der Tat auch. Aber in solch kritischen Situationen bedeutet Führung, mehr direkte Interventionen zu entwickeln als bei gut laufenden Projekten. Darüber hinaus stellte das Verfahren sicher, dass die Arbeit sofort mehr Verbindlichkeit bekam.

Niklas Schmidt hatte die Möglichkeit, alle neuralgischen Punkte sofort zu sehen und an den richtigen Stellen unterstützend einzugreifen. Er mischte sich zwar nicht in die Sachdetails ein, hatte aber ihre Entwicklung stets unter Kontrolle. Und er konnte jederzeit dort mehr in die Tiefe gehen, wo ihm das notwendig erschien. Allein dass er dies konnte – und in Einzelfällen auch tatsächlich tat –, disziplinierte den einen oder anderen vorher säumigen Manager und spornte alle anderen enorm an.

Noch eine weitere Eigenart zeichnete Niklas Schmidt aus, die ich in solchen Situationen für einen besonderen Erfolgsfaktor halte. Er war nämlich ein fleißiger und korrekter Mensch und schrieb in jedem Meeting die getroffenen Vereinbarungen selbst auf. Dafür verwendete er zwar ein standardisiertes Kurzprotokoll, aber er folgte bewusst nicht der Unsitte, die Sekretärin das Protokoll machen zu lassen. Schließlich versteht auch die beste Sekretärin nicht genug von der jeweils verhandelten Sache und weiß erst recht nicht, worauf es in kritischen Situationen ankommt. Sonst könnte sie ja gleich selbst als Geschäftsführerin anfangen.

An dieser Stelle könnten Sie sagen: »Da macht der Niklas Schmidt aber ziemlich viel. Führen soll man doch aber, ohne zu machen.« Da müssen Sie sich aber genauer anschauen, was er machte. Kümmerte er sich um Sachfragen oder konzentrierte er sich darauf, seine Fachleute auf Trab zu halten?

Nach etwa drei Monaten lief das Projekt jedenfalls wieder vernünftig und Niklas Schmidt konnte die Zeiträume zwischen den Meetings der Projektwerkstatt vergrößern. Außerdem räumte er den Teilnehmern nun die Möglichkeit ein, auch positive Entwicklungen im Projekt kurz vorzustellen. Dies wurde von Managern und Mitarbeitern als Möglichkeit genutzt, sich zu profilieren, und wirkte zusätzlich motivierend.

Regieanweisung

Greifen Sie ein, wenn die Euphorie des Anfangs verflogen ist und Ihre Leute nachlässig werden. Gerade wenn es zäh wird, ist Führung dringend notwendig. Damit die Dinge gar nicht erst aus dem Ruder laufen, ist ein strenges Monitoring hilfreich.

Immer nahe an den Prozessen bleiben!

Gatsby Fitzgerald hat mit eigenen Augen gesehen, dass es regnet und er im Moment nicht würde drehen können. Trotzdem lässt er sich nach dem Frühstück im Hotel gleich zum Drehort fahren. Dort angekommen macht er sich von allen für den Dreh notwendigen Prozessen in Ruhe ein Bild. Was macht die Regieassistenz gerade? Ist bei den Schauspielern alles in Ordnung? Sind die Maskenbildner startklar? Macht sich das Kamerateam schon einmal mit den örtlichen Gegebenheiten vertraut? Fitzgerald sieht sich alles an und macht überall ein paar Vorschläge.

So soll sich Michael Flint ruhig weiter um das Wetter kümmern, was zwar sinnlos ist, aber auch keinen Schaden anrichtet. Die Maskenbildner werden von Fitzgerald gewarnt, dass Sie den Tag nicht mit Tratsch verbringen können, sondern noch Arbeit auf sie zukommt. Und den Kameraleuten schlägt er vor, doch ein paar Landschaftsbilder zu drehen, die er vielleicht später gebrauchen kann.

Fitzgerald zeigt also bei allen Prozessen Präsenz und redet mit den zuständigen Leuten. Aber er steigt nirgendwo in die

Sachdetails ein. Weder schreibt er den Maskenbildnern vor, welche Utensilien sie bereithalten sollen, noch bestimmt er die Naturmotive, die seine Kameraleute für ihn einfangen sollen.

Niklas Schmidt, der Technische Geschäftsführer des oben beschriebenen Autozulieferers, hat zwar einerseits eine Menge harte Tools eingesetzt. Er hat mit einem Rating die Schwachstellen der Projekte ungeschminkt ans Licht gebracht, eine Risikoanalyse erstellt, ein straffes Monitoring eingeführt und die beschriebene Projektwerkstatt mit allen formalisierten Abläufen aufgezogen. Andererseits hat er aber seinen Leuten nie irgendwelche Kommandos erteilt!

Es bringt ja auch gar nichts, wenn der Chef mit geschwellter Brust fordert, dass jetzt mal schnellstens alles in Ordnung kommen solle. Erstens ist damit noch kein Schritt nach vorne getan und zweitens werden die Verantwortlichen an der Basis als Deppen hingestellt, die ihre Jobs nicht richtig machen. In welcher inneren Verfassung sich die meisten Leute in solchen Situationen wirklich befinden, habe ich bereits in Klappe 4 geschildert. Sie sind häufig ganz objektiv am Ende ihrer Möglichkeiten. Draufhauen und Weglaufen bringt einem Chef daher überhaupt nichts.

Leider beobachte ich aber gerade in den letzten Jahren eine zunehmende Tendenz zu solch einem punktuellen, autoritären und gerade wegen des aggressiven Gestus eher hilflosen Eingreifen von oben. Das gilt besonders für konzerngelenkte Unternehmen. Die Topebene macht durch solche Interventionen vielleicht in der Konzernzentrale einen guten Eindruck, an der Basis wirkt sie dagegen todsicher kontraproduktiv. Ich muss jedes Mal den Kopf schütteln, wenn dieselben Führungskräfte, die so agieren, sich gleichzeitig bitter über die schlechte Motivation des nachgeordneten Managements und der Mitarbeiter beklagen.

Wie man es anders machen kann, ohne deswegen als Weichei zu gelten, das niemand ernst nimmt, können Sie am Beispiel von Niklas Schmidt erkennen. Was hat er eigentlich gemacht? Wodurch konnte er das Projekt drehen? Ganz einfach: Er hat umfassend Präsenz gezeigt. Präsenz hat nämlich noch weitere Dimensionen als in Klappe 5 beschrieben, wo ich Ihnen beispielsweise regelmäßige Rundgänge an den Arbeitsplätzen und das lockere Gespräch mit den Mitarbeitern empfohlen hatte.

Zunächst einmal bedeutet Präsenz natürlich die persönliche Nähe zu Menschen, aus der heraus sich erst das für jede erfolgreiche Zusammenarbeit erforderliche Vertrauen entwickeln kann. Diese Form der unmittelbaren, menschlichen Präsenz erreichen Führungskräfte, indem Sie persönliche Kontakte zu den Mitarbeitern vor Ort knüpfen, auf deren Probleme ernsthaft eingehen und die Leute aktiv unterstützen. Dazu darf man nicht der kleine Napoleon in der Kiste sein. Vielmehr sind Ehrlichkeit und korrektes, angemessenes Benehmen hier die unverzichtbaren Tugenden.

Was Niklas Schmidt jedoch darüber hinaus noch an den Tag gelegt hat, ist etwas, das ich gerne als »Prozesspräsenz« bezeichne. Er war immer auf der Höhe der Aktionen, wie ein guter Schiedsrichter beim Fußball. Er hat sich zwar nicht um Sachdetails kümmern können, aber er hat sich die Prozessdetails angesehen. Schon als er gerade erst seine neue Stelle angetreten hatte, genügte ihm der flüchtige Blick auf die bunten Charts von MS Project nicht, sondern er hakte genauer nach. Und schließlich konnte er dank prospektiv wirkender Instrumente den Ereignissen sogar gedanklich voraus sein. Damit schuf er eine wichtige Voraussetzung für echte Führung.

Wenn Sie sich das Beispiel von Niklas Schmidt noch einmal vor Augen führen, so lassen sich daraus einige ganz konkrete Tipps ableiten, die sehr einfach umsetzbar sind. Die hier gegebenen Hinweise sind nichts Hochintellektuelles. Der entscheidende Punkt ist: Man muss es tun!

Regieanweisung

- Beschäftigen Sie sich in kurzen Zeitabständen mit den wichtigsten Themen in Ihrem aktuellen Managementvorhaben oder Projekt. Viele Schwierigkeiten entstehen erst dadurch, dass Führungskräfte glauben, irgendjemand kümmere sich gerade schon um eine Sache, statt selbst nachzusehen.

- Wenden Sie prospektive Instrumente an, wie zum Beispiel regelmäßiges Rating, Monitoring und Risikoanalysen. Achten Sie darauf, dass diese Instrumente immer aktionsbezogen sind. Die meisten Projektmanagement-Tools, wie etwa MS Project, sind nämlich im Gegensatz dazu überwiegend ressourcenorientiert.
- Konzentrieren Sie sich immer auf die Schwachstellen, an denen Ihre Unterstützung benötigt wird. Wo brennt es? Wo etwas gut läuft, werden Sie nicht unbedingt gebraucht.
- Verlegen Sie die in Meetings üblichen endlosen Berichte und Erläuterungen von Sachverhalten einfach mittels Vorlagen und Kurzberichten in die Vorbereitungsphase. Machen Sie damit auch klar, dass für unverbindliches Gelaber in den Meetings keine Zeit ist.
- Veranlassen Sie die Verantwortlichen zu verbindlichen Aussagen. Setzen Sie dazu zum Beispiel bestimmte Formblätter ein und verlangen Sie darauf Unterschriften.
- Treffen Sie bindende Vereinbarungen über die nächsten Schritte. Bringen Sie diese zumindest in Kurzform immer selbst zu Papier. Geben Sie in Ihren Protokollen zu jedem Punkt Fälligkeitstermin und Verantwortlichkeit an.

Wenn es um die Prozesspräsenz geht, dann hat Management in mancher Hinsicht etwas Handwerkliches. Im Hinblick auf die Mühen der Ebene kann ich also Fredmund Malik nur zustimmen, wenn er sagt, dass Management ein Handwerk sei, welches man erlernen kann und ausüben muss. Nur so bringt man die Karawane durch die Wüste.

Klappe 8 Take 3 – Nur wer nahe an den Stimmungen ist, kann führen

Als Gatsby Fitzgerald an den Drehort kommt, fragt er seinen Regieassistenten als Erstes, wie die Stimmung unter den Schauspielern und der Crew sei. Michael Flint kann dazu nichts sagen, da er lieber vermeintlich wichtige Telefonate führt, als mit den eigenen Leuten zu reden. Also dreht Fitzgerald selbst eine Runde. Dabei ist er ein aufmerksamer Zuhörer, der seine Leute ernst nimmt. Dass Catherine wegen eines ungeklärten Vorfalls in ihrem Haus verängstigt ist und ein Tontechniker aus Sorge um seine Mutter nicht ganz bei der Sache sind für ihn Bausteine des Stimmungsbildes der gesamten Truppe, dem er auf der Spur ist.

Fitzgerald hält sich in den Gesprächen auffällig zurück, auch wenn es ihm nicht immer leichtfällt. So weist er weder seine Maskenbildner zurecht, dass sie das Privatleben der Schauspieler nichts angehe, noch macht er sich über die veraltete Wettervorhersage des Regieassistenten lustig.

Es gibt eben noch eine Dimension von Präsenz, bei der das »Handwerk« des Managements wenig hilft. Ich nenne das gerne »Systempräsenz«, weil es um die Nähe einer Person zu dem sozialen System als Ganzem geht. Ich meine damit, dass Sie als Führungskraft stets im Bild darüber sein sollten, wie die Stimmung im Unternehmen ist, welche Atmosphäre herrscht, wodurch diese möglicherweise gestört werden könnte und so weiter.

Aus diesem stets aktuellen Wissen können und sollten Sie Strategien entwickeln, um Atmosphäre und Stimmungen zu beeinflussen, Interessenkonflikte zu entschärfen und Interessengleichgewichte herzustellen. Letztlich geht es dabei immer um Unternehmenskultur, die Sie nur so und nicht anders beeinflussen können. Systempräsenz ist immer erforderlich, im Tagesgeschäft genauso wie in Projekten, denn überall spielt die Unternehmenskultur eine Rolle.

Systempräsenz entscheidet bei allen Formen über Erfolg oder Misserfolg von Führungskräften von Veränderungsprojekten. Je komplexer und tiefgreifender diese Projekte sind, desto wichtiger sind Stimmung und Atmosphäre. In allen Phasen der Inszenierung von Veränderung, die ich beschrieben habe, spielt die Unternehmenskultur eine Rolle. Die Stunde der Wahrheit kommt jedoch immer bei der Prozessentwicklung und bei der Umsetzung aller Arten von Lösungen.

Bei den besagten Mühen der Ebene gibt es Widerstände und Fehlschläge, die überwunden werden müssen. Da geht es um Kampfgeist und Durchhaltevermögen. Gleichzeitig bietet genau diese Phase die besten Möglichkeiten, eine Unternehmenskultur aktiv zu entwickeln. Und dazu benötigt die Führungskraft eben Systempräsenz. Nichts anderes als diese Fähigkeit unterscheidet brillante Führungskräfte von durchschnittlichen. Hier beginnt das, was man mitunter »Leadership Excellence« nennt.

Nähe zu einzelnen Personen ist immer der erste Schritt zur Systempräsenz. Das Unternehmen als soziales System besteht aus vielen Individuen. Dabei ist das System als solches nicht unmittelbar greifbar, sondern nur über die einzelnen Beteiligten zugänglich. Wenn ich das System durchschauen und beeinflussen will, so geht das allein über lebendige Kommunikation vor Ort. Es reicht also nicht, nur in Kontakt mit nachgeordneten Managern und vielleicht einigen ausgewählten Informanten zu sein. Es reicht auch nicht, wenn die Führungsspitze sich per Fragebogen ins Bild zu setzen versucht oder ihre Botschaften über Intranet und Aushang verbreitet.

Als Führungskraft müssen Sie vielmehr breiteste Kontakte herstellen. Zu Managern, zu Mitarbeitern, zum Betriebsrat. Der Austausch mit Kunden und Kooperationspartnern schafft außerdem eine wichtige Außenperspektive. Schon der legendäre Henry Ford soll von seinen Managern gefordert haben, in regelmäßigen Abständen selber Autos zu verkaufen, um so direkt mit den Kunden, ihren Wünschen und Ansprüchen in Verbindung zu kommen. Wichtig ist, dass alle diese Kontakte keine kampagnenartigen Aktionen sind, sondern Alltag. Nur so entsteht Vertrauen als wichtige Grundlage für Systempräsenz.

Ein inzwischen leider verstorbener Unternehmer, den ich an dieser Stelle Gerhard Steiger nennen möchte und den ich in den 1990er Jahren kennenlernte, wirkte bereits durch seine Erscheinung vertrauenerweckend. Er hatte weißes, volles Haar, einen klaren, offenen Blick und eine tiefe, ruhige Stimme. Er redete nicht viel, denn seine besondere Gabe bestand im Zuhören. Vielleicht trug auch die Tatsache, dass er Pfeifenraucher war, zu seiner ruhigen Ausstrahlung bei. Er leitete ein Unternehmen der metallverarbeitenden Industrie mit mehr als 600 Beschäftigten, das sein Vater einst gegründet hatte.

Mich faszinierte schon bei unserem ersten Zusammentreffen ganz besonders, dass er voller Geschichten über sein Unternehmen war. Geschichten von den Menschen, deren Beziehungen, Interessen und Vorlieben, aber natürlich auch über Feindschaften und deren Ursachen, über offene und verdeckte Seilschaften. Er wusste immer genau, mit wem er reden musste, um die Stimmung im Betrieb zu kennen und über die Meinungen seiner Leute zu brisanten Themen informiert zu sein.

Sein Geheimnis bestand darin, Fragen zu stellen und zuzuhören. Er hatte dabei eine schier unendliche Geduld und konnte es sogar aushalten, wenn Leute offensichtlichen Unsinn erzählten oder ihm falsche Aussagen in den Mund legten. Er überlegte es sich dreimal, ob er an einer solchen Stelle den Dialog für eine Richtigstellung unterbrach oder ihn einfach weiterlaufen ließ. So erfuhr er im Originalton, wenn eine seiner Entscheidungen zu Unmut in der Belegschaft führte und konnte diese bei Bedarf schnell und wirkungsvoll entweder korrigieren oder verstärken.

Viel wichtiger war jedoch, dass Steiger im Laufe der Jahre eine nahezu untrügliche Intuition dafür entwickelt hatte, was für sein Unternehmen gut und was schlecht war. Seine unternehmerischen Entscheidungen leitete er kaum aus Strategien und rationalen Erwägungen ab. Natürlich zog er objektive Entscheidungskriterien heran. Er beschäftigte auch verschiedene Spezialisten und konsultierte externe Berater, um in Sachfragen firm zu sein. Aber er kombinierte diese Kriterien immer mit seinen unmittelbaren Empfindungen. Er verstand es, in die Seele seines Unternehmens einzutauchen.

In Zweifelsfällen entschied sich Steiger ganz bewusst, seinem Bauchgefühl zu folgen. Und damit machte er das Unternehmen tatsächlich erfolgreich, baute es aus, formte es in eine Aktiengesellschaft um und expandierte kräftig und nachhaltig. Für mich war und ist Gerhard Steiger ein Paradebeispiel für Systempräsenz, obwohl er sich nicht auf einer wissenschaftlichen Grundlage, sondern infolge seiner langjährigen Erfahrungen so verhielt.

Ich selbst beschäftige mich seit Anfang der 1980er Jahre intensiv mit Systemphänomenen. Dabei habe ich eine wichtige Lektion gelernt: Die Kultur und die innere Befindlichkeit sozialer Systeme erkennt man nur über ihre Individuen. Von den einzelnen Menschen bekommt man Informationen, wenn auch subjektiv gefärbt. Von diesen muss man dann auf die Stimmungen, Meinungen und Tendenzen des Gesamtsystems schließen. Das Ergebnis kann dabei völlig unabhängig von Einzelmeinungen sein.

So mag zum Beispiel ein einzelner Mitarbeiter die Auffassung vertreten, dass sein Abteilungsleiter eine miserable Führungskraft sei, und trotzdem steht in kritischen Situationen die ganze Abteilung hinter ihrem Chef. Um ein System zu erkennen, muss man sozusagen mit ihm verschmelzen, ohne sich allerdings von ihm assimilieren zu lassen.

Dabei ist entscheidend, was Sie jeweils wollen. Wenn Sie Informationen gewinnen wollen, dann müssen Sie in das Unternehmen eintauchen. Wollen Sie diese anschließend bewerten, dann müssen Sie geistig Abstand zum Unternehmen gewinnen und die Vogelperspektive einnehmen.

Erfolgreiche Führungskräfte mit einer gut entwickelten Systempräsenz sind sich über die inneren Erfolgsfaktoren ihres Unternehmens im Klaren. Dazu gehören Vertrauen, Offenheit, Sinn und Verantwortung. Manager mit Präsenz wissen, wie viel Vertrauen wo entwickelt ist und in welchen Bereichen oder bei welchen Mitarbeitern es Vertrauensdefizite gibt. Sie kennen die angstbesetzten Themen genau und wissen, wie sie damit umgehen können. Sie kennen die Einstellung ihrer Mitarbeiter gegenüber Neuem, können deren Offenheit für Veränderungen bewerten und haben Mittel und Wege, um Toleranz und Achtung zu erzeugen.

Diese Führungskräfte spüren, was ihre Mitarbeiter wollen, was sie antreibt, wo ihre Interessen liegen und was sie für sinnvoll halten. Sie können diese Themen besetzen, dadurch Sinn vermitteln und Motivation entwickeln. Sie wissen aber auch, mit welchen Anforderungen sie keinen hinter dem Ofen hervorlocken können.

Schließlich gelingt es ihnen, bei ihren Mitarbeitern die Lust an Verantwortung zu wecken. Sie differenzieren genau zwischen Menschen, denen sie Durchführungsverantwortung übertragen, und solchen, denen sie auch Gestaltungsverantwortung anvertrauen können. Dabei kommt es nicht auf die Position des Mitarbeiters an – auch wer formell kein Manager ist, kann Gestaltungsverantwortung tragen –, sondern es geht um die Haltung des Einzelnen oder einer Gruppe zum Thema Verantwortung.

Die genannten vier Faktoren sind die wichtigsten inneren Stützen eines Unternehmens. Vertrauen, Offenheit, Sinn und Verantwortung müssen in einem optimalen Verhältnis zueinander stehen. Führungskräfte sollten mittels ihrer Präsenz diese Faktoren analysieren, sie vermitteln, vorleben und die Bedingungen im Unternehmen so gestalten, dass alle vier zur Entfaltung kommen.

Die Ziele des Ganzen im Blick behalten

Gatsby Fitzgerald ist nicht selbst nach Los Angeles gefahren, um nach Catherines Haus zu sehen. Er hat auch den Maskenbildnern nicht dabei geholfen, ihre Materialkoffer auszupacken. Und er wollte, dass die Kameraleute die Zeit sinnvoll nutzen, ohne sie dabei anleiten zu müssen. Fitzgerald hat Aufgaben delegiert und Leute, wie ich gern sage, in Gestaltungsverantwortung gebracht. Dabei hat er sein Handeln immer an dem ausgerichtet, wofür ganz allein er selbst verantwortlich ist. Das ist weder die mentale Verfassung der Schauspieler noch die Maske noch die Kameraführung.

Fitzgerald ist dafür verantwortlich, dass es am Ende einen guten Film gibt. Das ist das übergeordnete Ziel. Deshalb kann man die eigentliche Verantwortung des Regisseurs auch als »Zielverantwortung« bezeichnen.

Wenn Sie, wie in Klappe 4 beschrieben, konsequent Leute in Gestaltungsverantwortung bringen und somit Ihr Managementteam erweitern, dann zahlt sich das auf den langen und zähen Etappen des Daily Business und der Projektarbeit ganz besonders aus. Denn jetzt können Sie ganz nach Bedarf delegieren und sich dabei selbst immer auf Ihre Ziele konzentrieren. So schlagen Sie mehrere Fliegen mit einer Klappe.

Erstens sind die nachgeordneten Manager und Mitarbeiter motiviert, denn sie erhalten die Freiheit des Gestaltens. Wie positiv sich das in der Praxis auswirkt, habe ich Ihnen schon anhand einiger Beispiele gezeigt. Die Resultate der Arbeit sind deshalb immer auch besser, als wenn Sie die Aufgabe selbst erledigt hätten, denn Ihre Manager und Mitarbeiter sind viel näher an den Sachthemen dran und kommen schon allein deshalb auf die besseren Lösungen. Sie selbst gewinnen derweil Zeit, um Ihrer ureigenen, nämlich der *Ziel*verantwortung nachzukommen.

Regieanweisung

Konzentrieren Sie sich auf Ihre Zielverantwortung. Lassen Sie sich nicht dazu verleiten, sich überall einzumischen. Behalten Sie das Ganze im Blick.

Zielverantwortung besteht konkret darin, zur richtigen Zeit und für den richtigen Zeitpunkt die jeweils richtigen Ziele zu definieren. So ist der Regisseur Gatsby Fitzgerald für den fertigen Film zuständig, muss aber auch bestimmen, was an einem einzelnen Drehtag passieren soll. Zur Verantwortung für Ziele gehört auch, diese zu vermitteln, also die jeweils passende Story zu finden und gut rüberzubringen. Wie man das macht, habe ich in Klappe 1 beschrieben. Weiterhin schließt Zielverantwortung ein, für den Weg zum Ziel die jeweils besten Unterstützer zu finden und für die nötigen materiellen Ressourcen zu sorgen.

Aber die besondere Kunst besteht darin, auch in die Zielfindung immer möglichst viele Mitarbeiter einzubeziehen. Dann ist auch automatisch für Motivation gesorgt. Wie das im Einzelnen funktioniert, zeige ich Ihnen in der nächsten Klappe.

Zeitraffer

- Nach der Euphorie des Anfangs kommen immer die Mühen der Ebene. Manche Manager ziehen sich dann am liebsten zurück. Das ist fatal. Gerade jetzt kommt es auf Führung an, Führung durch Präsenz!
- Im Daily Business und im Projektalltag ist die Gefahr besonders groß, dass Dinge langsam aus dem Ruder laufen. Harte Tools wie Rating, Monitoring oder Risikoanalyse können helfen, das Schiff wieder auf Kurs zu bringen.
- Führungskräfte müssen nahe an den Prozessen sein, ohne sich in Sachdetails zu verzetteln. Prozesspräsenz ist die handwerkliche Seite des Managements.
- Über Exzellenz im Management entscheidet das Ausmaß der Systempräsenz, die eine Führungskraft entwickelt. Über viele Einzelkontakte entsteht ein Stimmungsbild des großen Ganzen. Systempräsenz ermöglicht die Aktivierung der inneren Erfolgsfaktoren eines Unternehmens, Sinn, Offenheit, Vertrauen und Verantwortung.
- Wer delegieren kann und ein starkes Managementteam gebildet hat, kann sich letztlich ganz auf seine Zielverantwortung konzentrieren. Er definiert zur richtigen Zeit und für den richtigen Zeitpunkt die jeweils richtigen Ziele.

Die Stars – Wie Sie Ihre Helden entdecken und motivieren

»Wir hätten das nicht am letzten Drehtag machen sollen, Gats«, stöhnt Donna Shalana, als ihr Blick über das Studiogelände schweift. »Ich hasse Massenszenen sowieso. Aber wenn die Leute keine Lust mehr haben, ist es die Hölle.«

»Wir schaffen das schon«, entgegnet Gatsby Fitzgerald. »Ich habe Michael gebeten, die Leute etwas aufzumuntern.«

»Michael Flint soll für gute Laune sorgen?«, fragt seine Assistentin gedehnt. »Großartige Idee, Gats. Warum hast du nicht gleich Osama bin Laden und Kim Jong Il geschickt?«

»Du hast Recht, wir müssen noch etwas für die Stimmung tun, sonst wird das heute nichts«, antwortet Fitzgerald. »Gib mir einfach Bescheid, wenn Gerald die Probleme mit der Kamera gelöst hat und wir weitermachen können. Und ich schaue mal, was sich machen lässt, damit bis dahin keine Meuterei ausbricht.«

Der Regisseur schlendert durch die Kulisse für die nächste Szene. Auf dem Produktionsgelände ist eine Straße im Geschäftsviertel von Downtown L. A. nachgebaut. Es fehlen nur die Wolkenkratzer, die später digital einmontiert werden, sonst sieht alles täuschend echt aus. Hier will Fitzgerald inszenieren, wie Leute in Panik aus ihren Büros laufen, als CNN verbreitet, der größte Vulkanausbruch in der Geschichte der Menschheit stehe unmittelbar bevor. Allerdings kann er sich die gelangweilten und genervten Leute, die in ihrer Businesskleidung schwitzen und Schutz vor der Sonne suchen, bisher nur schwer um ihr Leben rennend vorstellen.

Da hört er aus einer Ecke lautes Gelächter. Und dann Applaus. Na, wenigstens die Tontechniker haben gute Laune, denkt Fitzgerald auf dem Weg zu seiner Crew. Alle haben sich um eine junge Frau geschart, die Fitzgerald noch nie gesehen hat und auf höchstens 21 schätzt. Kann eigentlich nur eine Kabelträgerin sein, die hier die Leute mit ihren spontanen Parodien unterhält, denn alle anderen kennt er.

»Dein George Bush ist echt gut«, unterbricht Fitzgerald die Show. »Ich bin Gatsby Fitzgerald. Und wer bist du?«

»Mein Name ist Sharon und ich studiere an der UCLA«, erwidert die junge Kabelassistentin. »Ich bin hier nur für jemanden eingesprungen.«

»Hör mal zu, Sharon«, sagt Fitzgerald. »Hier stehen gerade 300 Komparsen rum und mein Problem ist, dass die immer weniger Bock haben. Hättest du eine Idee, was sich da machen lässt?«

»Nun, mit diesen Jungs hier war auch nicht so viel los, bevor ich kam«, entgegnet Sharon selbstbewusst. »Noch Fragen?«

»Okay«, schmunzelt Fitzgerald. »Dann ernenne ich dich für den Rest des Tages zur – lass mich mal überlegen – Set-Animateurin! Gage 300 Dollar extra. Was meinst du?«

Sharons Augen leuchten. »Großartig«, sagt sie und will sich gleich an die Arbeit machen.

»Moment noch«, hält Fitzgerald sie auf. »Kannst du auch Gatsby Fitzgerald parodieren?« Sharon schaut etwas verlegen zu Boden. Aber an den verschmitzten Gesichtern der Techniker erkennt Fitzgerald, dass es eine ihrer Glanznummern sein muss. »Falls du Donna Shalana triffst«, fährt er fort, »mach ihr den Gatsby. Ich bin sicher, dann wird selbst sie wieder bessere Laune haben.«

Klappe 9 – Take 1: In jeder Rolle gibt es Stars

Als Sie gelesen haben, dass es in diesem Kapitel um die »Stars« gehen soll, haben Sie doch bestimmt an niemand anderes als die Schauspieler gedacht. Und dann waren Sie vielleicht überrascht, dass im Mittelpunkt der kleinen Episode um Gatsby Fitzgerald und sein Team diesmal eine Kabelträgerin stand. Allerdings eine, die groß rauskommt und innerhalb des Produktionsteams an einem Tag Karriere macht. Mit diesem kleinen Verwirrspiel um den Begriff »Star« möchte ich Sie auf ein Problem aufmerksam machen, dass Ihnen im Business immer wieder begegnen wird.

Wenn Führungskräfte unter ihren Mitarbeitern »Helden« suchen, dann kommen nämlich fast immer nur ganz bestimmte Leute in Frage, während andere von vornherein ausgeschlossen werden. Wir haben alle ein bestimmtes Koordinatensystem, innerhalb dessen wir andere Menschen und deren Leistungen beurteilen. Und ich schätze, dass nach dem Koordinatensystem der Mehrheit meiner Leser ein Star jemand ist, der als Schauspieler für einen Film mehrere Millionen Dollar bekommt, bei der Premiere aus einer Limousine steigt und über den roten Teppich läuft. Ein Kabelträger hingegen kann dann wohl kaum ein Star sein. Bestenfalls ist er »zuverlässig«, »pünktlich« oder auch »ehrlich«. Aber mehr nicht. Jedenfalls ist er niemals grandios.

Diese Beurteilung von Menschen nach einem bestimmten Koordinatensystem geht ja zunächst einmal durchaus in Ordnung. Schwierig wird es erst, wenn deshalb Talente verkannt und Potenziale regelrecht verschwendet werden. Wäre Einstein Beamter bei der preußischen Finanzverwaltung gewesen, dann hätte er von seinen Vorgesetzten vermutlich keine besonders guten Beurteilungen bekommen. Der geniale Erfinder Manfred von Ardenne hatte kein Abitur und war Studienabbrecher, meldete aber bereits als Fünfzehnjähriger sein erstes grundlegendes Patent an.

So wie Manfred von Ardenne ging es und geht es vielen Menschen in Ausbildung und Beruf. Ihre Möglichkeiten werden verkannt, weil man sie nur innerhalb eines bestimmten Koordinatensystems bewertet. Dahinter steckt der an sich ja löbliche Versuch, Menschen objektiv zu beurteilen. Solche Koordinatensysteme mit dem Ziel der Objektivierung können ganz unterschiedliche Formen annehmen:

- Ausgehend von den fachlichen Anforderungen an bestimmte Positionen im Unternehmen erarbeitet das Management

Profile und Stellenbeschreibungen. Diese Schemata werden dann etwa bei Bewerbungsverfahren und in Einstellungsgesprächen herangezogen.

- Häufig werden Profile anhand von Vorbildern definiert. Scheidet zum Beispiel ein Mitarbeiter aus dem Unternehmen aus, mit dem das Management immer sehr zufrieden war, so kommt schnell der Wunsch auf, der Nachfolger möge ganz genauso sein.
- Manchmal werden auch seitens des Managements bestimmte Charakter- oder Verhaltensmerkmale als für Mitarbeiter wünschenswert angesehen. Man nimmt dann typischerweise allgemeine psychologische Erkenntnisse zu Hilfe und nutzt auf dieser Basis entwickelte Fragensysteme. Ein Beispiel hierfür ist der Myers-Briggs-Typenindikator, welcher zurzeit sehr in Mode ist.

Der Nachteil dieser Versuche, Menschen objektiv zu bewerten, besteht darin, dass sie den vielfältigen Potenzialen eines Menschen nicht Rechnung tragen. Stattdessen wird hier lediglich eine grobe Einteilung in »vermutlich geeignet« und »vermutlich nicht geeignet« vorgenommen. Wobei in der Praxis das »vermutlich« nur allzu gern unterschlagen wird und so im Handumdrehen ein absoluter Geltungsanspruch oder ein Ausschluss entsteht. Dadurch werden Menschen und ihre Fähigkeiten holzschnittartig betrachtet.

Hinzu kommt, dass noch weitere Koordinatensysteme zur Beurteilung von Menschen existieren, die mit dem Streben nach Objektivität nichts zu tun haben. Sie basieren im Gegenteil auf den ganz persönlichen Vorlieben und Abneigungen desjenigen, der andere zu beurteilen hat.

Da sind an erster Stelle die Erwartungen des Chefs zu nennen. Oft bleiben diese unausgesprochen, und dennoch spürt jeder Mitarbeiter, dass er ihnen gerecht werden soll. Bei Mitarbeitergesprächen, Zielvereinbarungen und Beurteilungen greifen Vorgesetzte immer auf ihr persönliches Koordinatensystem zurück. Ähnliches gilt für alle, die an Bewerbungsverfahren beteiligt sind. Von der beiläufigen Bemerkung der Chefsekretärin, ein Bewerber sehe auf seinem Foto aber nett aus, bis hin zu der Art und Weise, wie HR-Profis ein Assessment durchführen – immer ist das Bewertungsverhalten mitgeprägt von der persönlichen Reife und vom Erfahrungsschatz derjenigen, die da über andere Menschen urteilen.

Noch einmal: Bestimmte Koordinatensysteme sind für sich genommen gar nicht problematisch, wenn es darum geht, Mitarbeiter auszuwählen und Begabungen zu fördern. Der Versuch einer objektiven Bewertung macht grundsätzlich sogar Sinn, denn schließlich müssen sich Menschen im Berufsleben der Rolle gewachsen zeigen, die sie ausfüllen wollen oder sollen.

Das Problem ist aber, dass die meisten Manager sich gar nicht bewusst sind, innerhalb welcher Koordinatensysteme sie urteilen und wie eingeschränkt diese sind. Sie bewerten einen Menschen unter bestimmten Gesichtspunkten und übersehen dabei, dass dieser noch viele andere Potenziale hat. Sie stellen fest, dass eine Person für eine bestimmte Aufgabe nicht geeignet ist – was durchaus stimmen mag –, übersehen dabei jedoch, dass diese Person eine ganze Reihe anderer Aufgaben vielleicht exzellent erfüllen könnte. So übersehen Führungskräfte immer wieder die besonderen Begabungen ihrer Mitarbeiter. Sie entdecken ihre Stars nicht, weil sie nur nach ganz bestimmten Stars suchen. Sie sehen den Wald vor lauter Bäumen nicht.

Einen geradezu kuriosen Fall habe ich einmal bei einem führenden deutschen Versicherungsunternehmen erlebt. Wie die meisten Versicherer ist die Organisation im Vertrieb stark mit selbstständigen Versicherungsagenten verflochten, für deren Betreuung es intern wiederum eine ganze Reihe von Managern gibt. Entsprechend der branchenüblichen Gepflogenheiten wird immer wieder versucht, die Performance im Vertrieb zu steigern. Dazu gehören bei diesem Versicherer regelmäßige Assessments, die in der Unternehmenszentrale im Rheinland stattfinden.

Ziel des Assessments, das ich beobachten konnte, war es, die für die zukünftige Entwicklung des Unternehmens fähigsten Jungmanager auszuwählen. Diese High Potentials sollten dann in den Genuss besonderer Fördermaßnahmen der Personalabteilung kommen und damit auf Führungspositionen vorbereitet werden. Insgesamt nahmen ungefähr 30 Kandidaten an dem

Assessment teil. Es wurde von einer Kommission aus externen Psychologen und Mitarbeitern der Personalabteilung gemeinsam erarbeitet, durchgeführt und ausgewertet. Für die Beurteilung der Kandidaten gab es bestimmte Kriterien, allen voran Führungsfähigkeiten, Kundennähe, Kreativität und Umsetzungsstärke. Die ganze Prozedur zog sich über zwei Tage hin.

Als am Ende die Ergebnisse feststanden, wurden sie jedem Kandidaten in einem persönlichen Gespräch mitgeteilt. Die Stimmung war gut, denn insgesamt hatten sich die Jungmanager sehr gut geschlagen und wurden entsprechend gelobt. Nur ein einziger Kandidat war mit Pauken und Trompeten durchgefallen. Er war der jüngste unter den Teilnehmern und gerade einmal Mitte 20. Die Kommission bescheinigte ihm völlige Ungeeignetheit sowohl im Führungsbereich als auch bei Kundennähe und Umsetzungsstärke.

Weil das Assessment aus Gründen der Objektivität anonym durchgeführt worden war, kannte die Kommission die wahre Identität des durchgefallenen Kandidaten nicht. Trotz seines jugendlichen Alters war er in Hamburg Mitinhaber und Leiter des deutschlandweit erfolgreichsten Verkaufsbüros dieser Versicherung. Er beschäftigte mehr als 20 Mitarbeiter und brach gemeinsam mit ihnen alle Verkaufsrekorde. Gerade war er dabei, ein zweites Büro in Leipzig zu eröffnen und hatte an dem Assessment einfach nur aus persönlichem Interesse teilgenommen. Er wollte einmal wissen und bestätigt bekommen, ob er alles richtig machte. Das Abschlussgespräch stürzte ihn zunächst in einige Selbstzweifel, die allerdings nach einiger Zeit wieder verschwanden. Er ließ sich nicht beirren, denn schließlich war er ja erfolgreich und ist es übrigens heute, mit Anfang 30, immer noch.

Regieanweisung

Machen Sie sich bewusst, innerhalb welcher Koordinatensysteme Sie Mitarbeiter beurteilen und wie begrenzt diese sind. Lassen Sie Bewertungen von Leistungen immer nur innerhalb des Koordinatensystems gelten, in dem sie getroffen wurden.

Jeder Mensch hat Starpotenzial – man muss es nur entdecken

Wie fast alle Filmregisseure ist Gatsby Fitzgerald ein Entdecker. Ständig ist er auf der Suche nach Starpotenzial. Er geht mit offenen Augen durch die Welt und direkt auf Menschen zu. So hat er beim Casting die männliche Hauptrolle mit dem unbekannten Schauspieler Nick besetzt, der sich gegen die Zweifel der eher schematisch denkenden Donna Shalana beim Dreh tatsächlich bewährt. Aber das Casting war noch eine sehr kontrollierte Situation. Es gab eine Reihe von Bewerbern auf eine bestimmte Rolle, und einer davon hat die Rolle bekommen.

Am letzten Drehtag geht Fitzgerald noch einen entscheidenden Schritt weiter. Er entdeckt in seiner Crew einen ganz eigenen »Star«, nämlich die junge Studentin Sharon. Ihr Showtalent kann er gerade viel besser gebrauchen als jemanden, der den Technikern zur Hand geht. Deshalb bietet Fitzgerald Sharon einen Job an, auf den sie sich nicht beworben, ja, an den sie selbst überhaupt nicht gedacht hat.

Als einen Star unter den Mitarbeitern bezeichne ich eine Person, die auf ihrer Position Außergewöhnliches leistet. Damit ist immer zweierlei gemeint:

1. Der Mitarbeiter wird den mit seiner Position verbundenen Anforderungen vorbildlich gerecht. Das ist immer die Grundvoraussetzung. Die betreffende Person nimmt ihre Durchführungs- bzw. Gestaltungsverantwortung wahr und zeigt dort Exzellenz.
2. Der Mitarbeiter geht über die Grenzen seiner Position hinaus. Er entdeckt Neues und kann es umsetzen. Er macht sich für Innovationen stark. Und er ist in der Lage, andere Menschen zu begeistern und mitzureißen.

Es ist genau dieser zweite, innovative Anteil, der die Stars von den normalen Mitarbeitern unterscheidet. Und das gilt für jede Ebene, für jede Funktion und für jeden Job.

Jeder Mensch trägt Starpotenzial in sich. Natürlich hat es nicht jeder für jede Position und jede Aufgabe. Ich selbst habe überhaupt kein Starpotenzial als Opernsänger. Wäre das anders, dann würde ich jetzt nicht am Manuskript für ein Businessbuch arbeiten. Im Businessbereich eigne ich mich aber beispielsweise auch nicht als Firmensanierer. Letzteres habe ich in jüngeren Jahren versucht, jedoch mit nur mäßigem Erfolg. Mir fehlen dafür einfach einige charakterliche Besonderheiten, auf die ich hier lieber nicht näher eingehen möchte. Wer einmal einen knallharten Sanierungsfall miterlebt und sich anschließend in einem deutlich geschrumpften Kollegenkreis wiedergefunden hat, wird wissen, was ich meine.

Ich habe aber ein Talent, Neues aufzubauen, zu strukturieren, zu integrieren, Wege aus den unmöglichsten Situationen zu finden und Menschen mitzureißen. Das weiß ich. Für Jobs, die diese Eigenschaften erfordern, bringe ich also ein gewisses Starpotenzial mit. Und ich versuche grundsätzlich, nicht nur mein eigenes Starpotenzial, sondern auch das der anderen zu sehen.

Für Führungskräfte geht es immer darum, bei möglichst vielen Mitarbeitern das Starpotenzial zu entdecken und sich entfalten zu lassen. Das können Sie aber niemals direkt erreichen, indem Sie beispielsweise eine Analyse- und Bewertungsmethode wie das oben beschriebene Assessment nutzen, denn solche Instrumente weisen Grenzen auf. Selbst wenn Sie auf diese Weise das Starpotenzial bei einem Mitarbeiter geortet hätten, wäre es wieder ein sehr indirektes Unterfangen, dieses zu erschließen und nutzbar zu machen.

Weder auf Kommando noch allein durch Trainings und Schulungen werden Mitarbeiter zu Stars. Die Grundlage dafür, Stars zu entdecken und zu fördern, ist vielmehr Partizipation. Führungskräfte sollten ihre Mitarbeiter in die Entscheidungsprozesse einbeziehen. Jetzt werden Sie vielleicht sagen, das sei doch heute längst üblich. Das halte ich für einen Irrtum.

Von Managern höre ich häufig: »Natürlich beziehe ich meine Mitarbeiter ein.« Diese Führungskräfte haben irgendwo gelernt, dass heutzutage ein »kooperativer Führungsstil« angesagt ist. Wir leben ja nicht mehr in den Zeiten von Alfred Krupp. Und welcher Chef will schon von gestern sein? Wenn ich dann aber genauer nachfrage, sieht die Sache meistens so aus, dass der Chef seine Mitarbeiter über seine Beschlüsse oder die der Topebene informiert und ihnen diese ausführlich erläutert. Dann bittet er die Mitarbeiter, sich Gedanken über die Umsetzung der Beschlüsse zu machen und daran tatkräftig mitzuwirken. Wenn sich der Chef dann noch von Zeit zu Zeit mit seinen Leuten zusammensetzt und bespricht, wie es mit der Umsetzung vorangeht, gilt er bereits als vorbildlicher Manager.

Das alles ist aber nur die halbe Miete. Wenn ich nämlich in die Unternehmen gehe und mit den Mitarbeitern über ihr wirkliches Befinden spreche, kommt etwas für viele Chefs sicher Überraschendes zutage. Die Mitarbeiter fühlen sich nämlich nur zum Teil einbezogen. Ich höre dann als erstes immer: »Na ja, man hat uns schon informiert.« Oder: »Wir haben auf alle unsere Fragen eine Antwort bekommen.« Kurze Zeit später werden schon erste Zweifel laut. »Wer weiß, ob das alles ist«, heißt es dann. Oder: »Dazu können wir nichts sagen, wir waren nicht dabei.« Die Entscheidungen sind hinter verschlossenen Türen gefallen, aus Gründen, die nur gefiltert nach außen dringen. Allein das löst bei den Mitarbeitern Unbehagen aus.

Einige wenige Mitarbeiter sprechen schließlich offen aus, dass sie sich bei allem nur als Erfüllungsgehilfen fühlen. Sie wurden vorher nicht gefragt, sind aber jetzt gut genug, die Dinge umzusetzen. Und genau hier liegt der Knackpunkt. Das beschriebene Verhalten der Chefs entspricht tatsächlich einem »kooperativen« Führungsstil. Denn in Kooperationen macht jeder das, wozu er da ist oder wofür er eingeteilt wurde. Eine wirkliche Teilhabe der Mitarbeiter am Ganzen ist das jedoch noch lange nicht.

Partizipation findet vielmehr erst dann statt, wenn man gemeinsam Lösungen findet und gemeinsam Entscheidungen trifft. Für den Chef bedeutet das, die Mitarbeiter nicht nur über Entscheidungen zu informieren, sondern sie in irgendeiner Form an der Entscheidungsfindung zu beteiligen. Partizipation erschöpft sich nicht darin, Vorgaben abzuarbeiten, sondern verlangt Teilhabe am Entscheidungsprozess.

Gatsby Fitzgerald wusste anfangs nicht, wie er die Motivation am Set verbessern sollte. Erst die Kabelassistentin Sharon hat ihn auf die rettende Idee gebracht. Und gemeinsam mit ihr hat er spontan die Stelle einer »Set-Animateurin« geschaffen. Wohlgemerkt hat sich Sharon diese Rolle aber nicht einfach angemaßt. Erst als Fitzgerald entschieden hat, ihr eine neue Aufgabe zu geben, macht sie sich an die Arbeit.

Teilhabe an Entscheidungsprozessen lässt sich auf unterschiedliche Weise realisieren. Das Mindeste ist, die Mitarbeiter bereits bevor die Entscheidung fällt darüber zu informieren, dass da etwas im Gange ist. Sie können diese Informationsgespräche immer gut nutzen, um die Stimmung zu testen, Meinungen einzuholen oder ganz direkt nach Vorschlägen zu fragen und diese in den Entscheidungsprozess einzubringen. Hilfreich ist es, wenn Sie in dem Moment, wo Sie Entscheidungen verkünden, zeigen können, an welchen Stellen Vorschläge der Mitarbeiter eingeflossen sind.

Das Optimum erreichen Sie, wenn Sie Ihre Mitarbeiter tatsächlich einladen, an den Entscheidungsprozessen mitzuwirken. Wir gehen bei unseren Projekten in Unternehmen immer diesen Weg, auch bei großen, tiefgreifenden und strukturellen Veränderungen. Unsere Einladung lautet dann immer etwa so: »Wer hat Lust, bei der Diskussion über Thema X mitzuwirken. Jeder kann mitmachen, der dazu etwas zu sagen hat.«

Anfangs, wenn wir in einem Unternehmen noch neu sind, wird diese Einladung zunächst erst einmal mit Schweigen quittiert. Danach kommen aber bald erste Fragen: Kann denn wirklich jeder mitmachen? Was ist, wenn plötzlich alle wollen und keiner mehr arbeitet? Was ist mit der Geheimhaltung? Die Antworten sind ziemlich einfach: Ja, jeder kann mitmachen! Die Mitarbeiter können sich untereinander einigen, wen sie entsenden möchten, und die anderen übernehmen während der Meetings dessen Routinearbeit. Geheim zu halten gibt es gar nichts, denn schließlich betrifft es alle. Und außerdem würde es sowieso irgendwann in der Gerüchteküche hochkochen.

Ein gutes Beispiel für erfolgreiche Partizipation lieferte mir kürzlich der Leiter eines Unternehmens in Brasilien. Er hat zahlreiche Initiativen zur Verbesserung der Leistungskennziffern seiner Produktion laufen. Viele Mitarbeiter engagieren sich darin neben ihrem eigentlichen Job. Und das alles funktioniert konsequent nach dem Freiwilligkeitsprinzip. Das Ergebnis dieser Vorgehensweise ist beeindruckend: Die Mitarbeiter sind hochmotiviert, betrachten die Entscheidungen als ihre eigenen und fühlen sich nicht mehr nur als Erfüllungsgehilfen, sondern gehen vehement an die Unsetzung. Der Werksleiter konnte auf diese Weise die Ausfallzeiten in der Produktion im ersten Jahr um 50 Prozent senken.

Regieanweisung

Überprüfen Sie Ihren Führungsstil. Wenn Sie Ihre Mitarbeiter ausführlich über Entscheidungen informieren, ist das gut. Besser noch ist es, wenn Sie Ihre Mitarbeiter am Entscheidungsprozess beteiligen. Es gibt keinen besseren Weg, Leute zu motivieren.

Warum, werde ich oft gefragt, machen das denn nicht alle so, wenn es doch anscheinend ganz einfach ist? Die Antwort ist ziemlich trivial: Aus Angst! Die Chefs haben Angst, dass am Ende etwas anderes herauskommen könnte, als sie sich vorgestellt haben. Das ist noch einmal eine speziellere Angst als die Furcht von Führungskräften vor Macht- und Kontrollverlust, von der in Klappe 7 die Rede war. Aber sie ist genauso unbegründet. Aus vielen, vielen Jahren Erfahrung mit allen möglichen Unternehmen weiß ich, dass am Ende meistens schon ungefähr das herauskommt, was der Manager sich so gedacht hat.

Das Ergebnis ist bloß immer qualitativ eine Stufe besser, weil um Aspekte ergänzt, die der Manager nicht bedacht hatte und auch gar nicht bedenken konnte, weil er die komplexe Wirklichkeit in einem zu kleinen Ausschnitt wahrnimmt. Je mehr Leute man auf etwas schauen lässt, desto breiter wird das Blickfeld. Und wenn bei einem Entscheidungsfindungsprozess durch das Zutun der Mitarbeiter tatsächlich einmal etwas Überraschendes herauskommen sollte, dann könnte es ja immerhin sein, dass der Manager alleine vorher falsch lag. In diesem Fall sollte er sich nicht ärgern, sondern froh darüber sein, dass da noch andere mitdenken und ihn vor Fehlern bewahren.

Okay, einmal angenommen, ich hätte Sie überzeugt und Sie wollten nach dem Partizipationsprinzip führen. Was benötigen Sie dazu? Zuallererst brauchen Sie viel Geduld. Dann müssen Sie zuhören können, in der Lage sein, zwischen Menschen und Standpunkten zu vermitteln, und die Bereitschaft aufbringen, Ihre Mitarbeiter in den anfangs ungewohnten Entscheidungsprozessen zu unterstützen.

Das Wichtigste ist jedoch Ehrlichkeit. Wer seine Leute am Anfang einbezieht, um bestimmte Arbeitsabläufe zu verbessern und Missstände auszuräumen, ihnen später aber Entscheidungen über erforderliche Organisationsveränderungen einfach überstülpt, verdirbt deren Bereitschaft zur Partizipation.

Erinnern Sie sich an das Beispiel des hessischen Pharmaunternehmens aus Klappe 7, wo das Management Angst vor der eigenen Courage bekam und das zarte Pflänzchen der Partizipation mit unsinnigen autoritären Eingriffen wieder zertrampelte. Auch Mitarbeiter lassen sich nur einmal veräppeln. Sie können zwar selten etwas dagegen ausrichten, wenn das Management sie überrumpelt, aber sie werden mit Distanz, Lustlosigkeit und innerer Kündigung antworten.

Zwei Dinge möchte ich im Hinblick auf das Partizipationsprinzip noch klarstellen, um Missverständnissen vorzubeugen:

Erstens hat Partizipation Grenzen. Persönliche Entscheidungen sind tabu. Und wer nicht direkt von etwas betroffen ist, gehört auch nicht einbezogen. Ob und an wen Susanne Klatten ihre Altana-Anteile verkauft, muss man schon ihr und den von ihr gewählten Beratern überlassen. Und wie die Produktionsabteilung intern strukturiert wird, geht den Forschungsbereich nicht unmittelbar etwas an. Man kann die Leute dort vielleicht konsultieren, aber nicht direkt an der Entscheidungsfindung beteiligen.

Zweitens entbindet Partizipation eine Führungskraft nie von der persönlichen Verantwortung für die Entscheidung. Partizipation schmälert diese Verantwortung nicht einmal. Das heißt im Klartext: Sie entscheiden. Aber Ihre Entscheidung und vor allem deren Umsetzung werden besser, wenn Sie Ihre Mitarbeiter durch Partizipation einbinden.

Wenn Sie das Partizipationsprinzip in Ihrem Verantwortungsbereich einführen, dann werden Sie relativ schnell Ihre Stars entdecken. Es sind diejenigen, die die gebotene Chance des Mitgestaltens aktiv nutzen, egal welche Position sie bekleiden. Dabei überschreiten sie ihre bisherigen Grenzen. Und wenn Sie diese Stars gekonnt unterstützen, dann werden sie sich entfalten, Leuchtkraft gewinnen und schließlich auch andere mitreißen. So wie Kabelträgerin Sharon für Begeisterung bei der ganzen Crew gesorgt und damit zum Gelingen des Films beigetragen hat.

Klaus Baldur, der norddeutsche Chef eines Pharmaunternehmens, den Sie ja schon aus Klappe 7 kennen, weiß nur allzu gut um das Starpotenzial seiner Mitarbeiter. Einmal suchte Klaus einen neuen Abteilungsleiter für die Tablettenproduktion. Die Konzernzentrale hatte gerade mal wieder einen Einstellungsstopp verfügt, deshalb kam von vornherein nur eine Lösung aus den eigenen Reihen in Betracht.

Zum Glück musste er die Stelle nicht sofort besetzen, sondern hatte noch ungefähr sechs Monate Zeit. Von den bereits erprobten Managern kam aus unterschiedlichen Gründen niemand für die Position in Frage. Aber auch in der so genannten zweiten Reihe gab es niemanden, der sich für die Stelle angeboten hätte.

Klaus wollte die Stelle aber nicht gleich offen anbieten, sondern beschränkte sich erst einmal aufs Beobachten. Dabei fielen ihm verschiedene jüngere Mitarbeiter auf, unter denen auch eine Apothekerin war, die bisher einen eher bescheidenen Job im Labor gemacht hatte. Er fragte sie, ob sie nicht Lust hätte, eine Projektgruppe zur Optimierung der Prozesse in der Tablettenproduktion zu übernehmen. Sie zierte sich erst ein wenig, weil sie ja bisher nur Erfahrungen mit analytischer Arbeit gesammelt hatte. Aber sie ließ sich schließlich auf das Angebot ein, als Klaus versprach, ihr alle nötige Unterstützung zu geben.

Diese Unterstützung war dann aber gar nicht erforderlich, denn die junge Frau erledigte ihre Aufgabe mit Bravour. Besonderes Talent zeigte sie darin, andere Mitarbeiter in das Projekt einzubinden, ihnen Verantwortung zu übertragen und die Ergebnisse ruhig und sachlich zu bewerten. Auch in schwierigen Situationen behielt sie immer einen kühlen Kopf.

So stellte ihr Klaus eines Tages die Frage, ob sie nicht die Abteilungsleitung in der Tablettenproduktion übernehmen wolle. Sie fiel über diesen Vorschlag aus allen Wolken, war wiederum zögerlich und wollte sich die ganze Sache gründlich überlegen, mit ihrem Mann besprechen und so weiter.

Am Ende sagte sie dann aber zu. Glücklicherweise, denn jetzt ist sie ein richtiger Star! Sie ist eine wirklich besondere Abteilungsleiterin, die von allen Mitarbeitern als die Chefin anerkannt, ja fast schon verehrt wird. Es ist ihr sogar gelungen, einen der alten Hasen unter den Mitarbeitern, der bisher noch jedem Vorgesetzten das Leben schwer gemacht hatte, ganz auf ihre Seite zu ziehen.

Sie konnten gemeinsam die Performance der Abteilung deutlich steigern. Und Klaus ist natürlich überaus zufrieden, denn sein Stil, die Dinge um ihn herum anzustoßen und sich dann von alleine entwickeln zu lassen, hatte wieder einmal Erfolg.

Regieanweisung

Beobachten Sie Ihre Mitarbeiter und machen Sie sich auf die Suche nach deren Starpotenzial. Wenn Sie Leute an Entscheidungen beteiligen, entdecken Sie auch, wer das Zeug zum Star hat. Fördern Sie Ihre Helden, indem Sie ihnen Schritt für Schritt Gestaltungsverantwortung übertragen.

Klappe 9 Take 3

Jeder Star hat seine Rolle – und spielt sie auch

Gatsby Fitzgeralds Team lässt sich in zwei große Gruppen einteilen: Da sind die Schauspieler, die vor der Kamera agieren, und da sind die Mitglieder der Crew hinter der Kamera. Bei den Schauspielern ist die Rollenverteilung glasklar, denn sie steht im Drehbuch. Catherine Brentwood ist der Star mit der Hauptrolle, und kein Komparse käme auf die Idee, ihr diese Rolle streitig zu machen. Außerdem ist allen bewusst, dass jede Rolle wirklich nur eine Rolle ist. Jeder weiß, dass Catherine sich im richtigen Leben mit Vulkanologie überhaupt nicht auskennt. Und sobald die Kamera abgeschaltet ist, sind auch die Terroristen keine Bösewichte mehr, sondern nette Schauspielerkollegen.

Auch bei der Crew hat jeder seine Rolle. Sie ergibt sich zunächst aus der Funktion des Einzelnen innerhalb des Produktionsteams. Beispielsweise ist Gerald Summers für die Kameraführung zuständig und die Studentin Sharon dafür, die Techniker zu unterstützen. Da es aber für die Crew kein Drehbuch gibt, erwachsen aus den Rollen schnell Konflikte.

So hat Donna Shalana, die persönliche Assistentin des Regisseurs, ein etwas gespanntes Verhältnis zu dem Regieassistenten Michael Flint. Während Donna allein eine organisatorische Aufgabe hat, ist Flint darüber hinaus mit künstlerischer Teilverantwortung ausgestattet. Da Donna aber seit vielen Jahren mit Gatsby Fitzgerald zusammenarbeitet, versteht sie ebenfalls einiges von den Inhalten. In manchen Punkten vielleicht mehr als Flint, auch wenn er Top-Absolvent einer Filmhochschule sein mag.

Und dann kommt noch die persönliche Seite hinzu. Donna ist sehr schlagfertig und ironisch und provoziert ihren Chef gern. Flint dagegen tut, was man ihm sagt, und entwickelt dabei keinen übermäßigen Ehrgeiz. Gatsby Fitzgerald schließlich weiß beider Qualitäten zu schätzen.

Die Zahl der Rollen in Unternehmen lässt sich kaum beziffern. Zunächst einmal sind es funktionale Rollen, die sich aus den fachlichen Anforderungen ergeben. Da gibt es die Rollen der Arbeiter in der Produktion, die Rollen der Sachbearbeiter, die Sekretärinnenrolle, die Rollen des Controllers, des Konstrukteurs, des Nachtwächters und so weiter.

Hinzu kommen hierarchische Rollen, die sich aus dem Umfang der Gestaltungs- und Zielverantwortung ergeben. Da sind der Werksmeister, der Abteilungsleiter, der Geschäftsführer und einige andere.

Zu jeder Rolle gehören nun bestimmte Merkmale, die gegeben sein müssen, damit die Rolle ihren Beitrag zum Funktionieren des gesamten Unternehmens leisten kann. So beinhaltet die hierarchische Rolle des Abteilungsleiters Merkmale wie Integrationsfähigkeit, fachliche Übersicht, klares Kommunizieren oder Durchsetzungsfähigkeit. Dagegen erfordert zum Beispiel die funktionale Rolle eines Konstrukteurs Detailgenauigkeit und fachspezifisches Wissen. Wichtig ist, dass sich die Merkmale der jeweiligen Rolle aus den Erfordernissen des gesamten Unternehmens oder eines Teams und den darin zu erfüllenden Aufgaben herleiten und nicht etwa aus den Eigenschaften und Vorlieben des jeweiligen Rolleninhabers. Der Unternehmenszweck bestimmt die Rollen.

Bis hierhin ist alles ganz einfach und unproblematisch. Aber jetzt wird es spannend. Denn überall, wo Menschen in Gruppen handeln, also in Unternehmen, Abteilungen und Teams, aber auch in Familien, Vereinen oder politischen Parteien, müssen noch andere Rollen erfüllt werden, die nicht formal definiert und trotzdem enorm wichtig sind. So muss jede Gruppe von Menschen irgendwie geführt werden. Jemand muss Sinn vermitteln und Beschlüsse fassen. Da ist also die Rolle des »Führers«, und jemand muss sie übernehmen.

Genauso wichtig ist es dann aber, Beschlüsse umzusetzen, die Zusammenarbeit zu organisieren, die entscheidenden Einfälle zu haben, Lösungen zu finden und andere mitzureißen. Diesen Rollentypus bezeichne ich als »Macher«. Jeder Macher benötigt wiederum »Mitmacher«, damit die Arbeit auch wirklich getan wird. Und schließlich benötigt jede Gruppe Kritik, neue

Impulse jenseits des Gewohnten. Diesen Rollentypus des Sichquerstellens, des Kritikübens und damit Innovationen Herausforderns bezeichne ich als den des »Opponenten«.

Die vier Rollentypen, Führer, Macher, Mitmacher und Opponent, müssen in jedem Unternehmen, jeder Abteilung und jedem Team in angemessenem Verhältnis besetzt sein, damit die Arbeit Erfolg hat. Dies hat absolut nichts mit Personen zu tun, die sich zum »Führer« aufschwingen oder als »Opponent« profilieren wollen und in diesen Positionen manchmal auch Schaden anrichten. Nein, es sind gar keine Positionen, sondern notwendig zu erfüllende Rollentypen, damit das Ganze funktioniert.

Ich bezeichne diese vier Rollentypen deshalb auch häufig als »archetypische Rollen«, um sie einerseits klar gegenüber konkreten Personen abzugrenzen und um andererseits deutlich zu machen, dass niemand diese Rollentypen ideal erfüllen kann. Sie stellen Konstrukte dar, die dazu dienen, bestimmte Funktionen oder Energien zu benennen und qualitativ zu beschreiben.

Erfolgreiche Unternehmen oder Teams weisen immer eine ausgewogene Besetzung dieser Rollentypen auf. Es gibt dort immer eine oder mehrere Personen in der Führungsrolle, ausreichend Macher und Mitmacher und die nötige Anzahl Opponenten. Innovative Unternehmen weisen in der Regel einen höheren Anteil in der Rolle des Opponenten auf, während in Behörden die Mitmacher dominieren.

Die Besetzung dieser Rollentypen durch einzelne Menschen wechselt aber immer wieder, je nach Situation. Die größte Konstanz weist dabei die Führungsrolle auf, während es die meisten Fluktuationen zwischen Opponenten und Machern gibt.

Schön und gut, sagen Sie jetzt vielleicht, aber was soll das? Der Punkt ist, dass aus der Besetzung der Rollentypen nicht nur Erfolge, sondern auch Misserfolge erwachsen. Der Zickenkrieg zwischen Ihren Stars ist fast immer ein Rollentypenkonflikt. Und als Regisseur sollten Sie hier einen kühlen Kopf bewahren. Wenn Sie als Führungskraft die anderen drei Rollen – Macher, Mitmacher und Opponent – genau kennen, dann können Sie auch mit den Mitarbeitern, die diese Rollen jeweils einnehmen, richtig umgehen. Sie bringen das Ensemble Ihrer Stars zur Höchstform. Sie verstehen es, die Spannungen, die sich aus Rollenkonflikten ergeben, produktiv zu machen. Das erst ist echte Mitarbeiterführung.

Wenn Sie sich die Rollentypen näher ansehen, dann gibt es unter ihnen einige problematische Konstellationen. So existieren zum Beispiel Spannungsfelder zwischen dem Rollentyp des Machers und dem des Mitmachers. Der Macher muss den Mitmacher aktivieren, kontrollieren und immer wieder anspornen. Da gibt es immer wieder auch Krach. Oder wenn einem Menschen die Macherrolle vorenthalten wird, obwohl er sie gerne hätte, dann wechselt er häufig – unbewusst – zum Rollentyp des Opponenten. Daraus ergibt sich dann eine natürliche Konkurrenzsituation zu den Machern. Der Opponent versucht immer, dem Macher eins auszuwischen.

Alle Managementrollen benötigen Macher- und Führerqualitäten. Werden diese Anforderungen von den betreffenden Rolleninhabern nicht oder nicht ausreichend erfüllt, kommt es regelmäßig zu Problemen. Wenn beispielsweise ein Abteilungsleiter zwar laut Organigramm die Führungsrolle innehat, diese auf der Ebene der Rollentypen aber von seinem Stellvertreter ausgefüllt wird, führt das dazu, dass die Mitarbeiter sich automatisch dem Stellvertreter zuwenden und allein ihm folgen. Denn er gibt die klareren Anweisungen, vermittelt Sinn und setzt die Werte innerhalb der Gruppe. Der Abteilungsleiter wird infolgedessen zunehmend in der Luft hängen und schließlich sind ernsthafte Konflikte bis hin zum offenen Machtkampf unvermeidlich. Solche Konflikte ergeben sich, wenn die Besetzung der hierarchischen Rolle und die Wahrnehmung des informellen Typs zu stark voneinander abweichen.

Regieanweisung

Trennen Sie immer zwischen der Person und der Rolle, die diese Person gerade einnimmt. Fragen Sie sich: Welche Person ist gerade in der Rolle Macher, Mitmacher, Opponent? Werden die einzelnen Personen ihren Rollen gerecht?

Die meisten Konflikte in Unternehmen lassen sich entschärfen, wenn Sie zwischen Person und Rolle trennen, die Rollentypen kennen und wissen, wie Sie am besten mit den jeweiligen Mitarbeitern umgehen. Dazu ist es vor allem wichtig, über die informellen Rollen Bescheid zu wissen, da diese ja nicht offen zu Tage liegen. Bei den funktionalen Rollen gibt es Stellenbeschreibungen, im informellen Bereich gibt es das natürlich nicht.

Im Folgenden stelle ich Ihnen deshalb diese Typen noch etwas genauer vor und gebe Ihnen einige konkrete Tipps für den Umgang mit den Personen, die diese Rollen jeweils einnehmen.

Denken Sie dabei aber immer daran, dass Personen je nach Situation immer wieder andere Rollen einnehmen. So ist möglicherweise ein Angestellter bei einem Automobilhersteller an seinem Büroarbeitsplatz eher in der Rolle des Mitmachers, als Arbeitnehmervertreter im Aufsichtsrat dann Opponent, im Betriebsrat Macher und im Ortsverein seiner politischen Partei sogar in der Führerrolle.

Der Macher

Der Rollentyp des Machers findet sich auf allen Hierarchieebenen und wird auch überall gebraucht. Er hat im Unternehmen, etwa in einer Arbeitsgruppe oder innerhalb eines Projektteams, vor allem folgende Aufgaben zu erfüllen:

- Probleme lösen
- Impulse geben
- Antreiben und mitreißen
- Aufgaben stellen
- Verantwortung delegieren
- Arbeitsergebnisse kontrollieren

Menschen mit guter Ausbildung, überlegenem Fachwissen und ausreichenden Erfahrungen, guten kommunikativen Fähigkeiten, Ehrgeiz und Leistungswillen nehmen gern diesen Rollentypus ein. Sie reißen meist unaufgefordert die Macherrolle an sich, kämpfen darum, werden schließlich von den meisten anderen darin akzeptiert und verwirklichen sich beruflich und als Persönlichkeiten über diesen Typ. Nicht selten finden Sie in dieser Rolle regelrechte Workaholics.

Regieanweisung

Geben Sie dem Macher immer genug Arbeit! Über seine Arbeit definiert er sich. Loben Sie ihn, denn er strebt nach Anerkennung. Geben Sie ihm Macht, denn die will er und braucht er. Sorgen Sie dafür, dass er genügend Leute unter sich hat. Verleihen Sie ihm Statussymbole. Dienstwagen, Business-Class-Tickets oder zusätzliche Quadratmeter im Büro erfreuen den Macher und motivieren ihn.

Der Mitmacher
Der Rollentypus des Mitmachers ist ebenfalls hierarchie- und funktionsunabhängig. Man benötigt ihn auf der Vorstandsetage ebenso wie in der Werkshalle. Er trägt das gesamte Unternehmen, denn ohne ihn würde nichts verwirklicht. Seine Funktionen sind vor allem:

- Aufgaben erfüllen
- Zusammenarbeiten mit anderen
- Bestimmungen einhalten
- Prozesse verbessern

Dieser Rollentypus wird meist von fleißigen, nicht übertrieben ehrgeizigen, aber loyalen Menschen eingenommen. Diese Personen zeichnen sich vor allem durch ein an der Gruppe orientiertes, soziales Verhalten aus. Die Mitmacher folgen den Machern und bilden das Rückgrat jeder Leistungsgesellschaft. Interessanterweise finden sich hier verhältnismäßig mehr Frauen als bei den anderen Rollentypen. Unter ihnen gibt es ausgesprochene Mitmacher-Stars, die durch ihre positive Wirkung auf die Umgebung oft schon wieder informelle Führungsqualitäten aufweisen.

Regieanweisung

Reden Sie mit dem Mitmacher! Nehmen Sie sich Zeit, ihm zuzuhören. Erklären Sie ihm Dinge. Und: Gehen Sie zu den Mitmachern hin. Treffen Sie sie in deren Umgebung, denn nur dort fühlen sie sich wohl. Trinken Sie auch mal ein Bier mit ihnen. Passen Sie Ihre Sprache an. Reden Sie nicht gestochen daher, sondern benutzen Sie Ihren Dialekt, wenn Sie mit einem groß geworden sind. Aber bleiben Sie immer echt und natürlich. Machern kann man etwas vormachen, Mitmacher durchschauen Masken sofort.

Der Opponent
Der Rollentyp des Opponenten ist der vielschichtigste von allen. Er hat eine destruktive Seite, die zum Tragen kommt, wenn er ständig herumnörgelt, alles ins Negative zieht und allein um des Widerspruchs willen stört. Dagegen ist die konstruktive Seite des Opponenten für das langfristige Überleben und die Entwicklung eines Unternehmens unverzichtbar. Die Aufgaben des Opponenten sind:

- Kritisch hinterfragen
- Widerstand leisten
- Routinen brechen
- Alternativen zeigen
- Innovationen herausfordern

Sie alle kennen die Typen, die in jedem Meeting widersprechen, alle Vorschläge zerreden und negativen Einfluss auf ganze Gruppen gewinnen können. Zum Glück sind sie in guten Unternehmen selten. Konstruktive Opponenten dagegen sind hochintelligente, gut ausgebildete Fachleute, die extrem offen für Neues sind. Menschen, die sich für den Rollentyp Opponent eignen, haben häufig auch Fähigkeiten und Ambitionen für den Rollentyp Macher, kommen jedoch gerade aus den verschiedensten Gründen nicht in eine solche Position. In der Politik kann man manchmal beobachten, wie Anführer von Protestgruppen nahtlos in die Rolle des Staatsmanns wechseln. Heimlich waren sie schon immer scharf auf den Posten und die Macherrolle.

Regieanweisung

Ertragen Sie den Opponenten! Ärgern Sie sich nicht über ihn und lassen Sie sich von ihm nicht zu wütenden Reaktionen provozieren. Halten Sie seine Kritik aus, nehmen Sie seine Anregungen auf und sehen Sie in ihm einen Ideengeber. Wenn sich der Opponent destruktiv verhält und Sie ihn ruhigstellen müssen, dann geben Sie ihm einen Posten, auf dem er zum Macher wird.

Der Führer

Macher, Mitmacher und letztlich auch Opponenten orientieren sich an dem Rollentypus des Führers. Damit sie dies tatsächlich und auch freiwillig tun, muss der Führer einige wichtige Funktionen erfüllen:

- Sinn entwickeln und vermitteln
- Situationen, Ergebnisse und Menschen bewerten
- Gegensätze erkennen und ausgleichen
- Hierarchien schaffen
- Werte setzen
- Als Symbol wirken

Diese archetypische Führungsrolle ist etwas ganz anderes als die hierarchische Führungsposition. Bei genauer Betrachtung ist sie weniger erstrebenswert, als das viele Menschen auf den ersten Blick denken. Im Gegensatz zur Führungsposition ist die Führungsrolle nämlich nicht mit Macht ausgestattet. Menschen halten sich dort also nur, wenn sie den hohen Ansprüchen in den Augen ihrer Mitmenschen tatsächlich genügen. Menschen, die sich für den Rollentypus des Führers eignen, sind mit sich selbst im Reinen, souverän und unabhängig. In Familien sind dies oft die Großmütter oder Großväter, zu denen alle anderen mit ihren Freuden und Sorgen gern hingehen, sich aufgehoben und gesehen fühlen und sich Rat holen, weil sie ihn nicht zwingend befolgen müssen.

Wirkliche Führungspersonen stehen ein Stück weit außerhalb des Unternehmens. Sie definieren sich nicht ausschließlich über ihre Arbeit, machen noch andere interessante Dinge und sind dadurch nicht angreifbar. Sie sind den Menschen persönlich nahe, bleiben aber als Institution auf weiter Distanz. Gut kann man diesen Rollentypus und seine Wirkung an Papst Benedikt XVI. studieren, insbesondere an seinem Verhältnis zur Jugend.

In diesem Buch vergleiche ich den Typus des Führers im Unternehmen mit einem Filmregisseur. Und ich zeige Ihnen, worauf es ankommt, wenn Sie selbst nicht nur Macher sein, sondern auch die Rolle des Führers übernehmen beziehungsweise in diese hineinwachsen wollen. Der richtige Umgang mit den drei anderen Rollentypen spielt dabei eine Schlüsselrolle. Deshalb noch einmal prägnant zusammengefasst:

- Pflegen Sie die Mitmacher!
- Fordern Sie die Macher!
- Schätzen Sie die Opponenten!

Wenn Sie das beherzigen und in jeder Situation konkret umsetzen, können Sie die ihnen verliehene hierarchische Führungsmacht mit der informellen Führungskraft des Rollentyps vereinen. Dann sind Sie der Regisseur und die Mitarbeiter sind Ihre Stars.

Zeitraffer

- Leistungen werden immer nur innerhalb eines bestimmten Koordinatensystems bewertet. Dabei ist die Gefahr groß, Talente zu übersehen. Wer für die eine Aufgabe nicht geeignet ist, kann bei einer anderen groß herauskommen.
- Jeder Mensch trägt Starpotenzial in sich. Ein Star unter den Mitarbeitern ist jemand, der erstens die ihm übertragene Aufgabe hervorragend erfüllt und zweitens über seinen Tellerrand blickt, neue Ideen entwickelt und andere begeistert und mitreißt. Ein Star bietet mehr, als er muss!
- Wer die Stars unter seinen Mitarbeitern entdecken will, muss sie in Entscheidungsprozesse mit einbeziehen. Partizipation bedeutet, gemeinsam nach Lösungen zu suchen. Trotzdem entscheidet am Ende der Chef. Doch das Ergebnis ist gemeinsam immer besser.
- Neben funktionalen und hierarchischen Rollen gibt es in jedem Unternehmen auch informelle Rollen. Überall begegnen sich Führer, Macher, Mitmacher und Opponenten. Wer zwischen Person und Rolle trennt und den richtigen Umgang mit den Vertretern einer Rolle beherrscht, entschärft Konflikte, entwickelt Führungsstärke und bringt die Organisation zum Erfolg.

Der Cut – Wie Sie das Projekt ins Ziel bringen

Im Halbdunkel des Schneideraums herrscht angespannte Konzentration. Bruce Galloway, der Cutter, scheint mindestens vier Hände zu haben, so schnell gleiten seine Finger über die Technik. Als auf einem der vielen Bildschirme ein weiteres Mal die Klappe erscheint und sich im Hintergrund dichter Nadelwald abzeichnet, stöhnt Regieassistent Michael Flint laut auf. »Dieser verdammte Nationalpark, wo es den halben Tag geregnet hat«, lamentiert er. »Wie oft haben wir diese Einstellung mit Catherine eigentlich gedreht? Das waren mindestens 15 Takes, schätze ich. Und immer wieder ging das Licht weg.«

»Irgendwas Brauchbares wird schon dabei sein«, sagt Regisseur Gatsby Fitzgerald ruhig. »Lass mal alles sehen, was wir haben, Bruce. Auch die alternative Einstellung mit Catherine in der Halbtotalen.«

»Die ist doch sowieso Shit«, fährt Flint dazwischen.

»Michael«, entgegnet Fitzgerald, »wenn du eine Pause brauchst, sag bitte Bescheid. Dann machen wir gerne eine. Ansonsten schlage ich vor, wir sehen uns jetzt in Ruhe das gesamte Material an.«

»Ist ja schon gut«, beschwichtigt Flint. »Kein Problem.«

Nach einer dreiviertel Stunde blickt Fitzgerald in nachdenkliche Gesichter am Schneidetisch. »Was meint ihr?«

»Vom Licht her auf jeden Fall die Siebte oder die Zehnte«, bemerkt Kameramann Gerald Summers entschlossen.

»Die Zehnte nehmen wir«, meint Flint. »Da hat Catherine endlich die Sache mit den Zivilpolizisten vor ihrer Villa vergessen, die ihr Hausmädchen für Einbrecher gehalten hat.«

»Bruce?«, wendet sich Fitzgerald an den Experten am Schneidetisch.

»Gerne die Zehnte«, antwortet der Cutter. »Bloß nicht in voller Länge.«

»Okay, wir nehmen den zehnten Take«, entscheidet Fitzgerald. »Du kannst ihn aber heute Abend maximal eindampfen, Bruce. Vielleicht schaffst du ja so Platz für ein paar von den Landschaftsaufnahmen, die Gerald gemacht hat. Lasst uns die doch gleich mal anschauen.«

»Wisst ihr, was wir unbedingt einbauen sollten, wenn es einen zweiten Teil gibt?«, platzt Michael Flint enthusiastisch heraus.

»Es wird keinen zweiten Teil geben, solange es keinen ersten gibt«, bemerkt Fitzgerald kühl. »Und der ist noch lange nicht fertig. Sag mir lieber mal, was die Musik macht, Michael. Steht der Termin im Aufnahmestudio mit dem L. A. Philharmonic?«

»Das schon«, erwidert Flint leise. »Aber unser Komponist hat eine Blockade. Er sagt, er könne sich noch nicht so richtig in Weltuntergangsstimmung versetzen.«

»Na, dem schicke ich heute Abend mal unseren lieben Produzenten Dexter vorbei«, feixt Fitzgerald in die Runde. »Dann komponiert der Musikus uns morgen die Götterdämmerung ...«

Bloß nicht auf den letzten Metern nachlässig werden

Alles im Kasten – die Dreharbeiten sind beendet. Damit kann Gatsby Fitzgerald erst einmal durchatmen. Der Stress, jeden Tag manchmal mehrere hundert Leute führen und ihre Aufgaben koordinieren zu müssen, ist erst einmal vorbei. Die meisten Leute werden nicht mehr gebraucht. Aber der Film ist noch lange nicht fertig. Jetzt beginnt die Phase der »postproduction«, in der aus dem vielen Rohmaterial ein standardisiertes Produkt wird. Nämlich ein Film von etwa 90 bis 120 Minuten

Länge, so wie ihn ein breites Publikum im Kino erwartet. Zu den wichtigsten Schritten in dieser Phase zählen Schnitt und Tonmischung. Und hier muss noch einmal ganz sorgfältig gearbeitet werden. Wenn jetzt etwas gravierend schiefläuft, misslingt der ganze Film.

Erinnern Sie sich an Manfred Meiner, den Leiter des am Ende verkauften nordrhein-westfälischen Pharmastandorts aus Klappe 6? Irgendwann hatte er es geschafft und den Produktionsbereich seines Werks komplett umorganisiert. Die neue Struktur verlief wie beabsichtigt entlang der Prozessketten. Mitarbeiter früher getrennter Abteilungen, wie Tablettenherstellung, Verpackung, Planung und Technik, hatte er in Linienteams zusammengeführt. Diese unterstanden jeweils einem Linienmanager und arbeiteten nun Hand in Hand, gemäß der logischen Abfolge des Produktionsprozesses. Bereits nach wenigen Wochen nahmen alle Teams ihre neuen Verantwortlichkeiten erfolgreich wahr. Die erhofften Effekte zeichneten sich schon überall ab.

Allerdings hatte Meiner in der Implementierungsphase eine Nachlässigkeit toleriert. Es hatte sozusagen im Schneideraum einen unsauberen Cut gegeben. So etwas wie einen »Anschlussfehler« im Film, bei dem der Schnitt überdeutlich sichtbar ist und den Effekt der Kontinuität zerstört, gab es nun auch in der Firma. Diese störende Schnittstelle bestand zwischen der Produktionsplanung und dem unter Prozessgesichtspunkten vorgelagerten Vertriebsinnendienst. Letzterer setzte die Kundenabrufe in Produktionsaufträge um, orderte die notwendigen Rohstoffe und Hilfsmaterialien und übergab die Vorgänge schließlich im EDV-System an die Produktionsplaner, die Teil der Linienteams waren.

Zwar hatte Manfred Meiner versucht, seine Leute davon zu überzeugen, dass man auch den Vertriebsinnendienst in die Linienteams integrieren könne, aber es gab Widerstand und viele Gegenargumente, sodass er die Schnittstelle letztlich akzeptierte. Und genau dort machten sich nun wieder alte Verhaltensweisen breit. Da blieben Vorgänge liegen, Informationen wurden nicht weitergeleitet oder kamen nicht an. Einer schob die Schuld auf den anderen und die ersten gravierenden Probleme bei der Lieferfähigkeit traten auf.

Für den meisten Ärger sorgte dabei ein Meister, nennen wir ihn Gerhard Maurer, der vor der Restrukturierung einen relativ großen Bereich geleitet hatte, allerdings mit eher operativen und weniger planerischen Anforderungen. Er war schon ewig im Unternehmen, kannte jeden Stein und war bei seinen Kollegen sehr beliebt. Er nutzte aber leider seine zentrale Rolle und seine Erfahrungen nicht, um die Schnittstelle gut zu vernetzen und die Probleme abzubauen. Stattdessen versuchte er bei jeder Gelegenheit zu beweisen, dass die neuen Prozesse nicht funktionierten und früher alles besser gelaufen sei.

Eigentlich war ein prima Typ, hatte engagiert und loyal gearbeitet, besaß positiven Einfluss auf seine Mitarbeiter – und nun diese Entwicklung! Maurer ist ein typisches Beispiel für den Macher, der plötzlich nicht mehr so kann, wie er will, und deshalb zum Opponenten wird. In diesem Fall sogar zu einem ziemlich destruktiven Opponenten. Die meisten Manager hätten in dieser Situation energisch eingegriffen, um den Widerstand des Meisters zu brechen, oder ihn gar in den Vorruhestand geschickt.

Werksleiter Manfred Meiner überlegte es sich aber zum Glück noch einige Tage und beriet sich mit verschiedenen Vertrauten. Er kam so zu der Einsicht, dass eine andere Lösung her musste, denn sonst wäre ein Signal gesetzt worden, das weite Teile der Belegschaft verunsichert hätte. »Wer etwas gegen die neue Richtung hat, fliegt raus« oder »Der Mann hat doch Verdienste und wird jetzt vor die Tür gesetzt« wären dann noch die höflicheren Kommentare gewesen. Meiner wollte aber keine erneute Destabilisierung, sondern sein Werk in produktive Routinen versetzen.

Da kam ihm eine Idee. Es gab nämlich nach der Neustrukturierung noch eine offene Stelle am Standort. Bisher kümmerte sich niemand um das so genannte Improvement Management. Es war aber äußerst wichtig, dass jemand die Mitarbeiter zu kontinuierlichen Verbesserungen anspornte, deren Ideen einsammelte und die Umsetzung der Vorschläge vorantrieb. Das musste systematisch geschehen und dabei sollten auch verschiedene neue Methoden angewendet werden. Für diese Aufgabe benötigte die Firma einen Mitarbeiter, der über Erfahrung und

Überblick verfügte, die Firma und die verschiedenen Produktionslinien gut kannte, gut mit den Leuten konnte und viel Engagement zeigte. Gerhard Maurer sollte dafür eigentlich genau der Richtige sein. Hier konnte er zeigen, dass er nicht abgeschoben gehörte, sondern noch viele gute Ideen einbringen konnte.

Manfred Meiner ging zu dem Meister hin und erzählte ihm von seinen Schwierigkeiten, einen geeigneten Improvement Manager zu finden. Die Stelle sei für das Unternehmen extrem wichtig und es müsse nun bald ein Kopf gefunden werden. Gerhard Maurer glaubte seinem Chef und fragte ihn, ob er ihm das zutrauen würde. Natürlich tat er das, und so bekam der Meister einen neuen Job, in dem er durch das systematische Organisieren von Verbesserungsvorschlägen der Mitarbeiter schließlich sogar dazu beitrug, die unsaubere Schnittstelle »auszubessern«. Ende gut, alles gut.

Hier sehen Sie sehr schön, wann in jedem größeren Veränderungsprozess die Nagelprobe kommt: Wenn sich nämlich die neuen Lösungen in einem mitunter langwierigen Implementierungsprozess durchsetzen müssen und in die Routinen des Alltags übergehen. Hier passiert es schon einmal, dass sich anstatt der neuen Prozesse, Arbeitsabläufe und Organisationsformen plötzlich doch wieder alte Strukturen etablieren. Das geschieht sozusagen durch die Hintertür. Um dem vorzubeugen, gibt es nur eins: In der Implementierungsphase sauber und sorgfältig arbeiten.

Konsolidierung ist alles – und immer Teamarbeit

Bruce Galloway ist im Team von Gatsby Fitzgerald der Fachmann für den Schnitt. Dieser Arbeitsschritt wird in der Fachsprache auch »Montage« genannt, weil aus den vielen Einstellungen beziehungsweise Takes, die ja nicht in der Chronologie der Handlung gedreht wurden, das Brauchbare ausgewählt und gewissermaßen zu einem Film »zusammengebaut« wird. In den USA heißt der »Cutter« heute längst »Editor«, denn er ist wie ein Redakteur für die endgültige Gestalt des Films verantwortlich.

Im alten Studiosystem der Glanzzeiten Hollywoods vor und nach dem Zweiten Weltkrieg hatte der Regisseur im Schneideraum gar nichts verloren. Der Schnitt war Sache des dafür zuständigen Experten. So entstand später der Begriff »Director's Cut« für einen Film, an dem der Regisseur ausnahmsweise bis zum Schluss mitgewirkt hatte. Erst mit dem Aufkommen des Autorenfilms in den 1960er Jahren wurde es allgemein üblich, dass ein Regisseur auch beim Schnitt dabei ist.

Gatsby Fitzgerald hält sich im Schneideraum aber auffällig zurück und lässt den Experten immer den Vortritt. Dazu zählt er auch den Kameramann, den er immer nach seiner Meinung fragt. Ohnehin interessiert sich Fitzgerald nur für die grobe Anordnung des Materials. Es geht ihm darum, wie die Handlung nun endgültig filmisch umgesetzt wird. Den so genannten »Feinschnitt« überlässt er dagegen von vornherein seinem Cutter.

Einer der weltbesten Kameramänner, der oscarnominierte und vielfach ausgezeichnete Deutsche Michael Ballhaus, erzählte vor kurzem in einem Radiointerview, es hänge heute stark vom Regisseur ab, wie viel im Schneideraum geschehe. Einige drehten unheimlich viel Material und entwickelten dann erst bei der Montage den eigentlichen Film, andere dagegen wüssten schon bei den Dreharbeiten genau, was sie wollten, und verließen sich beim Schnitt mehr auf den Editor. Aber immer wieder sei Teambildung die Hauptaufgabe des Regisseurs, betonte Ballhaus. Und er bekannte: »Je mehr man die Sache kennt, desto mehr ist es ein Wunder, wie am Ende ein Film entsteht.«

In der Schlussphase jeder größeren Managementaufgabe geht es darum, die neuen Lösungen – wie auch immer diese aussehen – in die Routineprozesse des Unternehmens einzubauen. Das Merkmal von Routinen ist, dass sie standardisiert sind und demzufolge effektiv ablaufen. Ein neu eingeführter Arbeitsprozess wird dadurch schneller, dass alle Beteiligten sich aufeinander einspielen.

Beispielsweise werden die technischen Einstellparameter an Maschinen optimiert, wodurch sich auch das Verhältnis zwischen Mensch und Maschine verbessert. Alle Beteiligten sammeln Erfahrungen mit der neuen Situation und passen sich ihr schrittweise an. Alles läuft schließlich Hand in Hand. Die Ursachen auftretender Störungen werden immer schneller erkannt und können rasch behoben werden. Nicht selten betragen diese Optimierungspotenziale mehr als 20 Prozent.

Was haben Sie als Führungskraft hier Besonderes zu tun? Die Optimierung und Standardisierung wird ja von Ihren Leuten gemacht. Der Zuschnitt von Prozessen ist in erster Linie Aufgabe von Experten und keine Chefsache. Da sollten Sie sich also tunlichst raushalten, denn das können die Fachleute alles besser.

Sie benötigen aber wiederum Prozesspräsenz. Sie halten den Kontakt und bleiben nahe an den Abläufen. Damit sorgen Sie dafür, dass die Dinge sich vorwärts bewegen. Gatsby Fitzgerald stellt schon durch seine bloße Präsenz im Schneideraum sicher, dass es zügig weitergeht. Und er erkundigt sich regelmäßig nach den anderen Prozessen, wie beispielsweise nach der Einspielung der Filmmusik.

Konkret sollten Sie sich in der Implementierungsphase immer auf zwei unterschiedlichen Ebenen bewegen: der formalen und der informellen.

Auf der formalen Ebene muss eine Führungskraft systematisch die Prozesse kontrollieren. Am besten geht das im Rahmen einer Projektwerkstatt, wie ich sie in Klappe 8 erläutert habe. Die einzelnen Optimierungsaufgaben werden als Projekte definiert, für die in der Regel die unmittelbar mit den Themen beschäftigten Mitarbeiter die Verantwortung übernehmen. Die Ziele und Milestones werden zwischen dem Manager und der Projektgruppe verhandelt und in einem Pflichtenheft festgeschrieben.

Danach führt der Manager in kurzen Abständen Statuskonsultationen durch, die kurz und bündig, aber immer absolut verbindlich sind. Er braucht dabei nicht auf das einzugehen, was im grünen Bereich ist. Vielmehr geht es darum, mögliche Störungen frühzeitig zu erkennen. Dieser prospektive Blick ist entscheidend. Es gibt spezielle Methoden und Techniken, wie etwa Risikoanalysen und Aktions-Tracker, die hier hilfreich sind.

Auf der informellen Ebene muss der Manager in der letzten Phase einen besonders intensiven Kontakt zur Arbeitsbasis halten. Tägliche Rundgänge und Gespräche mit den Leuten an den Maschinen oder den Schreibtischen gehören dazu. Oder überraschend an Meetings teilzunehmen, dabei aber nur zuzuhören. Das alles bringt dem Manager so viele Informationen, dass er bereits im Voraus ein Gefühl für mögliche Probleme entwickelt und so bei den Statuskonsultationen gezielt nachfragen kann.

Der Manager darf bloß nicht versuchen, bestehende Probleme direkt bei seinen Rundgängen und mit den unmittelbar betroffenen Leuten zu lösen. Dadurch würde er sein Managementteam aufs Abstellgleis setzen. Nein, er muss das gewonnene Wissen, sein Gefühl für bestimmte Situationen oder mögliche Entwicklungen mit in die Statuskonsultationen nehmen und dort produktiv einsetzen.

Regieanweisung

Lassen Sie optimieren! Halten Sie sich in der Implementierungsphase mehr im Hintergrund und sorgen Sie dafür, dass die Experten ihre Arbeit machen. Bleiben Sie aber nahe an den Prozessen und behalten Sie alles unter Kontrolle.

In der letzten Phase eines Veränderungsprojekts ist das gesamte Managementteam extrem wichtig. Es ist prädestiniert für Optimierungen und Standardisierungen, denn dafür sind die Leute schließlich ausgebildet. Ingenieure und Betriebswirte verfügen hier über die entscheidenden Kompetenzen. Sie verstehen es, zu analysieren, zu bewerten, zu vergleichen und im Detail zu verbessern. Das alles sind Arbeiten für Macher, für Leute, die sich um die Details kümmern, permanent nachsetzen, zäh dranbleiben, die Mannschaft vor Ort mitreißen und damit den Erfolg sicherstellen.

Doch noch einmal kurz zurück in den Schneideraum, zu Gatsby Fitzgerald und seinem Team. Sicher ist Ihnen die Ungeduld von Regieassistent Michael Flint aufgefallen. Es machte ihn sichtlich nervös, sich das ganze gedrehte Material anzusehen und zu bewerten. Viel lieber hätte er mit Fitzgerald schon über den nächsten Film diskutiert.

Manchen Managern fällt es schwer, in der letzten Phase Ruhe zu bewahren und nicht schon die nächste Baustelle zu eröffnen. Diese Mäßigung ist aber äußerst wichtig. Die neuen Lösungen, Technologien, Arbeitsabläufe und Organisationsstrukturen müssen erst einmal zur Routine werden. Erst dadurch tritt die nach tiefgreifenden Veränderungsprozessen dringend nötige Konsolidierung ein. Und das dauert seine Zeit.

Es bewahrheitet sich immer wieder, dass Menschen in Unternehmen von den Führungskräften nur so weit in die gewünschte Richtung gelenkt werden können, wie sie freiwillig zu gehen bereit sind. Weder gelingt der Übergang von einem Staatsbetrieb zu einem marktwirtschaftlich orientierten Unternehmen auf einen Schlag, noch kann man innerhalb eines halben Jahres zwei Unternehmenskulturen miteinander verschmelzen. Das lehrt zwar schon der gesunde Menschenverstand, aber der Ehrgeiz so mancher Manager lässt es sie leider oft vergessen.

So springen alle, die zu viel auf einmal wollen, am Ende zu kurz. Beispiele dafür gibt es genug. Als Daimler-Benz die Fusion mit Chrysler noch nicht ganz verkraftet hatte und das Management dem Konzern dann auch noch Mitsubishi einverleiben wollte, verschluckte sich das Unternehmen, und man musste die Japaner schnell wieder loswerden. Volkswagen hat immer noch in vieler Hinsicht den Charakter eines Gewerkschaftsunternehmens und verschlankt sich nur langsam. Die Deutsche Bahn laboriert seit 15 Jahren daran herum, ein profitables Unternehmen zu werden. Und in den wenigen Betrieben der ehemaligen DDR, die den wirtschaftlichen Systemwechsel überlebt haben, ist der Wandel erst recht langsam vorangegangen.

Regieanweisung

Bewahren Sie Ruhe und verlangen Sie nicht zu viel auf einmal. Bringen Sie jede Aufgabe professionell zum Abschluss, bevor Sie sich neuen Herausforderungen zuwenden. Üben Sie sich in Geduld bei der Umsetzung von Neuem.

In der letzten Phase eines Veränderungsprojekts kann das Vorhaben also an zwei Hauptfehlern scheitern, die beide mit ungenügender Konsolidierung zu tun haben:

- Die notwendigen Prozesse der Standardisierung und Optimierung werden nicht sorgfältig vorbereitet und durchgeführt. So schleichen sich Nachlässigkeiten ein, die dann schlimme Folgen haben können.
- Es wird sofort die nächste Baustelle eröffnet. Wenn aber irgendwann überall gebuddelt und nichts mehr anständig zugeteert wird, bricht zwangsläufig Chaos aus.

Ein Beispiel für die Versuchung, zu schnell neue Baustellen zu eröffnen, haben Sie schon in Klappe 2 kennengelernt. Das Ingenieurbüro in der Automobilbranche wollte einen Markteintritt in den USA organisieren, noch bevor es eine neue Struktur, die es sich geben wollte, umgesetzt hatte. Mit beiden Herausforderungen auf einmal waren sowohl das Management als auch die Mitarbeiter überfordert. Man konzentrierte sich schließlich auf die neue Aufgabe in Übersee, was dazu führte, dass das alte Projekt im Sande verlief. Am Schluss klappte gar nichts mehr anständig und die Firma verlor eine Menge Geld.

Zu der ersten Gefahr noch ein weiteres typisches Beispiel. Diesmal gab es weder unsaubere Schnittstellen, wie in dem Werk von Manfred Meiner, noch einen destruktiven Opponenten wie Gerhard Maurer, sondern es brachen schlicht im entscheidenden Moment die personellen Ressourcen weg. Schauplatz war ein großes Krankenhaus im Ruhrgebiet, das ich mit meinem Team bei der Umgestaltung seines technischen Bereichs in ein modernes Facility Management unterstützte. Alles war zunächst erwartungsgemäß verlaufen. Aber da es sich um ein Haus in kommunaler Trägerschaft handelte, war das Geld knapp und uns wurde bald nach Beginn der Implementierungsphase mitgeteilt, dass der Manager des technischen Bereichs, ich nenne ihn hier einmal Werner Glaser, ab sofort die weiteren Anpassungsarbeiten in eigener Verantwortung und ohne externe Unterstützung vornehmen sollte.

Ich hatte überhaupt nichts dagegen einzuwenden, sondern im Gegenteil sogar ein ausgesprochen gutes Gefühl, denn ich kannte Glaser mittlerweile als einen solide und systematisch agierenden Manager mit großem Engagement. Sein Managementteam bestand aus guten Leuten, die sich in den vorangegangenen Veränderungsschritten bewährt hatten. Im Vergleich zu manch anderen kommunalen Einrichtungen war das eine sehr gute Situation. Wir machten zum Abschluss noch einen Workshop miteinander, in dem wir die wichtigsten nächsten Schritte herausarbeiteten, insbesondere die verschiedenen Formen, diese erfolgreich zu managen. Schließlich zog ich unser Team ab und wir widmeten uns neuen Aufgaben. Glaser machte sich an die Arbeit.

Nach einigen Monaten rief ich in besagtem Krankenhaus an, weil mich einfach interessierte, wie die Sache so lief. Ich fragte, ob der Bereichsleiter zu sprechen sei, und erfuhr zu meinem Erstaunen, dass Glaser das Unternehmen verlassen hatte. Auf die Gründe will ich hier nicht näher eingehen, obwohl ich einige Zeit später Gelegenheit hatte, sie mit Werner Glaser in einem Coachingprozess ausführlich durchzugehen. Viel trauriger war, dass im Krankenhaus seit seinem Weggang kein adäquater Ersatz geschaffen worden war.

Glasers Stellvertreter war zwar immer noch im Amt, aber trotz allen Bemühens völlig überfordert. Er konnte sich sowohl wegen seines Arbeitspensums im operativen Bereich als auch mangels genügender Managementerfahrung nicht ausreichend um die Konsolidierung der neuen Organisation kümmern. Einige der Veränderungen waren sogar schon rückgängig gemacht worden. Die Stimmung der Mitarbeiter in dem technischen Bereich war, so wurde mir berichtet, wieder so schlecht, wie wir sie vor dem Projekt vorgefunden hatten.

Ich versuchte noch, die Direktion auf das Problem aufmerksam zu machen und meine Hilfe anzubieten, aber dort hatte man inzwischen andere Sorgen. Nämlich sich mit den Krankenkassen über Fallpauschalen und Ähnliches herumzustreiten. So war schließlich alles umsonst gewesen, weil es niemanden mehr gab, der das Projekt sauber ins Ziel bringen konnte.

Im Schneideraum landet eine Menge auf dem Müll

Haben Sie in der letzten Zeit einmal eine Spielfilm-DVD gekauft oder ausgeliehen? Der enorme Speicherplatz der DVD wird gern dazu genutzt, dem Zuschauer zum Film noch ein wenig »Bonusmaterial« zu bieten, wie zum Beispiel Interviews mit den Schauspielern oder dem Regisseur, ein Video von den Dreharbeiten oder bei Klassikern ausführliche Analysen von Filmexperten. Fast immer finden sich als Bonusmaterial auch einige der so genannten »Deleted Scenes«. Das sind getreu dem Drehbuch abgedrehte Einstellungen, die im Schneideraum schließlich verworfen wurden. Sei es, weil man kürzen musste, sei es, weil der Regisseur eine andere Vorstellung vom Ganzen entwickelt hatte und die Szene für ihn keinen Sinn mehr ergab. Auch Gatsby Fitzgerald hatte mehr gedreht, als er schlussendlich gebrauchen konnte, und überlegte nun im Schneideraum, was in den Film und was auf den Müll kommen sollte.

Bereits am Anfang jedes größeren Veränderungsprojekts entstehen viele gute Ideen. Im weiteren Verlauf kann dann aber nicht immer alles umgesetzt werden. Manchmal sind die Einfälle zu futuristisch, manchmal fehlen die nötigen Ressourcen dafür oder sie finden einfach nicht die nötige breite Unterstützung. Dennoch sollten Sie von vornherein akribisch darauf achten, dass keine dieser Ideen verloren geht. Dafür gibt es zwei Gründe:

- Ideen werden immer gebraucht. Manche stellen sich erst später als gut heraus. Andere wiederum müssen einfach warten, bis der Zeitpunkt gekommen ist, zu dem die Bedingungen für sie günstig sind.
- Für die Stimmung in Veränderungsprozessen ist es höchst abträglich, wenn Ideen und Vorschläge sang- und klanglos verschwinden. Die Ideengeber fühlen sich hintangestellt und halten nun weitere Vorschläge zurück.

Ich traf vorige Woche zufällig im Zug einen Mann, der vor etwa vier Jahren an einer unserer Basiskonferenzen in einem Unternehmen teilgenommen hatte. Seine Firma stellt Chemieprodukte her, vor allem Stabilisatoren für den Einsatz in der Kunststoffindustrie. Wir unterhielten uns, und er erzählte mir eine Begebenheit aus eben jener Konferenz, die ich selbst längst vergessen hatte. Er hatte dort einen Vorschlag gemacht, der die Planung bestimmter Produktionsabschnitte verändern sollte. Aber die anderen Teilnehmer unterstützten dies nicht, sodass ich ihn von der Liste der weiter zu bearbeitenden Themen streichen musste.

In der Pause sprach er mich damals ziemlich temperamentvoll an und erinnert sich auch nach Jahren noch an meine Antwort. Ich sagte ihm, dass ich persönlich seinem Vorschlag eine hohe Priorität einräume, mich aber als Moderator der Basiskonferenz nicht gegen die Meinung des versammelten Sachverstands der Firma stellen könne. Gleichzeitig versprach ich ihm, die Metaplankarte mit seinem Vorschlag aufzubewahren und diesen zu einem geeigneten Zeitpunkt wieder zur Sprache zu bringen. Das muss dann offenbar auch geschehen sein, denn der junge Mann erinnerte sich mit großer Zufriedenheit daran.

Regieanweisung

Legen Sie eine Ideenbank an, in der Sie alle jemals gemachten, aber nicht umgesetzten Ideen und Vorschläge sammeln. Schauen Sie von Zeit zu Zeit dort hinein und fischen Sie das heraus, was mittlerweile Chancen hätte, realisiert zu werden.

Es gibt andererseits auch viele Vorschläge und Lösungsansätze, die wirklich nicht gut sind. Da ist dann schon mal richtiger Müll dabei. So kamen zum Beispiel die Mitarbeiter in einem Unternehmen auf die abstruse Idee, alle Firmenwagen statt mit teurem Superbenzin von der Tankstelle mit billigerem Waschbenzin fahren zu lassen. Bei entsprechenden Manipulationen an der Zündanlage soll das wohl früher bei einigen Fahrzeugen funktioniert haben. So etwas kann man natürlich nicht ernsthaft in Angriff nehmen, allein schon weil es das Finanzamt und schließlich den Staatsanwalt auf den Plan rufen würde.

Trotzdem werden solche Vorschläge immer wieder gemacht, und es bedeutet einen erheblichen Aufwand, diese alle strukturiert zu erfassen und zu speichern. Mit mindestens 30 Prozent unbrauchbaren Vorschlägen können Sie rechnen. Das gilt für alle KVP-Systeme, für das Vorschlagswesen und für sämtliche Spielarten des Improvement Managements. Und selbstverständlich auch in Veränderungsprojekten. Von den restlichen 70 Prozent der Vorschläge sind wiederum circa 80 Prozent eher kleine Ideen, die zwar ganz nett sind, aber nicht sonderlich viel bringen.

Die Quote der wirklichen Renner mit großem Nutzenspotenzial liegt schließlich unter einem Prozent. Aber wenn man die am Schluss haben will, und dazu noch eine Vielzahl kleiner und mittlerer Ideen, die ja in der Summe letztlich auch Fortschritt bringen, dann muss man eben den Müll mit in Kauf nehmen.

Ich empfehle Ihnen, diese wenig hilfreichen Vorschläge einfach kommentarlos aufzunehmen, sie vielleicht sogar in einer Ideenbank für eine Weile aufzubewahren, dann aber am Schluss einfach nicht zu realisieren. Keinesfalls sollten Sie die Urheber solcher Schnapsideen bloßstellen, denn das drückt die Stimmung und die Initiative ungemein. Da die Mitarbeiter selbst nicht immer einschätzen können, wie gut oder schlecht eine Idee ist, trauen sie sich dann vielleicht nicht mehr, den Mund aufzumachen.

Klappe 10 | Take 4

Konsolidierung ja – aber keine neue Erstarrung

Gatsby Fitzgerald und seine Mitarbeiter werden noch eine ganze Weile im Schneideraum verbringen. Der Komponist wird eine effektvolle Musik schreiben, und wenn diese eingespielt ist, kann die Tonmischung beginnen. Irgendwann wird das Kopierwerk die ersehnte »Nullkopie« liefern. Der Film ist endlich fertig. Aber die Arbeit geht weiter. Jetzt muss der Film vermarktet werden. Die Premiere sollte möglichst auf einem der drei wichtigsten internationalen Festivals – Cannes, Berlin oder Venedig – stattfinden. Und es sollte Preise geben, später mindestens einen Oscar. Im Grunde hört die Arbeit nie auf. Trotzdem fiebert das ganze Team auf einen Schlusspunkt hin. Irgendwann wollen die Leute auch einmal sagen können: »Geschafft!«

Stellen Sie sich vor, ein Veränderungsprojekt in Ihrem Unternehmen wird erfolgreich beendet. Ein Nutzen in Millionenhöhe lässt sich ausweisen. Die Ergebnisse des Projekts werden sauber in Routinen überführt – und dann passiert es: Nach und nach verkrusten auch die neuen Strukturen. Die alten Verhaltensweisen schleichen sich wieder ein. Die Leute schieben sich gegenseitig den Schwarzen Peter zu, warten ab, verstricken sich in Machtspiele zwischen den Abteilungen und so weiter. Die Aufbruchstimmung des Projekts ist bald nur noch ein längst vergangener Hauch in der Erinnerung der Leute.

Als Führungskraft sind Sie gut beraten, die Inszenierung von Veränderung zu Ihrer Hauptaufgabe zu machen. Dazu müssen Sie einfach nur vorausschauen, um mögliche Veränderungsfelder frühzeitig auszumachen. Zukünftige Marktverschiebungen erfordern bald neue Produkte. Sich abzeichnender Kostendruck in drei Jahren erfordert heute schon Restrukturierung. Deshalb sollten Sie eben nicht abwarten, bis die Ereignisse eintreten. Vielmehr gilt es, mit der Inszenierung von Veränderung zu beginnen, bevor Sie die Umstände dazu zwingen.

Alle Krisen sind vorhersehbar. Und die meisten Manager sehen sie voraus. Oder ihre Managementteams bemerken sie. Oder die Opponenten im Unternehmen stoßen ihre Kassandrarufe aus. Es gibt Unternehmen und Manager, die darauf sofort reagieren und Veränderungsprozesse anstoßen. So hat es Klaus Baldur getan.

Es gibt leider auch die anderen, die abwarten und die Köpfe in den Sand stecken. Ich habe beobachtet, dass sie das nicht aus Faulheit tun oder weil sie sich nicht für ihre Aufgaben engagieren würden. Sie tun dies einfach aus einer gewissen Hilflosigkeit heraus, weil sie nicht wissen, wie sie etwas inszenieren können, wie sie Managementteams bilden und sich dadurch entlasten, wie sie Verantwortung strukturiert verteilen, wie sie ihre Mitarbeiter anders als durch Geld, Incentives und Events motivieren. Und weil sie das nicht wissen, fehlt ihnen der Mut, es zu versuchen.

Jedes erfolgreiche Veränderungsprojekt bewirkt, dass sich ein Unternehmen ein Stück besser auf zukünftige Bedingungen einstellen kann. So hat Klaus Baldur alles, was sich im Projektverlauf positiv bewährt hatte, in seine operative Organisation übernommen. Das Managementteam und die Art seiner Zusammenarbeit behielt er bei. In den routinemäßigen Meetings dieses Teams redet Klaus nach wie vor am wenigsten. Er überlässt dem Team völlig die Initiative. Auch die Projektwerkstatt hat er als feste Einrichtung beibehalten. Nach Jahren arbeitet sie auch heute noch sehr erfolgreich.

Manfred Meiner leitet sein Unternehmen nach einem prozessorientierten Managementsystem namens POMS. Darin werden systematisch die wichtigen Führungsthemen Sinn, Vertrauen, Offenheit und Verantwortung behandelt. In regelmäßigen Abständen lässt Meiner in Brainstormings bestehende Strukturen in Frage stellen. Veränderungsmanagement ist für ihn sozusagen im Alltag angekommen.

Der Manager selbst kann also niemals sagen, jetzt habe er es geschafft. Er muss wissen, dass im Unternehmen als einem komplexen System immer noch etwas nachkommt, ein Veränderungsprojekt nie wirklich zu Ende ist. Trotzdem sollte er irgendwann die Schlussrunde einläuten. Das muss er allerdings als Teil der Inszenierung betrachten. Wann der Zeitpunkt dafür günstig ist, können Sie anhand der folgenden Kriterien erkennen:

- neuen Lösungen sind zuverlässig in den Routineprozess umgesetzt.
- Der Nutzen aus dem Veränderungsprojekt lässt sich klar und ohne Fiktionen ausweisen.
- Für das Managementteam und die Mitarbeiter sind die persönlichen Eindrücke der Veränderungen noch frisch.
- Die unvermeidlichen Enttäuschungen in Teilbereichen – nie wird alles so wie erträumt – sind noch nicht zu stark spürbar.

Es ist für das Managementteam, für die Mitarbeiter, für den, der das Geld gibt, kurz: für alle Beteiligten enorm wichtig, dass irgendwann ein Schlusspunkt erreicht wird. Die Inszenierung dessen hat, wie ich Ihnen in der elften und letzten Klappe zeigen werde, eine bestimmte Funktion zu erfüllen. Es geht darum, zu bewerten und zu belohnen. Unter diesem Aspekt bestimmen Sie, wann es heißen darf: »Geschafft!«

Zeitraffer

- In der Schlussphase eines Veränderungsprojekts werden die neuen Lösungen in den Routineprozess eingebaut. Solche Routinen sind standardisiert und demzufolge effektiv.
- In der letzten Phase geht es um Konsolidierung. Dafür sind Ruhe, Geduld und Konzentration erforderlich. Die beiden möglichen Hauptfehler sind mangelnde Sorgfalt und der Versuch, zu früh weitere Projekte anzustoßen.
- Führungskräfte sollten sich in der Implementierungsphase zurückhalten und einmal mehr auf die Kompetenzen ihrer Fachexperten vertrauen. Nötig ist es allerdings, nahe an den Prozessen und an den Menschen zu bleiben. Stichwort: Prozesspräsenz.
- Wenn Mitarbeiter Ideen einbringen, entsteht auch viel Unbrauchbares. Das muss aber auch gesammelt werden. Erstens, weil sich oft erst später die Spreu vom Weizen trennt, und zweitens, weil man nur an die besten Ideen kommt, wenn man auch schlechte in Kauf nimmt.
- Führungskräfte sollten die Inszenierung von Veränderung zu Ihrer Hauptaufgabe machen. Ihnen muss klar sein, dass der Wandel immer weitergeht. Trotzdem müssen sie für die anderen Beteiligten irgendwann den Schlusspunkt eines Projekts definieren und inszenieren.

Die Premiere – Setzen Sie einen grandiosen Schlusspunkt

Es ist zwei Minuten nach halb acht am Abend. 1600 Premierengäste haben ihre Plätze eingenommen und starren erwartungsvoll auf die großen Videoscreens, die das Geschehen auf dem roten Teppich in den Saal übertragen. Unterdessen jagt ein schwarzer Phaeton mit Gatsby Fitzgerald und Donna Shalana auf den Rücksitzen durch den dunklen, regennassen Berliner Stadtteil Tiergarten in Richtung Potsdamer Platz. Der Regisseur kontrolliert gerade den Sitz seiner Fliege, während seine persönliche Assistentin aufgeregt in einem Stapel Faxe blättert, die auf ihrem Schoß liegen.

»Die waren ja richtig nett zu uns heute Mittag auf der Pressekonferenz«, bemerkt Fitzgerald. »Vielleicht steht morgen in den Zeitungen ja sogar was Nettes über unseren Film.«

»Sieht ganz gut aus«, sagt Donna konzentriert. »Oh, hoppla! Hör dir das an, Gats: ›... typisch amerikanischer Verfolgungswahn ... weiblicher Rambo in Stöckelschuhen gegen den Rest der Welt ... abstruse Weltuntergangsphantasien ...‹ schreibt *Le Globe.*«

»Na klar, die Franzosen«, sagt Fitzgerald gelassen. »Allerdings hätten wir die Motive der Terroristen besser herausarbeiten können. Das denke ich inzwischen auch ...«

»Aber hier!«, unterbricht ihn Donna. »› ... Hollywood in neuer Höchstform ... perfekte Balance zwischen politischer Relevanz und Nervenkitzel ... Catherine Brentwood in ihrer besten Rolle seit Jahren ... ‹ *Berliner Allgemeine.*« »Ich sag's doch immer, mit Catherine gelingt jeder Film«, atmet Fitzgerald noch einmal tief durch. Da öffnet sich auch schon die rechte Wagentür, und er taucht in ein Blitzlichtgewitter ... Zwei Stunden später brandet tosender Beifall durch den Berlinale Palast. Auf der Bühne vor dem roten Vorhang stehen überglücklich Regisseur Gatsby Fitzgerald, Hauptdarstellerin Catherine Brentwood, ihr nun wieder sehr jung wirkender Filmpartner Nick Glenford, Produzent David Dexter und Kameramann Gerald Summers. Catherine steckt ihre Nase genießerisch in einen zauberhaften Blumenstrauß, während die Moderatorin des Abends, eine elegante Blondine im schulterfreien schwarzen Abendkleid, das Mikrofon lächelnd an Gatsby Fitzgerald weiterreicht, von dem nun alle Anspannung abgefallen ist.

»Unzählige Menschen haben zum Gelingen dieses Films beigetragen«, sagt Fitzgerald mit ruhiger Stimme, als der Applaus langsam abebbt. »Danken möchte ich an erster Stelle meinem Produzenten David Dexter, ohne den dieses Projekt nicht möglich gewesen wäre. David war so verrückt, mich einfach machen zu lassen, obwohl ich ihm am Anfang nicht sagen konnte, was am Ende dabei rauskommen würde. Vielen Dank, David!« Wieder Applaus und einzelne Bravo-Rufe. »Dann möchte ich meinen beiden wunderbaren Darstellern Catherine und Nick danken. Ihr seid das Traumpaar unserer Tage.« Ohrenbetäubender Jubel. »Schließlich danke ich meinem Kameramann, dem großartigen Gerald Summers, ich danke Bruce Galloway, dem besten Editor der Welt, ich danke meiner guten Fee Donna Shalana und ich danke allen, deren Namen ich jetzt nicht nennen kann. Jeder Einzelne hat seinen Beitrag geleistet, und jeder Einzelne darf stolz darauf sein, dass dieser Film ohne ihn nicht das geworden wäre, was Sie eben gesehen haben.«

Standing ovations! Das Publikum hält es nicht mehr auf den Sitzen ...

Im Hintergrund klingt der Applaus noch immer nach, als Fitzgerald und sein Team bereits durch einen schmalen, fensterlosen Gang in Richtung Ausgang geleitet werden. Draußen an der frischen Luft verkündet der Chef: »Und jetzt geht es ab in die Rom Bar, Leute! Dort habe ich noch ein paar Überraschungen für euch.«

»Hoffentlich nicht wieder Bratwurst mit Sauerkraut«, stöhnt Michael Flint.

»Shit, Michael«, platzt es aus Fitzgerald heraus, und er dreht sich lachend zu seinem Regieassistenten um. »Dich habe ich eben ganz vergessen. Tut mir echt leid. Dafür übergießen wir dich heute Nacht mit dem teuersten Champagner, okay?«

Mit Lob und Kritik souverän umgehen

Gatsby Fitzgerald und sein Team haben ihr Äußerstes gegeben. Der Film ist fertig und macht das Produktionsteam und die Schauspieler auch ein wenig stolz. Nun gilt es, sich dem Urteil des Publikums und der Kritiker zu stellen. Zunächst sind die Journalisten an der Reihe. Nach einer Pressevorführung am Vormittag und der anschließenden Pressekonferenz mit dem Regisseur, dem Produzenten und den Schauspielern bilden sie sich ihr Urteil. Bei der eigentlichen, glanzvollen Premiere am Abend sind die Besprechungen dann schon geschrieben und gedruckt. Nach der Uraufführung kann das ganze Team schließlich seinen Erfolg genießen, denn das Publikum ist begeistert.

Wer am Ende eines großen Veränderungsprojekts zufrieden und wer auch schon mal unzufrieden ist, hängt immer davon ab, was der Einzelne erwartet hat und wie im Vergleich dazu das Resultat ausfällt. In der Regel sind jedoch alle, die unmittelbar beteiligt waren, mächtig stolz auf das Erreichte. Wer im Sinne des Partizipationsprinzips wirklich aktiv gestaltend an einem Projekt mitwirken durfte, der identifiziert sich auch voll mit dem Ergebnis. Die Leute sind nach meiner Erfahrung auch immer ganz froh, wenn am Ende eine relative Stabilität eintritt, die Dinge wieder in geordneten Bahnen verlaufen und die zusätzlichen Belastungen durch die Projektarbeit nachlassen.

Unzufrieden sind immer nur diejenigen, die sich aus irgendwelchen Gründen als Verlierer fühlen. Das wäre zum Beispiel mit dem Meister Gerhard Maurer in dem nordrhein-westfälischen Pharmabetrieb passiert, wenn Manfred Meiner ihn nicht doch noch auf seine Seite hätte ziehen können. In Fällen wie diesem lohnt es sich, bis zum Schluss Brücken zu bauen, Menschen einzubinden und für das Neue zu werben.

Gelingt es in Einzelfällen aber einmal nicht, einen Mitarbeiter zu überzeugen, kann es für beide Seiten die beste Lösung sein, sich zu trennen. Ich erinnere mich auch an solche Fälle und bin einigermaßen stolz darauf, dass wir für die Betroffenen immer eine Lösung gefunden haben, die ihnen eine Zukunftsperspektive eröffnet hat. Das ist schon deshalb wichtig, damit der Bertoffene nicht noch kurz vor seinem Weggang die Stimmung vergiftet.

Schließlich gibt es immer wieder einmal Außenstehende, die von den neuen Verhältnissen erfahren und diese bekritteln, obwohl sie die Zusammenhänge überhaupt nicht begriffen haben. Ungefähr so wie ein Filmkritiker, der einen Film nicht verstanden oder einfach einen anderen Geschmack hat und deshalb einen Verriss schreibt. So hat zum Beispiel in mehr als einem deutschen Unternehmen der Betriebsrat konstruktiv an neuen Lösungen mitgearbeitet – bis auf einmal aus der Gewerkschaftszentrale die Order kam, alles schlecht zu finden und auf die Barrikaden zu steigen. Auf die Dauer bleiben in den Unternehmen aber immer die positiven Geschichten im Gedächtnis und die einzelnen Ärgernisse verblassen.

Daher ist es auch gut, wenn Führungskräfte mit Lob und Kritik gelassen umgehen. Gatsby Fitzgerald hat sich über den Verriss des französischen Kritikers nicht unnötig geärgert, sondern sogar eingeräumt, dass der Plot des Films an einer Stelle noch überzeugender hätte sein können. Und die überschwänglich lobende Besprechung will Fitzgerald vor allem seiner Hauptdarstellerin zu verdanken haben. Zumindest stellt er es nach außen hin so dar.

Ich kenne Menschen, die unter Kritik schwer leiden und davon regelrecht krank werden. Ich kenne auch Menschen, die durch Lob in Euphorie geraten. Einige darunter sind von ausreichend Lob und Anerkennung regelrecht abhängig. Ich kenne schließlich auch Typen, die immer extrem reagieren: Werden sie gelobt, dann geraten sie völlig aus dem Häuschen, kritisiert sie jemand, dann sind sie am Boden zerstört.

Alle diese Menschen machen einen grundlegenden Fehler, der nicht nur äußerlich an ihren Reaktionen sichtbar ist, sondern auch tiefe Spuren in ihrem Inneren hinterlässt: Sie lassen Lob und Kritik zu nahe an sich heran. Natürlich soll man sich über Erfolge freuen und andererseits Misserfolge selbstkritisch bewerten und daraus lernen. Aber das persönliche Gleichgewicht sollte doch nicht davon abhängig sein! Vielmehr gilt es, das rechte Maß zu halten.

Ich finde, Lob sollte man weiterreichen. Dadurch bleibt erst gar nicht so viel an einem selbst hängen, dass man danach süchtig werden könnte. Es gibt immer genügend Leute, die sich um die Ergebnisse eines Projekts verdient gemacht haben, sodass es keine Schwierigkeiten bereitet, ihnen die Lorbeeren zu schenken.

Kritik wiederum sollte man versachlichen. Hat man Kritik einmal von allen persönlichen Färbungen befreit, lässt sich aus ihr nämlich ein rationaler Kern herausfiltern. Diesen und nur diesen lohnt es zu bearbeiten. Jeder Kritiker spricht etwas Wertvolles an, was den eigenen Horizont erweitert. Die meisten von ihnen reichern ihre Argumente jedoch um eine persönliche Komponente an, die mehr über den Kritiker selbst aussagt als über den Gegenstand der Kritik.

Regieanweisung

Demonstrieren Sie Gleichmut bei Lob und Kritik. Reichen Sie das Lob an andere weiter, damit es Ihnen nicht zu Kopf steigt. Und klopfen Sie Kritik nüchtern auf das ab, was für Sie ein Denkanstoß sein könnte.

Die Ergebnisse können sich sehen lassen

Wenn man einmal von allem Glamour und den überschäumenden Emotionen absieht und das Ganze am nächsten Morgen wieder nüchtern betrachtet, ist die Berlinale für Gatsby Fitzgerald nichts anderes als die Ergebnispräsentation seines Projekts, Kontaktbörse und Leistungsschau der Branche. Zunächst begutachten die Fachexperten sein Werk. In der anschließenden Pressekonferenz fragen die Filmjournalisten nach technischen Details wie Kameraeinstellungen oder Farbgestaltung und wollen von den Schauspielern wissen, wie die Zusammenarbeit mit ihren Kollegen war. Der Regisseur legt offen, was er gemacht hat, wie er es gemacht hat und was seine Absichten waren.

Hat schließlich auch das Publikum den Film gut aufgenommen, wird er ein Erfolg, und es ist Gelegenheit für Danksagungen. Hier darf endlich einmal der Produzent an erster Stelle stehen, der die ganze Zeit mitgemacht und das Projekt aus dem Hintergrund gestützt hat. Und nach der offiziellen Danksagung ist dann eine Premierenparty Pflicht, auf der das ganze Produktionsteam seinen Triumph genießen darf.

Im Business hat die Ergebnispräsentation immer drei Funktionen zu erfüllen. Erstens gilt es, die Ergebnisse im Vergleich zu den Zielen zu bewerten. Dabei können zum einen alle monetären oder mit Kennziffern darstellbaren Ergebnisse den jeweiligen Vorgaben gegenübergestellt werden. Solche Darstellungen verlangen es immer, korrekte Berechnungen anzustellen, deshalb lassen Sie sich dabei am besten von Experten des Finanzbereichs oder externen Beratern unterstützen.

Es wirkt auch einfach glaubwürdiger, wenn diese Dinge von Finanzfachleuten dargestellt werden. Diese wissen, wie man am besten ausweist, dass beispielsweise Stückkosten gesenkt wurden, verschiedene Fixkostenpositionen sich budgetwirksam reduziert haben, der Ertrag gestiegen ist oder auch Stillstandszeiten, Wartungs- und Instandhaltungsaufwand zurückgefahren werden konnten.

Ebenfalls klar und eindeutig kann man die erreichten Veränderungen im organisatorischen Aufbau des Unternehmens belegen. Dazu dienen Organigramme, Funktions- und Verantwortungsübersichten sowie Stellenbeschreibungen.

Schwieriger wird es bei den qualitativen, nicht mit Zahlen zu beschreibenden Zielen. Hat sich zum Beispiel die Kommunikation zwischen den Abteilungen verbessert, identifizieren sich die Mitarbeiter mehr mit ihrer Arbeit oder ist einfach die Motivation spürbar besser geworden, so ist es häufig nicht leicht, solche Erfolge darzustellen. Dafür benötigen Sie vor allem Beispiele, je mehr desto besser. Es müssen Beispiele aus der unmittelbaren Erlebenswelt des Unternehmens sein, welche die Zuhörer selbst erlebt haben oder die sie leicht nachvollziehen können.

Eine besonders schöne Rückmeldung erhielt Klaus Baldur aus der Deutschlandzentrale seines Konzerns in Hamburg. Die dortigen Manager sprachen Klaus von sich aus an, ihnen sei aufgefallen, dass die Leute in seinem Werk in letzter Zeit viel härter um ihre Budgets kämpften und wesentlich entschlossener ihre Standpunkte verträten als früher. Woran das bloß liegen mochte? Sicher am gewachsenen Selbstbewusstsein und an der gestiegenen Identifikation der Mitarbeiter mit ihren Aufgaben. Das ist ein sehr konkretes Projektergebnis auf der Ebene der soft facts.

Ich greife für die Präsentation qualitativer Ergebnisse auch gern auf Interviews zurück. Dabei messen wir anhand offener Fragestellungen die Entwicklung bestimmter Faktoren der Unternehmenskultur. So fragen wir zum Beispiel, über welche Themen die Mitarbeiter reden. Oder wir wollen wissen, mit wem, wie oft und mit welchen Ergebnissen die Leute in den letzten vier Wochen alles gesprochen und welche Erfahrungen sie dabei gemacht haben. Solche Fragen stellen wir einmal zu Beginn eines Projekts und dann noch einmal Monate später, wenn alles in Bewegung gekommen ist.

Typischerweise zeigt sich bei der zweiten Interviewrunde, dass sich die Leute im Unternehmen zum einen über eine breitere Vielfalt an Themen unterhalten und es zum anderen viel mehr Gespräche über Abteilungsgrenzen hinweg gibt. Wenn man qualitative Veränderungen dergestalt strukturiert erfasst, hat das den Vorteil, dass sich die Ergebnisse eindrucksvoll grafisch darstellen lassen und die durch das Projekt hervorgerufenen Effekte schlüssig belegt werden können.

Regieanweisung

Lassen Sie quantitative, in Geldbeträgen und Kennzahlen darstellbare Ergebnisse am besten von Finanzexperten präsentieren. Sorgen Sie gleichzeitig und von Anfang an dafür, dass Sie für qualitative Veränderungen genügend Anschauungsmaterial bieten können.

Eine zweite wichtige Funktion der Ergebnispräsentation besteht darin, dass Führungskräfte ihren Mitstreitern aus Managementteam und Belegschaft die Gelegenheit zur Selbstdarstellung geben. Alle Beteiligten können und sollen jetzt ihren Beitrag zum Gelingen des Projekts öffentlich zeigen. Am besten vor dem ganzen Unternehmen, einschließlich der obersten Führungsebene. Und dann vielleicht auch noch vor Kunden, Lieferanten und geladenen Gästen. Zu Letzteren können durchaus die Familien der Mitarbeiter zählen.

Tun Sie hier einfach alles, um Ihre Mitstreiter stolz zu machen, denn sie haben es verdient. Dazu ist es keineswegs erforderlich, Ihr eigenes Licht unter den Scheffel zu stellen. Denn je besser Ihre Mitarbeiter dastehen, desto größer und strahlender erscheinen auch Sie selbst. Sie sind ja schließlich derjenige, der das alles inszeniert und die Mitarbeiter erst zu dem gemacht hat, was sie jetzt sind. Wer diesen Zusammenhang nicht versteht und sich entsprechend verhält, wird nie wirklich zu einer überzeugenden und souveränen Führungspersönlichkeit heranreifen.

Mitunter begegne ich Managern, die aus Furcht, übersehen zu werden, ihren eigenen Anteil an Erfolgen überbetonen und den anderen kaum noch Raum lassen, ihre Leistungen darzustellen. Das ist einfach nur kleinkariert und fällt auch den höheren Managementebenen unangenehm auf. Dieses Verhalten rächt sich außerdem spätestens beim nächsten Projekt. Nach einer solchen Erfahrung werden sich die Mitarbeiter nämlich nicht mehr so stark engagieren. Wozu soll man sich anstrengen, wenn der Boss am Ende alle Lorbeeren für sich einheimst?

Die dritte und letzte Funktion der Ergebnispräsentation ist der Prozessreview. Was lässt sich aus den bei der Inszenierung von Wandel gesammelten Erfahrungen lernen? Sie zeigen hier – und das sollten Sie in der Tat selbst machen – den gesamten Verlauf des Projekts, alle einzelnen Phasen, Veranstaltungen und Höhepunkte. Dazu verwenden Sie am besten die bereits am Anfang, bei der Präsentation der Projektidee, gezeigten Grafiken, beziehen sich immer wieder auf Ihre früheren Aussagen und Versprechen und verwenden dabei das gleiche Wording. Hier kommt es also auf den Wiedererkennungseffekt an. Sie präsentieren sich als jemand, der von Anfang an wusste, was er wollte, dafür ein klares Konzept hatte und dieses mit Hilfe vieler Mitstreiter umsetzen konnte.

Dabei können auch Misserfolge offen angesprochen werden, solange sich daraus klare Schlussfolgerungen für die Zukunft ergeben: Was haben wir gelernt? Was können wir besser machen? Was würden wir Nachahmern raten? Hier ist auch Gelegenheit, allen Mitarbeitern, Unterstützern und vor allem auch den Geldgebern zu danken.

Regieanweisung

Würdigen Sie am Schluss ganz besonders Ihren Geldgeber. Stellen Sie ihn als denjenigen dar, der alles erst möglich gemacht hat. Denn Sie könnten ihn schon bald wieder brauchen.

Klappe 11 – Take 3: Jedem, wie er es braucht

Wem präsentieren Sie nun was und vor allem wie? Die große Ergebnispräsentation sollte sich immer an alle richten, denn das macht deutlich, dass wirklich etwas Bedeutendes geschehen ist. Dafür muss natürlich auch der passende Rahmen gefunden werden. Dieser braucht nicht immer pompös zu sein, da reicht auch mal eine große Werkshalle, die festlich geschmückt wird und in der sich dann alle, einschließlich der Topmanager, versammeln. Aber auch gegen eine große Gartenparty mit Ochse am Spieß ist nichts einzuwenden.

Manfred Meiner hatte die originelle Idee, die Ergebnispräsentation und die Projektabschluss-Party mit einem Tag der offenen Tür zu verbinden. Da wurde an einem Samstag die Werksstraße, die gleich hinter dem Gebäude des Werkschutzes beginnt, in eine Budengasse verwandelt, wo es Bratwürste und Getränke gab. Auf Schautafeln konnte sich jeder Gast ausführlich über den Verlauf des Projekts und dessen Ergebnisse informieren. In den Gebäuden links und rechts gab es Besichtigungsführungen. Die verantwortlichen Manager und der Betriebsratsvorsitzende hielten Reden. Bei alledem waren die Familien der Mitarbeiter mit Kind und Kegel, aber auch die Anwohner und sogar die Lokalpresse dabei. Noch nach Jahren denken die Mitarbeiter an diesen Tag und somit natürlich auch an den Erfolg des Projekts.

Selbstverständlich erwarten die Auftraggeber, die ja oft gleichzeitig die Geldgeber sind, in der Regel noch eine formale Präsentation. Das läuft dann fast immer hinter verschlossenen Türen ab, weil bei dieser Gelegenheit auch strategische Überlegungen diskutiert werden. Ein derartiges Meeting ist für Sie äußerst wichtig, da Ihre Vorgesetzten oder Geldgeber hier häufig auch Ihre persönlichen Leistungen bewerten und würdigen. Auch für solche Präsentationen hat es sich bewährt, einerseits ein souveränes Understatement im Hinblick auf die eigene Person zu pflegen und auf der anderen Seite die wertvolle Unterstützung durch die Vorgesetzten beziehungsweise Geldgeber wirkungsvoll herauszustellen. Das hat nichts mit Lobhudelei zu tun, sondern trägt dem Umstand Rechnung, dass Auftraggeber und Finanziers im Projektablauf nun einmal kaum präsent sind, durch ihr Engagement und ihre Loyalität aber das Projekt, und damit auch Ihre Leistung, überhaupt erst ermöglicht haben.

Für unverzichtbar halte ich dann noch einmal ein separates Zusammensein mit dem engeren Managementteam. Dieses sollte auf jeden Fall locker und zwanglos sein. Dafür bieten sich die unterschiedlichsten Formen an, etwa ein gemeinsames Essen, ein Ausflug, ein Messebesuch oder auch ein Seminar mit einem besonders interessanten Gast. Hier geht es darum, den unmittelbaren Mitstreitern ganz besonders herzlich Dank zu sagen, und ihnen zu vermitteln, wie wichtig vor allem sie für den Projekterfolg waren.

Bei dieser Gelegenheit lässt sich auch würdigen, wie sehr sich jeder Einzelne in Hinblick auf seine Kompetenzen in der letzten Zeit weiterentwickelt hat und wie stark das gesamte Managementteam geworden ist. Und dann können Sie Ihre Leute am besten gleich auf die nächsten Herausforderungen einschwören, denn Zeitpunkt und Stimmung werden dafür nie wieder so günstig sein.

Das glanzvolle Finale – und die nächsten Aufgaben

Gatsby Fitzgerald tat alles, damit die Filmpremiere zu einem echten Event wurde. Selbstverständlich ließ er sein ganzes Team nach Berlin einfliegen und brachte es in Hotels der Spitzenklasse unter. Und nach der Premiere im Scheinwerferlicht ging es in ein Promilokal, wo dann bis in die Morgenstunden gefeiert wurde. Genauso kann und soll sich auch jede Führungskraft am Schluss noch einmal so richtig als »Regisseur« fühlen. Denn der glanzvolle Schlusspunkt ist Teil der Inszenierung.

Mit einer Projektabschlussparty schließen Sie den Spannungsbogen zwischen Anfang und Ende. Und ebenso, wie Sie am Anfang alle einbezogen haben, alle gefragt, eingeladen und um ihr Engagement gebeten haben, so berücksichtigen Sie auch zum Schluss wieder alle. Mit einem gelungenen Schlusspunkt erleichtern Sie den nächsten Anfang, weil Sie den Menschen gegenüber Wertschätzung ausdrücken und sie zusammenbringen. Beim nächsten Mal können Sie dann emotional anknüpfen, wo Sie zuletzt aufgehört haben.

Klaus Baldur hat zum Abschluss seines Projekts genau die richtige Idee gehabt, um seine gesamte Belegschaft auf einfache und warmherzige Weise zu würdigen. Am Tag des offiziellen Endes der Projektarbeit, der gleichzeitig der Startschuss für die Zusammenarbeit in einer neuen Organisation war, ließ er an allen Maschinen in den Werkshallen bunte Luftballons aufhängen. Diese Aktion wurde von dem damit beauftragten Betriebsrat mit Feuereifer durchgezogen. Die Stimmung war ausgelassen und überall wurde viel gelacht. Was niemand ahnte: Klaus hatte für diesen Tag bei einem Konditor mehrere Dutzend allerfeinste Torten bestellt. Und damit überraschte er die Belegschaft jetzt.

Für jede Schicht nahm er sich viel Zeit, auch für die Nachtschicht. Er zog gegen 13 Uhr, gegen 17 Uhr und nachts um 1 Uhr mit seinen Pappkartons durch den Betrieb und verteilte Torte. Natürlich hielt er dabei die strengen Hygienevorschriften eines pharmazeutischen Produktionsbetriebs ein. Er plauderte mit den Leuten, schüttelte Hände, schenkte Kaffee aus und aß selbst immer wieder Torte. Am nächsten Tag stand er auf der Waage und stellte fest, dass er zwei Kilo zugenommen hatte. Auch darüber redet die Belegschaft heute noch.

Doch als die anderen noch feierten und ihren Erfolg auskosteten, war Klaus Baldur in Gedanken längst wieder einen Schritt voraus. Mitten in seinem Veränderungsprojekt war ihm nämlich aufgefallen, dass die Leistungsfähigkeit der Produktion sich noch deutlich steigern ließe, wenn auch der Vertrieb mit einbezogen würde.

Was ihm vorschwebte, waren Verbesserungen an der Schnittstelle zwischen beiden, und zwar vor allem bei bestimmten Arbeitsabläufen und Informationsprozessen. Außerdem würde es auch zu einer effektiveren Produktion beitragen, wenn die eine oder andere Vereinbarung, die der Vertrieb vor Jahren mit den Kunden getroffen hatte, überdacht würde. Alles in allem ließe sich da noch einiges an Kosten sparen. Und deshalb könnte man es den Kunden auch problemlos mit Preisnachlässen schmackhaft machen, sich an etwas Neues zu gewöhnen.

Klaus wusste allerdings nur zu gut, dass seitens des Vertriebsmanagements erhebliche Widerstände gegen jedwede Umgestaltung zu erwarten waren. Er entschloss sich deshalb, diese Verbesserungspotenziale im gerade laufenden Projekt noch nicht anzusprechen. Er wollte das Unternehmen nicht überfordern, aber er notierte sich schon einmal alle Ansatzpunkte und Argumente für einen späteren Zeitpunkt. Ihm war klar, dass nach dem erfolgreichen Abschluss seines laufenden Vorhabens die Situation für eine Ausweitung der Initiative, die Chance für ein nächstes Projekt günstiger sein würde. Wie im Film ist auch hier das Gefühl für das richtige Timing von großer Bedeutung.

Drei Monate nach seiner Tortenschicht war es so weit. Klaus hatte Gelegenheit, vor dem Vorstand der Deutschlandzentrale in Hamburg über sein Projekt und die dabei gesammelten Erfahrungen zu berichten. Der Vorstandsvorsitzende wollte dieses Projekt aus dem Produktionsbereich als Modell nutzen, um auch in anderen Unternehmensbereichen durchgreifende Verbesserungen zu erzielen. Klaus Baldurs Vorschläge fielen da sogleich auf fruchtbaren Boden. Alles, was nun noch fehlte, war eine neue Story für die nächste Inszenierung …

Zeitraffer

- Am Schluss sind alle, die aktiv an einem Veränderungsprozess mitgewirkt haben, sehr stolz auf das Erreichte. Kritik kommt meist von Leuten, die sich als Verlierer sehen. Es lohnt sich, auch um diese zu werben. Zur Not muss man sich aber von ihnen trennen.
- Mit Lob und Kritik sollten Führungskräfte gleichmütig umgehen. Lob gibt man am besten gleich an andere weiter. Kritik hat fast immer einen rationalen Kern, der als Denkanstoß produktiv gemacht werden kann.
- Die Ergebnispräsentation hat immer drei Funktionen: Bewertung der Ergebnisse im Vergleich zu den Zielen, Gelegenheit zur Selbstdarstellung für Managementteam und Belegschaft sowie Prozessreview. Quantitative Resultate können Finanzexperten am besten darstellen, für qualitative Ergebnisse brauchen Sie Beispiele.
- Ein grandioser Schlusspunkt ist Teil der Inszenierung. Die Ergebnisse werden allen präsentiert und gebührend gefeiert. Ihre Auftraggeber beziehungsweise Finanziers sowie Ihr engeres Managementteam müssen Sie dann noch einmal getrennt berücksichtigen.

Abspann: Die Oscarnacht

»Und der Oscar geht an … Gatsby Fitzgerald für ›Yellowstone‹.« Der Regisseur hat den anschwellenden Ton dieses Satzes noch genau im Ohr, als er im Pressesaal hinter der Bühne des Kodak Theatre steht und ihn ein Blitzlichtorkan trifft. Wie eine Hantel hält er den Oscar für die beste Regie in der rechten Hand. Links neben ihm steht David Dexter mit dem Preis für den besten Film, während zu seiner Rechten Catherine Brentwood als beste Hauptdarstellerin ihre Auszeichnung den Kameras präsentiert.

Drei Oscars sind nicht schlecht – fünf wären richtig gut, denkt Fitzgerald. Aber er sagt das nicht laut. »Das Schöne daran, den besten Film zu haben«, bemerkt Fitzgerald stattdessen beiläufig, »ist, dass man hier als Erster wieder rauskommt. Ich habe nämlich gleich noch einen Termin.« Einige Journalisten lachen. Sie halten es für einen Scherz. Fitzgerald blickt auf seine Armbanduhr.

Eine Viertelstunde später bahnt sich Fitzgerald schnellen Schrittes einen Weg durch den unübersichtlichen Neubaukomplex, der das Kodak Theatre beherbergt.

»Mister Fitzgerald, warten Sie doch einen Moment!«, ruft eine ihm flüchtig bekannte Stimme.

Der Regisseur verlangsamt seinen Schritt und dreht sich um. Nach ein paar Sekunden erkennt er den Mann, der da auf ihn zukommt. Es ist der Journalist, der ihn vor einem Jahr auf der Hotelterrasse in Cannes reichlich in Verlegenheit gebracht hat.

»Wir kennen uns, Mister Fitzgerald. Ich bin Jason Wilcox von ›Showtime Weekly‹. Herzlichen Glückwunsch zu drei Oscars.«

»Vielen Dank.« Fitzgerald ist stehengeblieben und sieht Wilcox freundlich an.

»Was ich damals über Sie geschrieben habe«, setzt Wilcox etwas verdruckst an, »war wohl ...«

»Es war äußerst hilfreich für mich«, fällt Fitzgerald ihm ins Wort. »Ich würde sagen, es hat mich geradezu wachgerüttelt. Eigentlich sollte ich Ihnen danken.«

»Oh«, stammelt Wilcox verdutzt, aber auch erleichtert. Doch sofort holt ihn seine professionelle Neugier wieder ein. »Aber sagen Sie, Mister Fitzgerald, wohin wollen Sie eigentlich so dringend? Man könnte fast denken, Sie setzten sich heimlich ab.«

»Ich habe nebenan im Hollywood Renaissance noch einen Termin. Und da Sie ohnehin fragen werden und man sich heute Abend schwer verstecken kann: Ich treffe mich mit Pierce Portman.«

»Der eben den Oscar als bester Schauspieler bekommen hat ... Wow!« Jason Wilcox ist beeindruckt. »Jetzt sagen Sie aber nicht, dass Ihnen gerade im Parkett die Idee zu einem neuen Film gekommen ist.«

»Nein, mein Bester«, erwidert Fitzgerald lächelnd. »Das wäre auch viel zu spät. Ich plane schon monatelang den nächsten Film. Ich rede bloß nicht darüber. Auch mit Pierce bin ich schon seit Wochen für heute Abend verabredet. Dass er gerade einen Oscar bekommen hat, trifft sich natürlich gut.«

»Aber warum reden Sie erst jetzt über ein nächstes Projekt, wenn Sie es schon lange planen?«, hakt Wilcox nach.

»Wissen Sie, ein Regisseur muss auch schweigen können«, erklärt Fitzgerald. »Sie müssen in Gedanken immer voraus sein. Aber mit Ihren Leuten dürfen Sie nur über das Hier und Jetzt sprechen, über das aktuelle Projekt und die nächsten Schritte. Alles andere würde bloß verwirren.«

»Das klingt«, bemerkt Wilcox anerkennend, »als sei bei Ihnen so schnell keine Schaffenspause mehr zu befürchten.«

»Ich habe eine Menge gelernt seit unserem letzten Interview«, entgegnet Fitzgerald. »Schauen Sie, die Inszenierung eines Films ist selbst wiederum eine Inszenierung, das weiß ich heute. Jedes Projekt ist eine Inszenierung. Management ist eine Inszenierung. Eigentlich ist das ganz einfach. Man muss es nur ein einziges Mal verstanden haben. Da sollte übrigens einmal jemand ein Buch drüber schreiben.«

»Vielleicht geschieht das ja bald«, erwidert der Journalist.

»Hoffentlich. Gute Nacht, Mister Wilcox.«

»Auf Wiedersehen, Mister Fitzgerald. Und alles Gute für Ihren nächsten Film!«

Der Autor

Dr. rer. nat. Stefan Fourier ist seit über 20 Jahren im Management tätig. Dabei hat er zahlreiche Unternehmen aus unterschiedlichen Blickwinkeln kennengelernt. Schon sein Großvater und Vater waren Unternehmer. Kindheit und Jugend erlebte er als Entdeckungsreise, die durch Bücher, viel Sport und eine intakte Familie geprägt war. Als junger Physiker wandelte er dann auf den Spuren von Jean Baptiste Fourier (1768–1830), dem Namensvetter und berühmten französischen Mathematiker.

Aus dem Forscher und Produktentwickler Stefan Fourier wurde ein Manager, als er Mitte der 1980er Jahre die Leitung eines Kunststoffunternehmens mit 1200 Mitarbeitern übernahm. Später wechselte er als Direktor für Qualitätsmanagement zu einem großen Autozulieferer.

Angefüllt mit Eindrücken von der deutschen Managementkultur und voller Ideen machte sich Stefan Fourier schließlich 1990 als Unternehmensberater selbstständig. Gemeinsam mit seiner Frau Karin gründete er die spätere Humanagement GmbH. Beeinflusst von der Systemtheorie entwickelte er einen einzigartigen Ansatz, mit dem Veränderungen in Unternehmen auf der Grundlage von Freiwilligkeit und Gemeinsinn angestoßen und durchgesetzt werden können.

Die Schwerpunkte der Arbeit von Stefan Fourier liegen heute bei der Unternehmensentwicklung, im Multiprojektmanagement sowie im Bereich Innovation und Veränderung. Er war zuletzt für namhafte internationale Unternehmen tätig, beispielsweise GlaxoSmithKline, Continental, Altana und Goodyear.

Weitere Informationen zum Thema dieses Buches und die Möglichkeit, mit dem Autor in Kontakt zu treten, finden Sie unter

www.fourier.de.

Was Theoretiker hassen und Praktiker brauchen

Daniel Zanetti · **Vom Know-how zum Do-how**
Ein Buch für Macher
256 Seiten · gebunden mit Schutzumschlag
€ [D] 19,95 · € [A] 20,60 · sFr 35,00
ISBN-13: 978-3-430-19993-3 · ISBN-10: 3-430-19993-X

Wie kommt es, dass so viele Menschen fachlich Einsteins, aber sozial nur Azubis sind? Weshalb sind schlechte Verkäufer auch schlechte Liebhaber? Weshalb gehen vielen Managern die Innovationen aus wie den Taxifahrern die Deodorants? Weil sie alles wissen, aber nichts davon in die Tat umsetzen können. Daniel Zanetti zeigt mit verblüffend einfachen Ideen, wie aus Know-how Do-how wird. Ein Buch für alle, die von Alleswissern und Nichtskönnern im Job die Nase voll haben!

Econ